Th. C. W. Oudemans

Echte Philosophie

FERMENTA PHILOSOPHICA

Zu diesem Buch:

Philosophisch nachdenken im Zeitalter von Wissenschaft und Technik: Ist das möglich? Auf diese Frage versucht das Buch eine Antwort vorzubereiten.
Die Methoden der überlieferten Philosophie sind erschöpft, seitdem die Wissenschaft sich von ihrer alten Mutter emanzipiert hat und ihre Methode universell geworden ist. Statt sich jedoch auf eine eigene Methode zu besinnen, wird die Philosophie akademisch und verlangt nach Wissenschaftlichkeit. Damit ist sie selbst Teil der wissenschaftlich-technischen Welt, ohne Bezug zu ihrem Horizont.
Gleichwohl bleibt es möglich, nach seinem eigenen Verhältnis zur wissenschaftlich-technischen Bedeutungswelt zu fragen. Dazu bedarf es aber einer anderen Weise des Nachdenkens. Sie erwächst aus der Einsicht, dass die Sprache weder Abbildung noch Instrument ist, sondern eine Spurenkolonie: eine Ansiedlung von Zeichen und Wörtern, die das Nachdenken umgeben und steuern.
Diese Sprache von nichtmenschlicher Signatur wird jedoch nicht zum Forschungsgegenstand gemacht. Eine verwandelte Philosophie spricht nicht in Aussagen, sondern lässt sich zeichnen von den unscheinbaren Bedeutungsverschiebungen in den überlieferten Wörtern der Sprache.

Der Autor:

Th. C. W. Oudemans, geb. 1951, war von 1991 bis 2006 außerordentlicher Professor für Philosophie an der Universität Leiden, wo er zur Zeit als Dozent tätig ist.

Th. C. W. Oudemans

Echte Philosophie

Aus dem Niederländischen übersetzt
von Jan Nockemann

Verlag Karl Alber Freiburg / München

Der Verlag dankt der
Niederländischen Literaturstiftung
(Amsterdam)
für die Förderung der Übersetzung.

Nederlands
letterenfonds
dutch foundation
for literature

Die Originalausgabe ist unter dem Titel »Echte Filosofie«
im Verlag Prometheus / Bert Bakker erschienen.

Deutsche Erstausgabe

www.verlag-alber.de

Satz: SatzWeise Föhren
Druck und Bindung: AZ Druck und Datentechnik, Kempten

Gedruckt auf alterungsbeständigem Papier (säurefrei)
Printed on acid-free paper
Printed in Germany

ISBN 978-3-495-48530-9

Inhalt

Einleitung

Die große Reduktion

Hat es heute Sinn, Philosoph zu sein? Ich weiß es nicht. *Wenn* Philosophie entstehen kann, dann in einem ungeahnten Sinn.
Die überlieferten philosophischen Methoden haben ihre beste Zeit hinter sich, seit Wissenschaft und Technik wie Meteoriten in die alte Welt eingeschlagen sind und die Philosophie ihres Status beraubt haben.

Mathematisierung und Mechanisierung, vorherrschend seit der Neuzeit, haben der Welt ihre Gestalt gegeben. Die wissenschaftliche Methode wurde universell, überall anwendbar. Die Welt mitsamt ihren Bewohnern hat sich in Maschinerie verwandelt.
Mit dem Aufkommen des Darwinismus im neunzehnten Jahrhundert wurde auch das *Leben* in die Mechanik aufgenommen. Es kam zu einer zweiten mechanischen Revolution, zugeschnitten auf die Seinsweise der Vervielfältigung und der rationalen Selektion.

Diese doppelte mechanische Revolution hat kaum absehbare Folgen sowohl für die Art und den Status der menschlichen Existenz als auch für die Philosophie, die aus ihr entsprungen ist.
Die Mechanik von Natur und Leben ist ihr eigenes Fundament. Die Aufgabe der Philosophie, letzte Gründe zu geben, ist beendet.
Die Wissenschaften entwerfen ihre eigene Welt. Verwirklicht wird sie durch die Technik. Wissenschaft und Technik schließen nahtlos an die Welt an, die sie gestalten.
Philosophische Sorgen um die Einheit von Denken und der Welt im Ganzen verlieren ihren Halt.

Philosophen suchten nach der Einheit, der *adaequatio*, von Denken und Wissen einerseits und der Welt andererseits. Dazu forderten sie die Beständigkeit der Dinge und des menschlichen Daseins, feste Fundamente und Durchsichtigkeit. Seit der zweiten mechanischen Revolu-

tion wurde diese metaphysische, basaltene Seinsweise nach und nach durch die der Vervielfältigung vernichtet.
In dieser Seinsweise ist die *ratio* von etwas nicht dessen Fundament, sondern das Produkt einer ökonomischen Kalkulation. Kosten und Nutzen werden gegeneinander abgewogen.
Die Weise, wie du als Mensch lebst, ist gezeichnet durch die Vervielfältigung und ihre ökonomische *ratio* – genauso wie die Art, in der du kommunizierst und nachdenkst. Das gilt auch für die Dinge, die dir begegnen.
Die Einheit von Denken und Welt ist dank der Ökonomie erreicht: Sie sind ineinander eingebaut.
Was soll da die Philosophie?

Die Schockwellen der großen Reduktion dringen allmählich ins menschliche Denken und Dasein vor.
Menschen suchen Zuflucht in Alltäglichkeit, Familienleben, Kultur und Politik.
Unklar bleibt: Wie verhält sich diese bewohnte Welt, die »Lebenswelt« oder »Alltäglichkeit«, zur Welt der mechanischen Replikation, der mathematischen Reduktion, der ökonomischen Rationalität?
Eine Antwort darauf ist sie nicht, eher ein Unterschlupf für Asylsuchende mit Flüchtlingsstatus.

Der philosophische Kernpunkt in Bezug auf Wissenschaft und Technik ist nicht, dass die Erde mit Energieleitungen, Verkehrswegen und Kommunikationsnetzen überzogen wird, sondern dass die Seinsweise der kalkulierten Vervielfältigung das Sprechen über ihre Bedeutung in sich aufgesogen hat.
Es gelingt nicht, diese neue Welt außerhalb der wissenschaftlich-technischen Sprache zu Wort kommen zu lassen.
Die Philosophie ist Teil dieser Welt, hat jedoch keinen Bezug zu ihrem Ganzen.

Die Epoche von Wissenschaft und Technik, die Neuzeit, hat etwas Eigenartiges an sich.
Einerseits ist sie ein Zeitalter, wie es andere gegeben hat. Über große Epocheneinteilungen lässt sich streiten, aber man spricht von der Zeit der Jäger und Sammler (dem Paläolithikum), der »mythischen« oder »sakralen« Zeit (dem Neolithikum), der metaphysisch-historischen

Zeit (beginnend mit Herodot, Platon und dem Christentum) und schließlich von der Neuzeit – dem Zeitalter der *mathesis universalis,* der Atombombe und Informationstechnik: der heutigen Zeit.

Andererseits ist die Neuzeit nicht einfach nur ein Zeitalter. Mithilfe der Wissenschaften teilt sie andere Zeiten als solche ein und überblickt sie.
Eigentlich ist die Neuzeit gar kein Zeitalter. Sie ist universell. Sie vereinigt alle Epochen in sich. Und doch ist die Universalität *dieser* Epoche eigen und keiner anderen.[1]
Diese Zeit kann mit ihrem Universalitätsanspruch ihren Epochencharakter verwischen.

Einst gab es eine Welt, in der die Philosophie beheimatet war, eine Welt, in der Erkennen und Erkanntes dadurch vereinigt wurden, dass beides durchsichtig und unumstößlich war, gesteuert durch Maßstäbe und Ideen von anderswo, eine Welt, in der das sinnlich Wahrnehmbare vom Übersinnlichen umgeben war.
Wenn es Sinn hat, von einer Welt oder einem Horizont der Technik zu sprechen, dann wird dieser Horizont technisch beschrieben, nicht philosophisch.

Die Neuzeit ist die Zeit der großen Reduktion. Wolken von Metaphysik sind zu einem Tropfen Sprachlehre kondensiert. Die Welt hat sich in einen Mechanismus verwandelt, Menschen sind zu dessen Bestandteilen geworden.
Die Technik braucht keine ihr vorausgehende übersinnliche Welt mit Identitäten und Maßstäben.
Geistliche, Philosophen, Kulturträger, Romanciers, Moralisten und Geisteswissenschaftler – sie alle beklagen den Verlust ihres Asyls.

Die Philosophie begann, als Periander sprach: *meleta to pan* (nimm in die Sorge das Ganze) und als Platon nach der Identität der Dinge fragte: Was haben verschiedene Dinge miteinander gemein, die unter ein und denselben Nenner fallen?
Philosophie nährte sich von einem Pathos: einem Widerfahren und einer Sorge in Bezug auf Welt und Identität – der Sorge um die Vereinigung von Denken und Welt.
Dank der Einförmigkeit, die Subjekt und Objekt umgibt, haben die

Wissenschaften das philosophische Pathos der Vereinigung überflüssig gemacht. Die übriggebliebene Philosophie hängt in der Luft.
Eine Rückkehr zum alten Pathos ist ausgeschlossen.
Aber nicht alle Erfahrungsmöglichkeiten sind erschöpft, und auch nicht alle Weisen zu sprechen.

Viele rufen heute nach *Sinngebung*. Das hat Sinn, wenn derjenige, der so spricht, durch *Sinnlosigkeit* gezeichnet ist – ob er es nun merkt oder nicht.
Sinnlosigkeit, das ist das Wegfallen der alten tragenden Welt der Ideen, Wahrheiten und Werte mitsamt ihrem Gegensatz zur tatsächlichen Wirklichkeit. Schon bald wird auch die Erfahrung der Sinnlosigkeit sinnlos. Sie fällt weg, jetzt, wo Mechanik und Technik eine komfortable Bleibe geschaffen haben.

Den *Nihilismus* kann man leugnen, gleichmütig hinnehmen, mit Moral und Kultur und insbesondere mit Technik in Form von Medikamenten bis hin zu Entertainment bekämpfen – hin und wieder klopft er als ungebetener Gast am Haus der Philosophie an.
Der Gast gibt zu erkennen: Ihr Philosophen seid überflüssig. Ihr tragt des Kaisers neue Kleider. Und doch knistert es im Gebälk.
Eine philosophische Antwort darauf bleibt aus.

Die Seinsweise der kalkulierenden Vervielfältigung und der Abschied von der metaphysischen Welt sind zwei Seiten derselben Medaille.

Nihilismus ist mein Normalzustand. Hier gibt es nichts zu erfahren und nichts zu denken. Kaum gebe ich zu, dass ich Nihilist bin, gehe ich schon munter an die Arbeit.
Aber die Wörter *Technik, Wissenschaft, Nihilismus* und *Sinn* stehen fest wie ein Haus, auch wenn es mir als Philosoph nicht gelingt, dieses Haus zu durchdenken – geschweige denn zu bewohnen.

Wenn Philosophie Sinn hat, dann nicht als kulturelles Seitenschiff in der informatisierten Kathedrale von Wissenschaft und Technik, sondern als Besinnung auf die Wörter, die den Charakter dieser Epoche ausmachen: die Einförmigkeit, die keinen philosophischen Unterschied und keine philosophische Vereinigung braucht.

Das Problem des Nihilismus existiert nicht, wenn ich mich um das Ganze, in dem ich mich befinde, nicht zu sorgen brauche, wenn ich in Arbeit und Vergnügen aufgehe und so in meine Welt eingebaut bin. Warum sollten mich das Nachdenken und seine Methode kümmern?

Ich brauche nur kurz die Nachrichten zu verfolgen, um zu merken, dass ich als Mensch im Horizont der Vervielfältigung grundsätzlich *überflüssig* bin.
Jeder Arbeitnehmer weiß, dass er in seiner Organisation austauschbar ist.
Die Seinsweise der Vervielfältigung und die Überflüssigkeit ihrer Vehikel gehören zusammen.
Kann ich mich selbst als ein glückliches Rädchen in der Lebensmaschinerie betrachten, ohne über meinen Ort darin nachzudenken?
Wenn ich darüber nachdenke, dann ist das kein Anlass zu nostalgischen Reflexionen über den Untergang des Humanismus und des Humanen.

Muss ich mich gegen meine Überflüssigkeit auflehnen oder kann ich nachdenkend bei ihr verweilen?
Die Welt der Technik in ihrer Einförmigkeit ist übermenschlich und übermäßig, zu groß, als dass ich sie bewohnen oder durchdenken könnte, zu überwältigend, als dass sie mich brauchte – während ich doch ein Teil von ihr bin. Vielleicht rührt meine Überflüssigkeit daher?

Die Macht der großen Reduktion zeigt sich darin, dass Philosophien heute die Maßstäbe ihrer Nachkommen, der Wissenschaften, übernehmen.
Aber Philosophie kam auf, als Menschen getroffen wurden durch den Horizont der Welt rings um sie herum und durch die Identität der Dinge in ihrem Unterschied zur veränderlichen Wirklichkeit. Sie gerieten aus der Fassung und suchten nach einem Durchgang durch die Barriere von Fremdheit.
Niemand kann heute ungerührt von sich behaupten, er sei von einer philosophischen Erfahrung getroffen. Wer sagt, ihm mache die »Seinsfrage« zu schaffen, der ist berauscht.
Die Philosophie ist eine Mutter, die von ihren Kindern verlassen wurde und deren Maßstäbe zu übernehmen versucht, in der Hoffnung auf Anerkennung.
Die wird es nicht geben, denn sie hat ihre Aufgabe erfüllt.

Eine Renaissance der Philosophie herbeizuführen steht nicht in meiner Macht.
Aber ist es ausgeschlossen, dass ich mich – auf ganz andere Weise als vorher – von dem leiten lasse, was die ehemalige Philosophie bewegte: von der Sorge um das Ganze, um Identität und um meine eigene Art, *ohne* dass ich die Vereinigung von Sein und Denken anstrebe?
Das ist die Frage, der sich dieses Buch widmet.

Alles, was die Wissenschaften kennzeichnet: Hast, Publikationszwang, Streben nach Anerkennung, Organisation in Forschungsgruppen, Spezialisierung in Fachgebiete, Gebrauch einer technischen Einheitssprache, Sammeln von Sekundärliteratur – das ist Todfeind dessen, was einst die Philosophie in ihrer Aporie befeuerte.
All das dient der wissenschaftlichen Vervielfältigung, nicht einer Besinnung auf das Ganze der Wissenschaften.
Diese Todfeindschaft kann ich nicht bekämpfen, höchstens in ihrer Bedeutung und Reichweite erkennen – und nicht einmal das: Sie gehört zur Macht der großen Reduktion, verstohlen kündet sie von ihr.

Die Einheit der Universität wie auch der Welt im Ganzen ist der organisierte Zusammenschluss von Fachwissenschaften. Eine Besinnung auf das Ganze der Wissenschaften ist überflüssig.[2]
Das ist keine Klage über den Untergang der Universität, sondern Anlass nachzudenken. So überflüssig mein Dasein auch sein mag, es ist von Wörtern umgeben, denselben Wörtern, die die Welt der Technik umgeben. Diese Wörter lassen Einheit als Einförmigkeit erscheinen.

Reduktion und Sprache

Zunächst scheint die große Reduktion so etwas zu sein wie die Verwissenschaftlichung der Welt, die Mechanisierung des Weltbildes, die Herrschaft der Replikation und der Ökonomie.
Sie ist jedoch vor allem die Wende eines Bedeutungshorizonts und der Wörter, die ihn stiften.
Ich merke, dass grundlegende Wörter ihre Bedeutung für mich verlieren oder sich qua Bedeutung wandeln, *ohne dass ich etwas daran ändern könnte*.
Denk an die ehemaligen philosophischen und historischen Wörter:

Fundament, Grund, Ratio, Durchsichtigkeit, Sinn, Idee, aber auch *Staat, Opfer, Welt, Gott.*

Das Wegfallen der metaphysischen Bedeutungswelt zeigt: Wörter sind keine Instrumente in der Macht des Menschen. Ob Wörter sprechen oder nicht, liegt nicht in Menschenhand.
Wörter haben offenbar etwas Un-menschliches.
Ich habe sie nicht im Blick, kann sie weder definieren noch beliebig gebrauchen, und doch beherrschen sie mich und meine Zeit, unwägbar herrschend, sich unversehens wendend.

Das ist der Hinweis auf die »echte« Philosophie: dass du in deiner universellen Einförmigkeit von einer Sprache umgeben bist, die weder im Besitz deiner selbst noch deiner Epoche ist.
Diese Philosophie steht nicht als ein Instrument bereit. Sie betrifft den *Horizont* der Instrumentalität, der nach menschlichem Ermessen weder zu durchdenken noch zu beherrschen ist.
Wörter wie *logos, idea, physis, archê* bestimmen verschiedene Zeiten auf unüberbrückbar unterschiedliche Weise, während das Tragende dieser Wörter in aller Ruhe bei sich selbst bleibt.

Die Epoche der Technik ist universell. Aber ihre Universalität ist von einem Horizont von Wörtern umgeben, die auf sie zukommen und ihr zugleich fremd bleiben, ob sie das nun sieht oder nicht.

In der »echten« Philosophie kann es nicht darum gehen, eine andere Sprache als die der Technik zu suchen.
Die romantische Hoffnung auf eine Sprache, die sich nicht auf Kalkulation reduzieren ließe, ist im digitalen Zeitalter unhaltbar. Text, Bild, Rede, Kommunikation, Freundschaft, Liebe und Hass sind digitalisierte Datenbestände. Wer daneben etwas Unberechenbares, Geistiges, Emotionales, Kulturelles sucht, der sucht vergebens und kündet noch einmal vom ansaugenden Wirken der großen Reduktion.
An Leibniz' *Charakteristica Universalis* führt kein Weg vorbei.

Im Jahre 1677 (mit 31 Jahren) schrieb Leibniz einen Dialog über die Lingua rationalis, d. h. den Kalkül, die Rechnungsart, die imstande sein soll, durchgängig für alles, was ist, die Beziehungen zwischen Wort, Zeichen und Sache durchzurechnen. Hier in diesem Dialog und in anderen Ab-

> handlungen hat Leibniz die Fundamente für das vorausgedacht, was heute als Denkmaschine nicht nur benutzt wird, was vielmehr die Denkweise bestimmt.[3]

Versuche, das Weltganze wiederherzustellen, um es auf wahrhaft menschliche Weise zu bewohnen, reagieren auf eine Entfremdung, die gegenüber der großen Reduktion erfahren wird – und bleiben in ihrer Gegnerschaft ein Teil derselben Reduktion.
Die ist zu groß, als dass sie Gegenstand einer Diagnose, einer Prognose oder einer Therapie sein könnte.

Nachdenken bezieht sich einzig auf die Wörter der Technik selbst. Außerhalb der Einförmigkeit gibt es nichts zu suchen.
Diese Wörter sind älter als unsere Epoche. Sie gehören zum indogermanischen Erbe.
Sie gehen unserer Zeit voraus und reichen über sie hinaus.
Sie betreffen das stets vorbehaltene Mögliche im Wirklichen. Dieses Mögliche ist Bedeutung, die sich dir fortwährend zuschickt: die Einheit von Sein und Denken als Einförmigkeit selbst.
Dieses Mögliche kommt in jedem Moment auf dich zu.[4]

Kann ich die Unverfügbarkeit, Unmenschlichkeit und Undenkbarkeit der Wörter, die meine Epoche zeichnen, in meiner philosophischen Sprache zum Vorschein kommen lassen?
Das ist die Frage, auf die das Buch eine Antwort vorbereiten muss.

Die Veränderungen innerhalb tragender indogermanischer Wörter spielen sich über sehr lange Zeiträume ab. Diese Wörter sind historisch nicht zu überblicken, denn sie bestimmen die Weise des historischen Erkennens.
Handelt davon nicht die wissenschaftliche Etymologie, die Sprachwissenschaft?

Für die Sprachwissenschaft ist die Sprache Forschungs*gegenstand*.
Das Forschen ist bereits von der vormenschlichen Sprache umgeben.
Die hatte schon eine Bedeutungswelt eröffnet, bevor der Wissenschaftler seinen Mund aufmachte.

Da muss die Philosophie suchen.
Die Sprache ist noch etwas anderes als ein Vehikel von Wahrheiten oder ein Manipulationsinstrument.
Primär eröffnet sie eine Bedeutungswelt, eine Epoche.
Die Philosophie kann der Epoche der Einförmigkeit nichts vorschreiben und sie nicht beschreiben. Sie kann sich jedoch von ihren Wörtern bewegen lassen.
Primär ist Sprache *prosodisch*: rhythmisch, singend, stimmend.
Prosodie *kann* zum Gegenstand der Forschung werden – die selbst prosodisch gesteuert ist. Aber sie umgibt das Forschen nach wie vor.

Philosophen sind keine Sänger.
Die Prosodie der kleinen Wörter ist nicht melodisch, sondern lautlos.
Sie ist zeichnend für eine Welt von Bedeutung.
Wenn ich diese Zeichnung nicht beschreibe (das ist Quasiwissenschaft), wenn sie vielmehr in mein philosophisches Sprechen eindringt, indem sie es lautlos bewegt, dann beginnt Philosophie: *nachdenklich gestimmt werden.*

Wenn die verwandelte Philosophie die Macht der kleinsten Wörter betrifft, dann kann sie nur in der Sprache verfasst werden, die in Bezug auf mein Denken selbst prosodisch und somit zeichnend ist. Philosophieren kann ich nur in meiner Muttersprache.
Die Muttersprache gehört mir nicht, sondern umgibt und durchdringt mich, während ihr meine Existenz gleichgültig bleibt: eine Mutter, die sich um ihre Brut nicht schert.
Sie befindet sich nicht jenseits der digitalen Sprache, sondern *in* ihr.
Die digitale Sprache als Muttersprache ist irdisch, das heißt: in Bezug auf mein Sprechen tragend und zugleich sich entziehend.

In meinem Sprechen zeigt sich, dass die Wörter, die es steuern, ihre eigene Zeit haben. Sie sind älter als mein Sprechen und als meine Epoche, aber auch jünger: Weder mein Zeitalter noch ich selbst können sie ausschöpfen. Sie kommen fortwährend auf mich zu.

Wie kann ich philosophisch sprechen im Zeitalter der großen Reduktion und der sie steuernden Einförmigkeit von Sein und Denken?
Die Antwort kommt nicht wie aus der Pistole geschossen, sie muss lange vorbereitet werden.

Ein einfacher Hinweis: Das propositionale Sprechen wird durch Macht und Besitz gezeichnet. Die Dinge müssen in den Griff bekommen werden. Die Welt wird anthropomorph, ich werde physiomorph. Es winkt die Harmonisierung von Wissenschaft und Welt.
In dieser Harmonisierung finde ich die kleinen, tragenden Wörter *nicht*. Sie weichen mir aus, sobald ich ihnen nachstelle.
Vielleicht finde ich sie, wenn ich darauf verzichte, sie fassen zu wollen und meinerseits zurückweiche vor den Wörtern, die mir ausweichen?
Aus Erfahrung weiß ich, dass mir ein Abschied etwas sagen kann, wenn ich den Abgeschiedenen gerade *nicht* zurückzuholen oder mich mit ihm zu vereinigen versuche. Im Abschied zeigt sich manchmal die Art der gewesenen Verbindung. *Wo das Liebste gegangen, bleibt die Liebe zurück.*[5]
Die Einheit der in einem Abschied Abgeschiedenen ist keine Einförmigkeit und keine Vereinigung, sondern eine harte Fügung *(harmoniê austêrês)*, in der die Kluft nicht überbrückt wird.
Dieses Buch wirft die Frage auf, ob ich in der Philosophie dem, was mir ausweicht, ausweichend antworten kann?
Ist es möglich, dass sich so das Unnahbare der kleinen Wörter zeigt?

In einem philosophischen Gespräch wird weder debattiert noch argumentiert. Die Sache, die auf dem Spiel steht, bleibt in der Mitte und steuert die ringsherum kreisenden Worte der Teilnehmer.
Platon sagt es: Philosophie ist ein Gespräch der Seele mit sich selbst.

□: Wir stehen in einem Stau. Jetzt geht es ein paar Hundert Meter voran, die Lichterwelt von Schiphol taucht auf.
Du siehst die Landebahnbefeuerung, die Positionslichter auf- und absteigender Flugzeuge, die orangefarbene Lichtwolke über dem Flughafen, die Scheinwerferketten des Gegenverkehrs.
Die Lichter leuchten auf zweifache Weise auf.
◆: ?
□: Ein Lichtpunkt ist sichtbar. Du kannst seine Stärke messen, nachdem du ihn in seine Bestandteile zerlegt hast. Um diese Erkenntnisse zu gewinnen, brauchst du *Licht* – das Licht, in dem die Dinge erscheinen und du ihnen begegnest.
◆: Du siehst das Rücklicht deines Vordermanns nicht. Es ist inzwischen zwanzig Meter vorgerückt.

□: Heute Mittag hast du die Sonne gesehen. Die Sonne ist nicht nur sichtbar. Sie spendet auch das Licht, in dem die sichtbaren Dinge – darunter die Sonne selbst – und du einander begegnen. Die Sonne hat einen Doppelsinn.
◆: In welchem Licht siehst du dieses mystische Dämmerlicht?
□: Für gewöhnlich gehst du in deinem Überlebenstrieb geradewegs auf die Dinge zu. Aber es gibt Momente, wo du zur Seite gehst und erfährst, dass sich die Dinge und du im Licht eines Bedeutungshorizontes begegnen.
◆: Du bist der Philosoph, der nicht nur schaut, sondern auch noch über sich selbst reflektiert – eine ebenso abstrakte wie sinnlose Geste.
□: In der philosophischen Erfahrung reflektierst du nicht über dich selbst. Du wirst auseinandergezogen. Du gehst mit den Dingen um und merkst gleichzeitig: Zwischen dir und den Dingen erstreckt sich ein Durchgangsgebiet, das weder deines noch das der Dinge ist.
◆: Ich passe genau auf, sehe aber kein Durchgangsgebiet.
□: Die Lichtströme sind Verkehrslichter. Der Zwischenraum wird durch ein Verkehrsnetz beherrscht – durch die gegenseitige Durchlässigkeit von Mensch und Natur. *Ist* die Durchlässigkeit der Zwischenraum, oder gab es den schon vorher?
◆: Du tischst Selbstverständliches als philosophische Tiefsinnigkeit auf.
Dein Standpunkt ist haltlos. Wenn du etwas erfahren oder behandeln möchtest, musst du es um der Objektivität willen auf *Distanz* halten. Du darfst nicht in deinen Gegenstand hineingeraten, sonst drehst du dich im Kreis.
Genau das passiert dir. Du willst etwas behandeln, worin du einbegriffen bist – deinen sogenannten Durchgangsbereich. Vorausgesetzt, es gibt ihn, leuchtet sein Licht hinter deinem Rücken. Du bekommst ihn niemals vor dich. Deine Bekenntnisse werden von dem absorbiert, wovon sie zu handeln scheinen. Stets wird dir dein Gegenstand, die totale Mobilmachung, entweichen und dich mit sich reißen.
□: *Merkst* du nicht, dass Schiphol und du sich in einem ganz bestimmten Licht gegenüberstehen? Du hast recht: Sobald ich diesen Durchgangsbereich in meinen Blick bekommen will, zieht er sich zurück. Liegt es daran, dass es ihn nicht gibt, oder geht er vielmehr meinem Erkennen voraus?
◆: Das schleichende Eindringen der Macht von Technik und Staat in mein Leben habe ich als Sklaverei erfahren – bis ich merkte, dass ich

dieser Zustand *bin*, restlos in ihm aufgehe. Wie sollte ich mich dem widersetzen? Den Widerstand aufzugeben ist eine Befreiung.
□: Du befindest dich auf der *einen* Seite der Medaille, nämlich der von Duldung und Widerstand. Dadurch übersiehst du die Möglichkeit, nachdenklich gestimmt zu werden. Sie liegt quer dazu. Von jeher geben Philosophen keine Informationen über die Wirklichkeit. Sie fragen, was etwas ist.
◆: Fragen, was etwas ist, das ist das Fragen nach einem Wesen oder einer Essenz, die allen Dingen gemeinsam ist, die unter ein und denselben Nenner fallen. Das ist sinnlos. Darüber, was etwas ist, entscheidet die praktische Brauchbarkeit einer entsprechenden Arbeitshypothese.
□: Es sei denn, die Philosophie kehrte sich derart um, dass sie sich von den Wörtern zeichnen ließe, die sie vorher schon beherrschten.
◆: Warum solltest du?

Dieses Buch

Dieses Buch wird immer wieder auf die Tradition der Philosophie verweisen, nicht um mit vergangenen »Meinungen« zu »diskutieren« oder »debattieren«, sondern einzig um auf die still herrschenden kleinen Wörter hinzuweisen, die ganze Epochen zeichnen.
Die Auswahl der Texte ist bestimmt durch die Weise, wie die große Reduktion für das philosophische Schreiben zeichnend ist und darin von unserer eigenen Epoche kündet.

Die erste mechanische Revolution, die der Neuzeit, kommt bei *Descartes*, *Hobbes* und *Leibniz*, ferner bei *Kant* zur Sprache.
In der Gestalt des Pragmatismus zeigt sich die große Reduktion bei *Carnap* und *Wittgenstein*.
Die zweite mechanische Revolution bringen zu Wort: *Darwin*, *Dawkins* und *Dennett*.
Der philosophische Anfang der mathematischen Revolutionen ist bei *Platon* zu finden.

Warum bleiben heutige philosophische »Methoden« wie Phänomenologie, Hermeneutik, Dekonstruktion in diesem Buch unbeachtet?
Weil es die Philosophie *in der Epoche der großen Reduktion* betrifft.

Die genannten philosophischen Methoden mögen ihren Zweck in den Nischen von Literaturwissenschaft, Geist und Geschichte erfüllen.
Dabei muss berücksichtigt werden, dass die große Reduktion und ihre Erklärungsmacht die ehemaligen Geisteswissenschaften, *auch* die geisteswissenschaftlich und kulturell angehauchte Philosophie, immer weiter in die Richtung der technischen Beherrschung bringen, die primär für die Naturwissenschaften kennzeichnend war.
Diese Bewegung ist Teil der großen Reduktion, die den Unterschied zwischen dem Geistigen und dem Natürlichen in der Indifferenz versinken lässt.

> Nur eines läßt sich schon bei geringer Wachheit des Nachdenkens erkennen, daß sowohl die Wissenschaften von der leblosen und der lebendigen Natur als auch die Wissenschaften von der Geschichte und den geschichtlichen Werken immer eindeutiger sich herausbilden zu einer Art und Weise, wie der neuzeitliche Mensch der Natur und der Geschichte und der »Welt« und »Erde« überhaupt sich durch Erklären bemächtigt, um diese erklärten Bezirke planmäßig und je nach Bedarf nutzbar zu machen für die Sicherung des Willens, über das Ganze der Welt Herr zu sein in der Weise des Ordnens. Dieser Wille, der in allem Vorhaben und Vernehmen, in allem Gewollten und Erreichten nur sich selbst will und zwar sich selbst, ausgerüstet mit der stets gesteigerten Möglichkeit dieses Sichwollenkönnens, ist der Grund und der Wesensbezirk der modernen Technik. Die Technik ist die Organisation und das Organ des Willens zum Willen. Die Menschentümer, die Völker und die Nationen, die Gruppen und die Einzelnen sind überall die von diesem Willen nur Gewollten und nicht etwa ihrerseits und durch sich der Ursprung und Herd dieses Willens, sondern wie sein oft sogar widerwilliger Vollstrecker.[6]

Die Nischen von Geschichte und Kultur sind umgeben und durchdrungen von Mathematik und Mechanik. Ihr Widerstand dagegen ist nostalgisch.
In diesen Nischen kann das, wovon sie umgeben sind, nicht auf seine eigene Weise zu Wort kommen.

Die Sache, die in diesem Buch auf dem Spiel steht, die ist nicht geringfügig.
Universalsäure nennt Dennett die Mechanisierung der Welt in ihrer vervollständigten, darwinistischen Variante.[7]

Das ist noch milde ausgedrückt.
Was mich zum Menschen machte, zerfließt im Schmelztiegel: freier Wille, Geschichtlichkeit, zwischenmenschlicher Verkehr, selbstständiges Denken, Persönlichkeit, Ethik. Ich bin ein schlafwandelnder Fleischroboter (Dawkins), eingebaut in meinen erweiterten Phänotyp.
Die gegenwärtige Philosophie ist macht- und sprachlos gegenüber dieser Universalsäure. Sie verschrumpelt unter ihrer Gewalt.
Das philosophische Nachdenken hat seine besten Zeiten hinter sich – auch wenn die Zombies in ihren geisteswissenschaftlichen Reservaten noch jahrhundertelang weitermurmeln können.
Und doch tauchen hier und da Denker oder Dichter auf, die den Säure-Angriff überlebt haben.
Sie prüfen ihrerseits die Mechanik.
Die Frage ist nur: *Wie*?

Bücherweisheit führt zu nichts im Angesicht der *mathesis universalis*, auf ihr lässt sich nichts Solides bauen, wie sich im *Discours de la Méthode* von Descartes zeigt:

> Und so erwog ich, dass die Bücherwissenschaften, jedenfalls die Wissenschaften, deren Gründe nur wahrscheinlich sind und keine Beweise enthalten, allmählich aus den Meinungen vieler verschiedener Menschen zusammengestellt und gewachsen sind. Darum nähern sie sich der Wahrheit nicht so wie die einfachen Begründungen, die ein Mann von gesundem Verstand in Bezug auf die Dinge, die sich zeigen, geben kann.[8]

Aber wie bringt Descartes dort seine eigene Methode zur Sprache? In einem *Diskurs* über sie. Ist dieser Diskurs selbst wieder methodisch und somit zirkulär, oder hat er einen anderen Status? Im *Discours* spricht Descrates nur *über* die Methode, ein, wie er sagt, eher »praktischer« als »theoretischer« »Bericht«.
Die eigentliche Methode ist in seinen *Meditationes de Prima Philosophia* zu finden (siehe auch Leibniz, *Meditatio de Principiis*). Stoßen wir *dort* auf die philosophische Methode, die imstande ist, das Methodische der Wissenschaften zu durchdenken? Jedenfalls hilft es mir nichts, hier über eine *Besinnung* oder *Reflexion* zu sprechen. Das sind hohle Phrasen.

Meditieren kommt von lateinisch *medeor*, griechisch *mêdomai*, »für etwas sorgen«, wie es im verwandten Wort *Medizin* zum Ausdruck kommt. Welche philosophische Methode erlaubt mir in diesem Sinn zu meditieren: mich zu sorgen, zu kümmern – um das Ganze, das mich umgibt?[9]
Diese Frage wird noch schwieriger, wenn mir bewusst wird, dass *Meditation* auch mit *messen* verwandt ist. Genau das ist es, was Descartes von der *wissenschaftlichen* Methode verlangt: Ordnung und *Maß (mensura)*.
Die Methode der Wissenschaft ist die der Messbarkeit. Nur was messbar ist, das ist wirklich. Wie kann sich das philosophische Denken messen mit der Allgegenwart des Messens?

Descartes steht an der Quelle der Neuzeit, der Zeit der Mathematisierung und Mechanisierung.
Heute ist diese Zeit abgeschlossen, was nicht heißt, dass sie stirbt. Abgeschlossen heißt: Nichts kann den Kreis von Mathematik und Mechanik durchbrechen.
Vielleicht wird die Neuzeit gerade jetzt *als* Kreis, als Abschluss, als umgebender Bedeutungshorizont sichtbar.
Das ist die Vermutung, die dieses Buch trägt.

»Echtheit«

Was ist echte Philosophie?

Echtheit bedeutet nicht: Anspruch auf Korrektheit oder auf die wahre Philosophie – in dem Sinn, wie man von einem »wahren Freund« oder einem »echten Rembrandt« spricht.
Echte Philosophie maßt sich nicht das Urteil an, andere brächten Scheinphilosophie hervor. Im Gegenteil: Der Unterschied zwischen *echt* und *unecht* bleibt dir unbekannt. Wie Philosophie fortwährend nach einer unerreichten *sophia* strebte, so *bleibt* echte Philosophie das Streben nach Echtheit.

Das Wort *Echt* ist etymologisch verwandt mit *Ehe*. Im Niederländischen gibt es noch das alte Wort *de echt* für den Ehebund. Das Wort hat etwas mit *Treue* zu tun.

Treue wozu?
Zur echten Philosophie, dem Denken, das, wie sich zeigen wird, nicht menschlicher Herkunft ist, sondern das menschliche Denken zeichnet, ohne von ihm eingeholt werden zu können.

Die Treue zur echten Philosophie – auch das wird sich zeigen – besteht nicht ohne Untreue, ohne dieser in einer harten Fügung auszuweichen. Deine Echtheit ist unecht.

Echtheit: Treue zu dem Unbekannten, von dem du vermutest, dass es dich trägt.
Diese Treue besteht darin, dem Tragenden auf einem unbekannten Weg zu folgen.
Doch ehe du dich versiehst, bist du vom Weg abgekommen.
Deine Echtheit ist unecht.

Ich hoffe auf Echtheit – aber ich habe sie nicht in der Hand.
Die Echtheit, nach der ich strebe, ist »Echtheit« in Anführungszeichen: So unecht ich auch bin, es schimmert etwas von der echten Echtheit durch, aber sie erscheint nie *echt*.

Einigen Etymologen zufolge ist *echt* hervorgegangen aus *ê-haft*, also der *ê* gemäß.
Das mittelhochdeutsche Wort *ê* oder *êwe* bedeutet Zeitalter, aber auch Ewigkeit. Es soll mit dem griechischen *aiôn* verwandt sein, Lebenszeit. Darin kann der Hinweis liegen, dass die Treue deines Denkens zunächst diejenige zu deiner eigenen Lebenszeit, deiner Epoche ist. *Echt* heißt: deinem eigenen Zeitalter, den Wörtern, die dessen Horizont stiften, treu bleibend.

I Die erste Reduktion

1 Ehemalige Philosophie

1.1 Wissenschaft und Unwissenschaftlichkeit

Ist Philosophie eine Wissenschaft? Sie wird oft als solche betitelt, zum Beispiel von Kant und Hegel – und in den heutigen philosophischen Fakultäten.

Ist diese Betitelung heute möglich? Wissenschaften gehen ihren eigenen Weg. Sie haben sich von ihrer alten Mutter emanzipiert.
Wirf einen Blick auf das »Fachgebiet« *philosophische Anthropologie*. Es gibt viele Arten wissenschaftlicher Anthropologie: physische, kulturelle, Paläoanthropologie. Was könnte eine *philosophische* Anthropologie zum Fortschritt der Wissenschaften beitragen? *Gibt es* so etwas überhaupt?

Bruno Gröning und Uriella praktizierten Geistheilung. Die Homöopathie arbeitet mit unendlichen Verdünnungen. Was ist daran unwissenschaftlich? Dass zwar viele Beispiele erfolgreicher Therapien gegeben werden, das Programm sich aber nicht als *gescheitert* erweisen kann. Quasiwissenschaft ist unverwundbar. Funktioniert sie nicht, kann sie sich immer noch ihrer Erfolge rühmen – die statistisch zu erwarten sind.

Quasiwissenschaft leidet am *Discovery Channel fallacy*: Wenn du plausibel machen willst, dass ein frisch geöffnetes ägyptisches Grab das einer Königin ist, deutest du alles, was du findest, als Bestätigungen deiner These: Diademe, Lage der Mumie, Opfergaben. Was dagegen spricht, übersiehst oder ignorierst du.
Diesem *fallacy* erliegen überambitionierte Staatsanwälte im Kampf gegen Kriminalität. In ihrem Ehrgeiz übersehen sie das, was tödlich ist: negative Erfahrung, die all ihre Bemühungen zunichtemacht.

Du wirst in deinem Wissenserwerb nicht stärker, indem du Bestätigungen suchst und findest, sondern indem du Prüfungen standhältst.

Naturwissenschaften haben eine gewisse Unverwundbarkeit. Ist ein Forschungsprogramm ertragreich, wird es wegen etwas negativem Feedback nicht gleich aufgegeben. Scheitert es aber öfter als ein konkurrierendes, wird es schließlich sterben.
Das wird auch mit Uriella und der Homöopathie geschehen, aber wenn die Bedürfnisse groß sind, können sich Immunisierungen lange aufrechterhalten.

Das *Empirische* der Wissenschaften ist ihre Empfänglichkeit für negatives Feedback.
Je mehr ein Forschungsprogramm angegriffen wird und je empfänglicher es dafür ist, desto stärker wird es dastehen, wenn es den Angriffen standhält oder sich anpassen kann.[1]

Die empirische Verwundbarkeit der Wissenschaften ist zugleich ihre *Kraft*. Die Wissenschaften *lernen*, indem sie Erfahrungen machen und eine Antwort darauf finden. Damit wächst ihr Vermögen, die Wirklichkeit technisch umzugestalten. Die Genetik ist durch *Versuch und Irrtum* entstanden. Die Kraft dieser Theorie ist ihr Erfolg: Sie ermöglicht Genmanipulation. Unempfindliche Tomaten, leuchtender Mais, immune Mäuse und verbesserte Menschen sind die Folgen.
Die Wissenschaft sorgt für die Vereinigung von Mensch und Welt.

Das Empirische der empirischen Wissenschaften ist diejenige Verwundbarkeit, die ihren Erfolgen dient, ihren Überlebenschancen.
Die Erfahrungen werden im wissenschaftlichen Entwurf organisiert.[2]

Die so organisierten Erfahrungen, die in einer Wissenschaft gemacht werden, sind Hindernisse, die aus dem Weg geräumt werden müssen. Der technisch gesteuerte Entwurf lässt sie als solche erscheinen. Wissenschaft heißt: mit Aporien – Entfremdungen zwischen Denken und Welt – konfrontiert werden und Durchgänge durch sie finden.

Wissenschaftliche Konkurrenz ist ein Kampf ums Überleben von Theorien und Programmen.
Der Sinn theoretischer Wissenschaft ist pragmatisch. Es geht darum,

Durchgänge zu finden und letztlich in einem vertrauten Haus zu überleben. Das Theoretische der Wissenschaft ist, dass sie einen Schritt zurück aus der unmittelbaren Praxis macht, um sich in größerer Distanz besser zu wappnen.

Sind wissenschaftliche Theorien *wahr*? Wenn damit gefragt wird, ob sie die Natur selbst ins Visier nehmen, dann ist die Frage ebenso philosophisch wie irrelevant.
Ein wissenschaftlicher Gedanke wird mit der Wirklichkeit konfrontiert. Wie? Durch die Erfahrung.
Gibt die Erfahrung Zugang zur Natur selbst?
Die Frage ist nicht zu beantworten: Erfahrungen sind selbst vom theoretischen Licht erfüllt, in dem sie gemacht werden.
Der Legende nach machte Galilei Versuche am Schiefen Turm von Pisa: Er ließ zwei Bälle von oben hinabfallen, einen schweren und einen leichten, und sagte voraus, beide würden gleichzeitig am Boden auftreffen.
Das geschah natürlich nicht.
Aber Galileis wissenschaftlicher Entwurf war damit nicht widerlegt: Er konnte die Beobachtung aus dem besonderen Umstand des Luftwiderstandes heraus deuten.
Galilei und sein Gegner erfuhren ein und dasselbe Geschehnis auf verschiedene Weise.
In der Philosophie sagt man: Die Erfahrung ist theoriebeladen.[3]

Erfolg, die Ratio von Aufwand und Ertrag, genügt als Kriterium für die Wissenschaftlichkeit eines Programms.
Die Frage, ob die Naturwissenschaften die Natur selbst sehen, lässt sich nicht beantworten. Die Technik hat die metaphysische Kluft zwischen Mensch und Welt geschlossen.
Aber kann diese Frage *gestellt* werden?
Sobald Wissenschaften technisch erfolgreich werden, transformieren sie die von Menschen bewohnte Erde. Die Auswirkungen milliardenfacher Wiederholungen einer Technik sind unvorhersehbar. Es gibt eine gewisse Diskrepanz zwischen der Wissenschaft als Entwurf und dem, woher sie kommt und wohin sie zurückkehrt: der Erde.
Wie solltest du das *philosophisch* zur Sprache bringen, solange sich die Philosophie ihrer Wissenschaftlichkeit rühmt?

Wie steht es um den wissenschaftlichen Status der Philosophie?
Echt philosophische Behauptungen sind:

- *Ich denke, also bin ich.* (Descartes)
- *Wovon man nicht sprechen kann, darüber muss man schweigen.* (Wittgenstein)
- *Gott ist tot.* (Nietzsche)
- *Wir leben in der besten aller möglichen Welten.* (Leibniz)

Für all diese Behauptungen lassen sich Gründe angeben – aber allzu viele.
Das Problem ist ihre Unprüfbarkeit. Sie unterscheiden sich nicht von Uriellas Visionen.

- *Ich denke, also bin ich* – wie sollte sich zeigen, dass das Gegenteil dieser Scheinargumentation stimmt? *Ich denke, doch es zeigt sich, dass ich nicht bin* – das ist eine Absurdität, keine Widerlegung. Descartes' Gedankengang ist hohl.
- Warum sollte ich darüber schweigen müssen, wovon ich nicht sprechen kann? Warum sollte ich nicht gerade dann reden, wenn etwas unsagbar ist? Was spricht gegen Rätsel oder Geheimnisse?
- Gott ist nicht tot, er lebt: Schau nur, wie viele Kirchtürme in den Himmel ragen.
- In Anbetracht des Genozids und der Konzentrationslager leben wir in der schlechtesten aller möglichen Welten. Diese Behauptung kann ich ebenso gut rechtfertigen wie ihr Gegenteil. (Cioran)

Philosophie ist spekulativ, also unwissenschaftlich.
Sie ist *transzendent*, sie übersteigt den Bereich der Erfahrung. Sie kann auf keine echten Aporien stoßen – in einer dünnen Atmosphäre ohne Widerstand.

Philosophische Meinungen sind leerlaufende Rädchen in der Maschinerie des Lebens.
In der Erkenntnistheorie herrschte jahrhundertelang ein Streit zwischen *Realisten* und *Idealisten*: Realisten meinten, sie hätten mit der Wirklichkeit zu tun, wie sie in Wahrheit *ist*, während Idealisten glaubten, die Wirklichkeit erscheine so, wie *Menschen* sie einteilen und interpretieren.

Solche Debatten sind unsinnig. Keine der beiden Strömungen könnte jemals auf irgendeine Weise unrecht bekommen: Ein idealistisches und ein realistisches Butterbrot sind in der Esspraxis ein und dasselbe.

Philosophen stecken in einer Zwickmühle. *Entweder* machst du Aussagen, die im Kampf um die Wahrheit überleben oder sterben können: Dann bist du Wissenschaftler. *Oder* du entziehst dich der Erfahrung: Dann sind deine Behauptungen ebenso leer wie die der Kräuterfrau Maria Treben.

Wie spricht die »philosophische Anthropologie«? Sie macht jedenfalls keine sehr allgemeinen Aussagen über den Menschen, als wäre sie größter gemeinsamer Teiler der wissenschaftlichen Anthropologien – je allgemeiner eine Aussage, desto gehaltloser ist sie.

Wissenschaften erfahren nicht wild drauflos. Sie *organisieren* ihre Empirie. Sie verhören die Natur, bemerkt Kant, wie ein Richter, der die Zeugen nötigt, auf die Fragen zu antworten, die er ihnen vorlegt: auf Ergebnisse hin. Das wundert nicht, denn Wissenschaften sind poretisch: Sie streben nach Wachstum und Beherrschung. Um die Empirie zu organisieren, brauchen sie *Instrumente* – von Reagenzgläsern bis hin zu Teilchenbeschleunigern.
Aber dem Philosophen fehlt die einfachste Botanisiertrommel.

Welchen Status haben die soeben gemachten Aussagen? Sind sie philosophisch oder bin ich bei Uriella in die Lehre gegangen?

Warum möchten Philosophen als wissenschaftlich bezeichnet werden? Auf jeden Fall wegen des universitären Status und der dazugehörigen Forschungsgelder.
Gibt es noch andere Gründe?

1.2 Was bewegte die Philosophie?

Philosophen wurden vom Unterschied zwischen den *Dingen* und ihrer *Identität* getroffen. Es gibt vielerlei Muscheln. Sie alle heißen *Muschel*. Was eint sie, dass sie so heißen können? Was ist das *Muschelhafte*?

Damit ging ein anderer Gedanke einher: Was ich von den tatsächlichen Muscheln wahrnehme und was ich darüber aussage, das ist so undurchsichtig und veränderlich wie die Muscheln selbst. Es gibt sie in allen Sorten und Größen. Die Wirklichkeit ist im Fluss. Wie kann ich etwas über Muscheln aussagen, was *nicht* der Dunkelheit und Veränderlichkeit preisgegeben ist? Wie erreiche ich die Vereinigung meiner Muschelvorstellung mit der Muschel selbst?
Durch das Muschelhafte, das unveränderlich und durchsichtig ist.

Die Mathematik spielte eine entscheidende Rolle bei der Entstehung der Philosophie.[4] In ihr war es möglich, eine unveränderliche, ideale Welt von einer veränderlichen, realen zu unterscheiden, sodass die Realität als Abglanz des Idealen erschien.
Wo Dreiecke auftauchten, da wurden sie auf das elementare Dreieck reduziert. Das brachte feste Rechenmethoden und sichere Ergebnisse ein.

In Ägypten wurden Pyramiden gebaut, in allen Sorten und Größen. Darüber kannst du dir einen Überblick verschaffen.
Du kannst eine Pyramide auch auf den Zeichentisch bringen und vermessen.
Daneben besteht die Möglichkeit, gebaute und gezeichnete Pyramiden von ihren veränderlichen und wahrnehmbaren Eigenschaften zu befreien, sodass zuletzt eine geometrische Figur übrig bleibt: die reduzierte Pyramide.
Das Fabelhafte daran: Nun kannst du ihre geometrischen Eigenschaften a priori rekonstruieren und beweisen. Du brauchst nicht an der tatsächlichen Pyramide nachzumessen oder nachzuprüfen – was in der Schule, damals zu meinem Erstaunen, ausdrücklich verboten war. Nichts kann die Beständigkeit der Pyramide *an sich* beeinträchtigen. Im mathematischen Vernehmen ist sie unmittelbar anwesend. Du brauchst sie nicht wahrzunehmen, um sie für technische Berechnungen zu verwenden.

So entstand die Philosophie: innig verflochten mit dem Mathematischen als dem Zugang zur beständigen Anwesenheit. Die Mathematiker fanden Apriori-Eigenschaften der Pyramiden. Philosophen wie Platon waren beeindruckt von dieser Möglichkeit und trieben das Fragen noch weiter. Sie sagten: Es gibt vielerlei Pyramiden, zum Beispiel die von Djoser oder die Cheops-Pyramide. Wie sehe ich, dass die verschiedenen Objekte untereinander *dasselbe* und somit *Pyramiden* sind? Was gewährt die Einheit, die es ermöglicht, das Verschiedene auf ein und denselben Nenner zu bringen, sodass ich durch diese Einheit die Vereinigung meiner selbst mit der Welt sicherstellen kann?

Das Ergebnis der Reduktion, die echte Apriori-Pyramide, existiert nicht in der Wirklichkeit und ist gleichwohl nicht beliebig: Jeder kommt *notwendig* nach demselben Verfahren zum selben Ergebnis. Daher kam der Gedanke auf, dass es eine ideale Identität der Pyramiden geben muss, die *vernehmbar* ist, ohne an die sinnliche Wahrnehmung gebunden zu sein: etwas Pyramidales, das allen Pyramiden gemeinsam, selbst aber keine Pyramide ist. Dieser Anblick *(idea)* sollte mindestens so unveränderlich und ungetrübt sein wie eine geometrische Figur.

Die Philosophie war, genau wie die Mathematik, *reduktiv*. Sie zielte darauf ab, die Wirklichkeit auf beständige, durchsichtige Elemente zu reduzieren und anschließend aus diesen Elementen zu rekonstruieren, und zwar streng und ohne Beimischungen.
Beimischungen waren zum einen undurchsichtig, zum anderen dem Wandel der Zeit unterworfen.

Die mathematischen Elemente waren Linien, Flächen, Dreiecke, Würfel; die philosophischen Elemente betrafen all das, was *das Selbe* heißen konnte: alle Erscheinungen, die Beständigkeit zuließen, natürlicher wie übernatürlicher Art.

Pferde hatten teil am elementaren Pferdhaften, dem Durchsichtigen und Unveränderlichen, das ihnen gemeinsam war, dem »Wesensgrund« der tatsächlichen Pferde, die du sahst.
Die Elemente waren unabhängig von der körpergebundenen Wahrnehmung: Sie waren direkt, ohne sinnliche Vermittlung zu vernehmen. Du brauchst keine Warndreiecke zu sehen, um die Eigenschaften des geometrischen Dreiecks zu kennen.

Was ist der Grund für das Verlangen nach Reinheit und Unveränderlichkeit des Selben? Die Sorge um die primäre Identität, die zwischen Mensch und Welt. Was garantiert, dass das menschliche Erkennen und das Erkannte zwar niemals *identisch* und doch *das Selbe* sind, sodass sich keine gefährlichen Klüfte zwischen beiden auftun – keine Entfremdungen?

Der Anblick ist das Joch, das Sein und Denken vereinigt: das Sonnenhafte. Es bindet das Licht des Erkennens und die erkannte Sonne aneinander. Es bannt die Gefahren der Unverhältnismäßigkeit, indem es nur das Beständige erhält.

1.3 Philosophie heute?

Die Philosophen sahen: Die Dinge sind nicht dasselbe wie ihre Identität, wie der Anblick, in dem sie das Selbe sind.
Die Identität hing mit dem *Namen* der Dinge zusammen, durch den sie sich auf *einen* Nenner bringen ließen.
Die Dinge waren die *Seienden*, ihre Identität war ihr *Sein*.

Die philosophische Frage nach der Identität war von vornherein am Vorbild der *mathesis* orientiert.
Dieses Band zwischen der Identitätsfrage und dem Apriorischen der Mathematik war der Anfang der Philosophie *und* ihr Ende.
Die Philosophie hatte noch wissenschaftlicher als die Wissenschaft zu sein, durch einen übersinnlichen, übernatürlichen (meta-physischen) Zugang zum Wesen der Dinge.
Den gab es offenbar nicht.
Und hätte es ihn gegeben, er wäre unnötig gewesen.
Die Sorge um die oberste Einheit, die Harmonie von Welt und Menschenwesen, ist weggefallen.

Lange Zeit lebten Physik und Metaphysik zusammen. Sie bildeten ein Gegensatzpaar, das überall wiederkehrte. Dieses Ganze von Gegensatzpaaren war die metaphysische Welt, in der Menschen über Tausende von Jahren lebten.

Ding	Anblick
sinnlich	übersinnlich
veränderlich	unveränderlich
undurchsichtig	transparent

materiell	geistig
emotional	rational
Wörter	Bedeutungen
wahrnehmen	vernehmen
subjektiv	objektiv

Die Natur bestand aus physischen Vorgängen und Ursachen – aber diese Ursachen waren letztlich meta-physisch: Anblick und Vollendung bestimmten die tatsächliche Gestalt eines Dinges. Grob gesagt: Die Materie war geistig geprägt. Eine Eiche erklärte sich aus ihrem Anblick *(idea)*, ihrer winkenden Vollendung *(telos)* und ihrem Schöpfer.

Der Mensch war ein physisches Wesen, ein *animal*. Aber das wahrhaft Menschliche an ihm war *metaphysisch*: das Geistige oder Rationale, das nicht an die Wahrnehmung gebunden und niemals auf Materie zu reduzieren war.
Der Mensch war eine Kombination aus Physik und Metaphysik: *animal rationale*. Er war imstande, rein zu erkennen und zu argumentieren, indem er das Rationale gegen das Animalische abschirmte.

> Der Mensch ist das animal rationale, das vernünftige Tier. Durch die Vernunft erhebt sich der Mensch über das Tier, aber so, daß er ständig auf das Tier herabblicken, es unter sich bringen, mit ihm fertig werden muß. Nennen wir das Tierische das Sinnliche, nach der Überlieferung das Physische, dann zeigt sich die Vernunft, das Übersinnliche als das, was über das Sinnliche, über das Physische hinausgeht; hinüber heißt griechisch meta; meta ta physika hinüber über das Physische, Sinnliche; das Übersinnliche in seinem Hinüber über das Physische ist das Metaphysische.[5]

Die *Neuzeit*, das war eine ungeahnte Wende der *mathesis*. Die *mathesis* wurde zur *mathesis universalis*.
Als solche ging sie mit einer allumfassenden Mechanik einher.
Dieses Ereignis verwandelte die Welt samt ihren menschlichen Bewohnern bis zur Unkenntlichkeit.
Die Identität der Dinge wandelte sich zur beherrschbaren Einförmigkeit. Damit ging die Philosophie ihrer Vollendung entgegen. Die Sorge um die Einheit von Mensch und Welt war nicht mehr dieselbe.

> Erst Galilei vollzog die Wendung von dem gestalthaften Kosmos zum unermeßlichen Weltraum und von der menschlich durchdrungenen Erdenwelt zu jener »Welt der Wissenschaft und der Technik«, die heute den Menschen als dessen selbstgeschaffene Fremdwelt umgibt.
> Erst seine Methode – die Isolierung und Quantisierung der Phänomene und deren Messung und mathematische Formulierung im allgültigen »Gesetz« – begründete die »exakte« Forschung, auf der die Wissenschaftswelt heute aufgebaut ist.
> Erst die galileische Wissenschaft hat jene Kräfteausbeutung durch die Voraussicht gesetzmäßiger Funktionen ermöglicht, die – quantitativ kontrollierbar – die »Anwendung« dieser Gesetze, das heißt eine Technik erlaubt.
> Erst Galilei hob daher die antike Trennung von Technik und Wissenschaft auf und machte die Technik zugleich zur Voraussetzung und zur Folge der Wissenschaft.[6]

Die Neuzeit, das ist der Entwurf der Natur auf Einförmigkeit hin, ausgehend von einem gereinigten *ego cogito*. Die Einförmigkeit ist allumfassend, aber es gelingt nicht, das *Denken* in die mathematisch-mechanische Einheit aufzunehmen: Wieder öffnet sich eine Kluft zwischen Mensch und Welt.

Diese Kluft schrie nach Vereinigung. Die *mathesis universalis* und die mechanische Revolution beschränkten sich nicht auf die »tote« Natur. Im neunzehnten Jahrhundert zeigte sich, dass sie sowohl die belebte Natur *als auch* das menschliche Leben und Denken umfassen – beides fällt unter die Seinsweise der Vervielfältigung und die ihr eigene Ratio. Die heutige Welt ist zunehmend von dieser Seinsweise beherrscht, sie wird weniger basalten und mehr und mehr replikativ.

Der *Tod Gottes*, den Nietzsche ausruft, ist der Untergang der metaphysischen Welt seit der zweiten mechanischen Revolution. Ein ganzer Horizont von Anblicken, Zielen und natürlichen Orten wird weggewischt. Die Erde ist losgekettet von ihrer metaphysischen Sonne, dem Sinnbild der höchsten platonischen *idea*, dem Joch zwischen Erkennen und Erkanntem.

Im mechanisch-mathematischen Universum sind Menschen unbedeutende Bestandteile – überflüssig. Nietzsche fragt:

> Was thaten wir, als wir diese Erde von ihrer Sonne loskettteten? Wohin bewegt sie sich nun? Wohin bewegen wir uns? Fort von allen Sonnen? Stürzen wir nicht fortwährend? Und rückwärts, seitwärts, vorwärts, nach allen Seiten? Giebt es noch ein Oben und ein Unten? Irren wir nicht wie durch ein unendliches Nichts? Haucht uns nicht der leere Raum an?[7]

Nietzsche hätte sich nicht sorgen müssen: Inzwischen hat eine sanfte Landung stattgefunden. Der leere Raum ist mit der Rationalität der Ökonomie aufgefüllt.

Philosophie war Metaphysik, sie gehörte zur ehemaligen Wirklichkeit, die frei von Mechanik, sinnvoll und geordnet war.
Wer so tut, als sei diese Welt intakt (eine *conditio sine qua non* für den Erhalt der akademischen oder literarischen Philosophie), der ist ein mechanischer Strauß, der seinen geistigen Gespensterkopf in den metaphysischen Treibsand steckt.

Welchem Menschenschlag gehöre ich an? Bin ich eine Denkfabrik, ein Genvehikel?
Die Philosophie kann diese Frage nicht beantworten und nicht einmal stellen – inzwischen zerfließt meine Identität als Mensch im Schmelztiegel.
Kann meine Identität überhaupt fragwürdig sein? Hat mich nicht jetzt, da die Vereinigung von Sein und Denken erreicht ist, eine bestimmte Apathie im Griff? Eine Apathie gegenüber dem, was das ehemalige philosophische Erfahren ausmachte: getroffen zu werden von meiner Identität und derjenigen der Dinge?

Bin ich nicht schon so weit in diese Einheit aufgenommen, dass ich nicht nach meinem eigenen Wesen fragen kann? Bin ich nicht bereits ein informatisiertes Techniktier? Und lässt mich nicht sogar dieses »Unvermögen« kalt?

Gibt es Auswege für die Philosophie?
Oder ist die Suche nach Auswegen Sache der Wissenschaften und nicht der Philosophie?

1.4 In die Enge getrieben

A Ohne feste Fundamente

Philosophen meinen von jeher, dass Wissenschaftler ihre Behauptungen zwar begründen, jedoch noch tiefere, philosophische Gründe zu finden sind, die die Wissenschaften wahrhaft unerschütterlich machen.
Platon meinte, die Mathematik sei letztlich hypothetisch und brauche einen philosophischen Unterbau.
Dieses Unerschütterliche war eine Einsicht des Vernehmens, das nicht an das empirische Wahrnehmen gebunden war.
Du sahst direkt und außerhalb der sinnlichen Wahrnehmung ein, dass eine Gerade die kürzeste Verbindung zwischen zwei Punkten ist.

Mit dem Anbruch der Moderne im siebzehnten Jahrhundert hat der Aufmarsch der Wissenschaften begonnen. Dem entsprach Descartes auf philosophische Weise. Er sah die Vielfalt der Wissenschaften: Mechanik, Medizin, Moral. Diese Zweige waren der Physik entsprossen – der *einen* Wissenschaft, dem zugrundeliegenden Stamm.

Aber die Physik war laut Descartes nicht das letzte Fundament. Zerrissenheit blieb, Zweifel einräumend. Dem Stamm fehlten *Wurzeln*, die der Metaphysik. Sie sollten ein unerschütterliches Fundament der Wahrheit garantieren *(fundamentum inconcussum veritatis)*. Descartes fand dieses Fundament nicht primär in der Mathematik, sondern im eigenen Denkvermögen – *Ich denke, also bin ich.* Damit war die Identität von Erkennen und Welt eine andere geworden.

> Also ist die ganze Philosophie wie ein Baum: Seine Wurzeln sind die Metaphysik, sein Stamm ist die Physik. Und die Zweige, die ihm entsprießen, sind alle anderen Wissenschaften, die sich auf drei hauptsächliche reduzieren lassen: die Medizin, die Mechanik und die Moral.[8]

Ganz klar: Die philosophische Suche nach Grundlagen wird dadurch untergraben, dass moderne Wissenschaften beweglich sind. Sie passen sich Widerlegungen und neuen Informationen schnell an. Eine unerschütterliches Fundament stünde ihrer Mobilität im Weg.

Warum unerschütterliche Fundamente suchen, wenn es genügt, Risiken zu kalkulieren?

Descartes wies selbst darauf hin, als er seinen Baum aufstellte: Letztendlich rechtfertigen sich die Wissenschaften durch ihre Früchte.

> Nun, so wie man die Früchte nicht von den Wurzeln und ebenso wenig vom Baumstamm, sondern allein von den Zweigenden pflückt, so hängt der hauptsächliche Nutzen der Philosophie von denjenigen ihrer Teile ab, die man erst zuletzt vernehmen kann.[9]

Descartes machte eine doppelte Buchführung: Er beurteilte die Wissenschaften nach ihren Früchten *und* nach ihrer Radikalität, ihrer Verwurzelung.
In der mobilen Welt *reicht* Fruchtbarkeit als Kriterium.
Die metaphysische Verwurzelung ist überflüssig und möglicherweise schädlich.
Niemals verlangen die Wissenschaften nach ihr, nie warten Philosophen damit auf.
An keiner philosophischen Fakultät der Welt drängen sich Naturwissenschaftler, bettelnd um philosophische Grundlagen für ihre Wissenschaft.

»Wissenschaftsphilosophie« üben Bauarbeiter aus, die ein Fundament unter ein Haus legen wollen, das schon steht und keinen Unterbau braucht, weil es ständig im Umbau ist.

Es bleibt die Frage: In welchem Grund wurzeln die radikalen Wissenschaften?
Das Wort *Grund* deutet dann – wie *Vordergrund* und *Hintergrund* weniger auf ein Fundament als vielmehr auf eine *Umgebung*: Worin gedeihen Wissenschaften, worin gehen sie zugrunde?
Hat es Sinn, diese Frage zu stellen?
Vielleicht. Du kannst vermuten, dass sich Wissenschaften in einem *Horizont* befinden, einem Horizont von Wörtern oder Bedeutungen. Darin richtet sich ihr Stamm empor.
Könnte *das* einem Philosophen sein Recht zu existieren geben: eine Semantik?

Gibt es eine wissenschaftliche Antwort auf die Frage, was Wissenschaft ist? Oder muss die Philosophie definieren, was Wissenschaft ist? Ist die Philosophie dann selbst wissenschaftlich oder nicht?
Kann die Wissenschaft selbst feststellen, was wissenschaftlich ist und was nicht? Ist es wissenschaftlich, die eigenen Gründe mit Augen zu betrachten, die durch dieselben Gründe bestimmt sind?
Es hilft nichts, eine äußerst grundlegende Wissenschaft namens Philosophie zu entwerfen. Dadurch wird der Zirkel nicht weniger zirkulär.

Oder musst du einfach aufhören zu fragen, was Wissenschaft und was dein eigenes Wesen in ihr oder ihr gegenüber ist?

Warum solltest du das nachdenklich gestimmte Wesen, das du einst warst, aus seiner Asche wiedererstehen lassen? Um dir nutzlose Sorgen aufzuerlegen?

B Unmöglichkeitsbedingungen

Die Angst der Philosophen ist, dass ihre Aussagen leer sein könnten.
Kant sah diese Gefahr. Solange die Philosophie nur Wortanalysen gibt, ist sie sinnlos, was sie sagt, hat keinen neuen Inhalt, ist *analytisch*. Dass ein Matrose ein Seemann ist – hol's der Kuckuck.
Analytische Aussagen bleiben von der Erfahrung unberührt, sie sind *a priori*. Schon im Vorhinein steht fest, dass du kein einziges Vorkommnis eines Matrosen akzeptieren wirst, der kein Seemann ist.

Aber die Philosophie möchte Aussagen machen, die stichhaltig sind, die von etwas handeln: *synthetische* Aussagen.

Die meisten Aussagen der Wissenschaften handeln von etwas, aber sie sind zugleich *a posteriori*, überprüfbar in der Erfahrung. Das ist das Empirische an ihnen.
Laut Kant sind manche wissenschaftliche und alle philosophischen Aussagen so grundlegend, dass keine Erfahrung sie erschüttern könnte – sie *müssen* a priori sein.
Doch Philosophen, die etwas über die Wirklichkeit behaupten, ohne der Erfahrung ausgesetzt zu sein – die sind *spekulativ*.

In seinem Verlangen, die Philosophie aus ihrem dogmatischen Schlummer zu wecken, erfuhr Kant eine Kopernikanische Wende. Er sagte: Versuche als Philosoph nicht, mit den Wissenschaften zu konkurrieren, sondern besinne dich auf das Verhältnis *zwischen* Wissenschaft und Wirklichkeit. Was ist notwendig, um wissenschaftliche Objektivität zu erlangen, was sind die Bedingungen der Möglichkeit dafür?

Kant zeigte nicht einfach nur, dass das menschliche Denken der Natur das Gesetz vorschreibt. Er zeigte vor allem: Die Möglichkeitsbedingungen der *Erfahrung überhaupt* sind zugleich die Möglichkeitsbedingungen der *Gegenstände* der Erfahrung.[10]
Kants Denken betrifft das *Verhältnis* zwischen dem, was ist, und dem Denken – die Vereinigung beider.

Philosophie sollte stichhaltig sein, indem sie nicht über die Wirklichkeit, sondern über die Voraussetzungen spricht, unter denen die Wirklichkeit erscheint und wissenschaftlich erforscht wird.
Räumlichkeit, Zeitlichkeit und Kausalität sind nicht Teil der Wirklichkeit. Sie sind Möglichkeitsbedingungen sowohl für den Zugang zur Natur wie auch für das Erscheinen der Natur. Sie sind selbst keine *Seienden*, sondern *Sein*.

Die Philosophie sollte nicht mehr *transzendent*, sondern *transzendental* sein: Einsicht geben in die Möglichkeitsbedingungen für die Naturwissenschaft und die wissenschaftlich erforschte Natur, für beide in ihrer Identität.

Doch die »Fundamente«, die Kant entdeckt (Raum und Zeit als Formen der Anschauung und die Kategorien als Formen des Denkens), sind aus den Wissenschaften seiner Zeit abgeleitet. Kants Denken ist nicht a priori, sondern hinkt dem wissenschaftlichen Fortschritt hinterher. Schon bald war es um Kategorien wie das Kausalitätsprinzip geschehen. Im Laufe der Wissenschaftsevolution verändert und zerstört, hat es sich als *a posteriori* erwiesen.

Es gibt Widerlegungen von Aussagen und Theorien.
Es gibt auch große Umbrüche: Sie finden statt, wenn eine ganze Grammatik weggeblasen wird, die man für a priori gehalten hat.

So geschah es mit dem *principium rationis*: *Ratio*, vormals *Grund*, wurde zur *Proportion*, und die Welt war nicht mehr dieselbe.
Kant ist nicht widerlegt. Seine Denkweise gehört zur basaltenen Seinsweise, die allmählich von der Seinsweise der Vervielfältigung und Variabilität der »Wesen« verdrängt wird.

Die Wissenschaften sind auch ohne eine philosophische Grundlage Kantischer Art zurechtgekommen. Sie basieren auf Erfolg, nicht auf philosophischen Möglichkeitsbedingungen.

Zu Beginn der *Kritik der reinen Vernunft* sagt Kant, es sei leicht zu sehen, ob die Bearbeitung der Erkenntnisse den sicheren Gang einer Wissenschaft gehe oder nicht. Das lasse sich anhand ihres Erfolges beurteilen. Wenn sie ins Stocken gerate oder die Mitarbeiter sich nicht einigen könnten, dann sei von Wissenschaft nicht die Rede.[11]

In der heutigen Seinsweise von Replikation und Ökonomie erübrigt sich Kants Vorhaben, die Wissenschaften philosophisch zu fundieren. Erfolg reicht als Kriterium für Wissenschaftlichkeit – philosophische Fundamente sind entbehrlich.
Darum ist der Erfolg der Philosophie als Wissenschaft ausgeblieben.

Denk an den Titel *Kritik der reinen Vernunft*. Kritisch urteilen, das heißt vernünftig urteilen. Kants Titel verweist auf eine vernünftige Beurteilung der Vernunft – ein Münchhausen-Akt, der dem gewaltigen philosophischen Willen zur Wissenschaftlichkeit entsprungen ist.

Die Kopernikanische Wende *sagt* etwas, was dem Denken noch verborgen geblieben ist.
Kant zeigt, dass Philosophen weder über die Natur sprechen können noch über den Menschen als Subjekt der Naturerkenntnis. Die Wende ist eine Hinkehr zum Zwischenbereich, dem *Horizont*, in dem Menschen und Dinge einander begegnen.

Aber diesen Zwischenbereich betreten heißt nicht, wissenschaftlich nach Prinzipien zu forschen, sondern nach den grundlegendsten *Wörtern* zu suchen, in denen dieser Horizont Gestalt annimmt.
Sie sind die Atmosphäre, in der jede Wissenschaft beginnt.

Diese Atmosphäre bleibt verdeckt, solange Philosophie von der *mathesis* abhängt – die selbst ein Horizont von Wörtern ist.

Sind Wörter also keine Dinge?
Wird hier ein ehemaliger ontologischer Unterschied vorausgesetzt: zwischen Dingen und ihrer Semantik?

C Wesenlos

Die Dinge und ihr Wesen – das *Wesen* ermöglichte, das Vielfältige auf ein und denselben Nenner zusammenzubringen.
Von jeher fand die Metaphysik das Wesen auf mathematische Weise: als reduziertes *Element.*

Elemente sind die unveränderlichen Produkte der Reduktion. Sie lassen das Identische im Fluss der Wirklichkeit zum Vorschein kommen, sodass es einen Namen bekommen kann.

Platon glaubte, eine Übereinstimmung zwischen Denken und Natur zu finden, indem er Namen *und* Wirklichkeit in feste und ideale Elemente *(stoicheia)* zerlegte, sodass sie miteinander übereinstimmten.

Um die Suche nach Elementen kommst du nicht so leicht herum. Platon zeigt, dass du schon beim Sprechen oder Schreiben physische Buchstaben von ihren metaphysischen Elementen unterscheiden musst. Buchstaben sind nie bloße wahrnehmbare Einheiten. Sie sind das, was sie sind, nur als Bestandteile eines elementaren *Systems,* des Alphabets.
Einen Buchstaben kannst du erst dann lesen, wenn du imstande bist, ihn als solchen von anderen zu unterscheiden.
Den Buchstaben »e« kannst du erst dann als solchen erkennen, wenn du siehst, dass seine verschiedenen Abwandlungen Verwirklichungen ein und desselben *stoicheions* sind. Das *stoicheion* »e« ist das, was den Varianten e, E, *E*, ε, *e* gemeinsam ist: ihr Anblick.

Das scheint ein Ausweg für die Philosophie zu sein: Erforsche als Philosoph nicht wie ein Wissenschaftler primär Erscheinungen, sondern mache etwas Vorbereitendes: Bestimme, was etwas ist, was dasjenige ist, das der Wissenschaftler erforscht – sein Wesen oder seine Art. Wissenschaftliche Anthropologien untersuchen Verhalten, Herkunft und Genom des Menschen. Sie fragen aber nicht, wer oder was der Mensch selbst sei. Sie nehmen den Gegenstand ihrer Untersuchung fraglos hin. Dachten die Philosophen.

Philosophen nahmen für sich in Anspruch, *Was-ist*-Fragen zu beantworten.
Nicht indem sie Aussagen oder Behauptungen machen – die bilden den Bereich der Wissenschaft.
Aber Aussagen und Behauptungen sind aus *Wörtern* oder *Namen* zusammengesetzt, die auf etwas verweisen.
Wäre das möglich: dich umdrehen und nach den Wörtern fragen, die du gebrauchst?

Laut Platons Sokrates musst du wissen, was Schustern ist, bevor du ein Schuster sein kannst, und weil dazu Wissen erforderlich ist, musst du ferner wissen, was Wissen ist.
Ein unvernünftiges Erfordernis, denn wie solltest du das herausfinden? Du brauchst Wissen, um zu bestimmen, was Wissen ist. Wer fragt, was Wissen ist, der versucht, um seine eigene Ecke herum zu fragen.

Muss ein Schuster überhaupt wissen, was Schustern ist? Reicht es nicht, wenn er Schuhe flickt und sonst den Mund hält über das, womit er beschäftigt ist? Ist er nur dann Schuster, wenn er ans Schustern *denkt*?

Was sind das für Fragen – Fragen danach, was etwas ist?
Prompt antwortest du: Das sind Definitionsfragen, Fragen nach Definitionen von Namen, und Namen sind willkürlich. Nennen kannst du etwas so, wie du willst, schließlich haben andere Sprachen andere Wörter für dieselben Dinge. Definitionen sind keineswegs philosophisch: Du kannst sie im Wörterbuch nachschlagen.

Oft höre ich, die Bedeutung von Wörtern beruhe auf einer Absprache, einer Konvention. Noch nie bin ich zu einer solchen Besprechung eingeladen worden. Warum hält man mich überall heraus?

Das Bedürfnis, so zu denken, ist metaphysisch. Es wurzelt tief und hat einen Grund, ist aber Selbstbetrug.

Sind Wörter vereinbart? Das Wort für *links* mag willkürlich sein, aber kannst du auch den *Unterschied* zwischen links und rechts nach Belieben abschaffen? Oder zwischen Damen und Herren, zwischen rot, orange und grün?

Platon dachte, dass du die Wirklichkeit mithilfe von *stoicheia* so einteilst, wie ein Schlachter eine Kuh zerlegt: Das geht nur dann, wenn der Schlachter den Gelenken der Kuh folgt und nicht wild drauflos hackt. Ebenso muss ein Philosoph beim Benennen der Wirklichkeit ihren Fugen und Gelenken folgen.

So gibt es »wahre« Namen und »unwahre«.

Dieser metaphysische Gedanke ist der großen Reduktion zum Opfer gefallen. Niemand kann an seinen eigenen Wörtern vorbei blicken, um zu sehen, ob sie mit der Wirklichkeit übereinstimmen, die sie einteilen.
Das ist auch nicht nötig. In der Reduktion sind Wörter offenbar nicht weniger pragmatisch als Aussagen.
Die Sorge um die Vereinigung von Erkennen und Welt ist weggefallen.

In seiner Abhandlung über Empirismus, Semantik und Ontologie fragt *Carnap* nach dem Verhältnis zwischen Wörtern und Dingen. Was sollen wir mit abstrakten Dingen anfangen, mit Eigenschaften oder Zahlen, mit Wesen? *Gibt* es solche Dinge? Existiert so etwas wie Rotsein oder die Zahl 7?

> Gibt es Eigenschaften, Klassen, Zahlen, Propositionen? Um die Natur dieser und verwandter Probleme klarer zu verstehen, ist es zuallererst nötig, einen fundamentalen Unterschied zwischen zwei Arten von Fragen bezüglich der Existenz oder Realität von Entitäten zu erkennen. Wenn jemand in seiner Sprache über eine neue Art von Entitäten sprechen möchte, muss er ein System neuer Sprechweisen einführen, das neuen Regeln unterworfen ist; wir nennen dieses Verfahren die Konstruktion eines *Sprachrahmens* für die fraglichen neuen Entitäten. Und nun müssen wir zwei Arten von Existenzfragen unterscheiden: erstens,

> Existenzfragen nach bestimmten Entitäten der neuen Art *innerhalb des Rahmens;* wir nennen sie *interne Fragen;* zweitens, Fragen bezüglich der Existenz oder Realität des Entitätensystems als Ganzen, *externe Fragen* genannt.[12]

Carnap macht deutlich: Es gibt empirische Probleme. Sie sind wissenschaftlich, weil sie überprüfbar sind. Sie befinden sich allerdings innerhalb eines Sprachrahmens. Sie sind *intern.*
Carnap nennt diesen Rahmen ein semantisches *framework.* Es hat den Anschein, semantische Systeme könnten philosophisch untersucht werden, weil sie quasidingliche Abstraktheiten betreffen – aber das täuscht. Die Frage, ob es Zahlen oder Rotsein wirklich gibt, ist eine Pseudofrage, weil sie nicht überprüfbar ist. Eine *externe* Frage ist nicht zu beantworten. Sie ist eine Frage der semantischen Entscheidung.

Platons Ideen und Kants Kategorien – sie sagen nichts über die Wirklichkeit aus, weil sie extern sind, sie betreffen ein System im Ganzen und sind daher nichts als Semantik.

Carnap betrachtet die Wahl eines Sprachrahmens als willkürlich und pragmatisch. Menschen entscheiden frei darüber.
Und doch nicht ganz.
Ob ein semantischer Rahmen angenommen wird oder nicht, ist eine Frage der Ökonomie, des Verhältnisses *(ratio)* zwischen dem Aufwand, der nötig ist, um ihn einzuführen, und den Resultaten, zu denen er führt.
Es gibt also doch eine Verbindung zwischen einem Ganzen von Wörtern und der Wirklichkeit: Manche Wortganzheiten funktionieren besser als andere, sind gewissermaßen besser »angepasst«, ohne dass man jemals sehen könnte, ob sie auf etwas passen, was draußen liegt.

Wörter sind, genau wie Aussagen, Instrumente im Kampf ums Überleben. Sie sind das Arbeitskapital der Wissenschaft. Was nicht funktioniert, verschwindet von selbst, wegen Bankrotts.
Kein Philosoph am Horizont zu sehen.
Bei Carnap findet die große Reduktion der Philosophie als solcher statt.

Doch es bleiben Fragen offen.

Es geht nicht darum, die Reduktion rückgängig zu machen. Die Frage ist, ob Carnaps Reduktion weit genug geht.

Carnap unterscheidet zwei Arten von Behauptungen: empirische einerseits, semantische oder ontologische andererseits. Carnap beansprucht also immer noch einen Unterschied zwischen Dingen und dem, was nicht dinglich ist – ob die Behauptungen darüber nun »semantisch« oder »ontologisch« heißen. Carnap bleibt in seiner Anti-Metaphysik gezeichnet durch den Unterschied zwischen Sein und Seiendem – durch Metaphysik.

In der Tat: Was sind das für eigenartige Dinge, Wörter? Du kannst sie nicht nach Herzenslust einführen oder abschaffen. Warum eigentlich nicht?
Von jeher heißt es: Wenn Wörter nicht die Wirklichkeit abbilden, dann sind sie Instrumente.
Das ist jedoch unmöglich: Ein Instrument kann ich aufheben und ablegen, aber ein solches Instrument ist die Sprache nicht. Sie war schon vor mir da.
Du denkst, deine Sprache, das sei dein Werkzeugkasten.
Aber so ist es nicht, denn ein Wort, das du gebrauchst, gebrauchst du nicht. Es reicht weiter als das, was du mit ihm meinen kannst. Du schöpfst aus einer Wortumgebung, die dir unbekannt ist – aus einem Horizont. Letztendlich sind auch Werkzeuge in ihren Kästen weniger werkzeughaft, als sie aussehen.
Niemals wirst du ein Wort erfinden oder dir ausdenken. Dein Wort ist *Antwort*, nicht Wort. (Daher kannst du nicht ohne Weiteres sagen: *Ich denke.*)
Was ist das – ein Horizont von Wörtern, ein semantischer Rahmen?

Semantische Rahmen? Es scheint, als rede ich über Quasidinge wie Kants Formen der Anschauung und des Denkens. Formen, das sind Konturen, oder Dinge, mit denen Kinder im Sand spielen.
Ich bemerke einen Unterschied zwischen Dingen und Zeichen. Aber dies kann ich nicht sagen, denn rede ich über Zeichen, so rede ich wie über das, was sie gerade nicht sind: über Dinge.

Achte darauf, wie Carnap das Wort *frame* gebraucht. Ein *frame* oder Rahmen ist eine Form oder Konstruktion, die etwas enthält: Ein Foto

befindet sich im Rahmen. Das Grundgerüst eines Fahrrades heißt *Rahmen*.
Es gibt nicht zwei Arten von Dingen: Dinge und ihre Umrahmung. Der Fotorahmen ist auch nur ein Ding wie das Foto – im Gegensatz zu Carnaps *frameworks* oder der platonischen Pferdheit, der ich wohl kaum jemals über den Weg laufen werde.

Carnap war nicht in der Lage, seine eigene Semantik zu durchdenken. Er lebte von Unterscheidungen, die nicht die seinen waren: zwischen Wissenschaft und Semantik, zwischen Aussagen und ihren Rahmen, zwischen wissenschaftlicher Theorie und semantischer Praxis, zwischen dem Bereich der Wissenschaft und dem der freien Entscheidung. All diese semantischen Unterscheidungen blieben undurchdacht, dennoch beherrschten sie Carnaps Denken.

Eine Tomate und ein Apfelbäckchen – beide sind rot. Die philosophische Frage lautet: Was eint sie, dass sie beide *rot* heißen können? Worin sind eine Tomate und ein Apfelbäckchen dasselbe? Natürlich in ihrem gemeinsamen Rotsein!
Rotsein ist das Wesenhafte, das die beiden wahrgenommenen Dinge zu einer Einheit verbindet.

Jedenfalls ist da etwas Eigenartiges.
Wenn ich das Selbe benenne, das allen Artgenossen gemeinsam ist, wie das Eichenhafte aller Eichen, dann bilde ich keine Summe von Wahrnehmungen. Ich kann noch so viele X nacheinander sehen und aufaddieren – so gelange ich nie zur »Eiche«.
Die Einheit, die den Eichen gemeinsam ist, ihr Anblick oder ihre Spezies, resultiert nicht aus einer Tätigkeit, einer Synthese.
Die Einheit ist schon da, und in ihrem Licht schauen und urteilen wir.
Platons *idea* ist keine Idee, die du dir ausdenkst, sondern ein Anblick.

Ob nun die Einheit eines Wortes in der Wirklichkeit zu finden ist oder nicht, ob sie metaphysisch ist oder semantisch – sie wird jedenfalls nicht *gemacht*, sondern *gesehen*, angeblickt, und zwar in der Sprache.
Vielleicht ist da die Aufgabe eines Philosophen zu suchen?
Aber wie hier sprechen? Schweigst du nicht lieber darüber, wovon du nicht sprechen kannst?

D Philosophologisch

Eines siehst du sofort, wenn du anfängst zu philosophieren: Die Philosophie war einmal eine Gigantomachie, eine Schlacht, die Himmel und Erde erschütterte. Heute *gaukelst du dir vor,* du hättest »philosophische Fragen«. Die Identität der Dinge und deiner selbst ist gleichgültig, ob du nun Philosophie »betreibst« oder nicht.

Nietzsche war ein Gezeichneter und ein Getriebener. Heute »beschäftigst« du dich mit ihm. Was du seine »Philosophie« nennst, kann sich nicht mit dem messen, was ihn trieb – so fleißig du sein »Denken« mit der bisherigen Philosophie vergleichst (historisch), so hartnäckig du ihn bei Unregelmäßigkeiten ertappst (systematisch), so gern du dein Ansehen als Nietzsche-Experte genießt.
Was auch immer ich denke, ist bereits von dieser Gleichgültigkeit umgeben, die zuinnerst *antiphilosophisch* ist.
Dieses Antiphilosophische ist kein Mangel, den ich schleunigst beheben müsste. Es zeichnet mich und meine Zeit.
Die Gleichgültigkeit rings um meine Identität und um die der Welt ist das, was mir *jetzt* zu denken geben kann.

Die Gleichgültigkeit des Denkens (der uns umgebenden Wörter) gegenüber unserem Zeitalter ist ein Hinweis auf die Macht dieser Wörter. Vielleicht auch auf eine andere Art von Denken.

Von alters her unterscheidet man zwischen *systematischer* und *historischer* Philosophie.
Systematisch war die Philosophie, die eine Meinung zu einem Thema hatte. Es gibt sie nicht mehr, seitdem die Sorge um die philosophische Wahrheit als Identität von Erkennen und Ding, die *adaequatio rei et intellectus,* weggefallen ist in der Allgegenwart wissenschaftlichen Erkennens.
Lies einen philosophischen Artikel, nimm an einem akademischen Seminar teil – Modergeruch schlägt dir entgegen.

Die Philosophie hat keine eigene Bedeutung in der wissenschaftlich gesteuerten Welt. Wie ein Blinddarm zehrt sie von der ökonomisierten Universität. Die duldet den wurmstichigen Fortsatz als kulturpolitische

Legitimation: »Ohne Philosophen würden wir als Kulturbanausen gebrandmarkt, und das schwächte unsere Marktposition.«

Kennzeichnend für den Untergang der Philosophie ist, dass sich ihre Überbleibsel durch Sprachanalyse und Kulturkritik fortwährend selbst austreiben. Als Exorzisten ziehen sie ihre zum Scheitern verurteilte Existenz noch um einiges in die Länge, indem sie sich selbst langsam ausräuchern. Philosophische Probleme kümmern indessen niemanden außerhalb der philosophischen Fakultäten, abgesehen von ein paar Magazinlesern, die sich damit entspannen.
Woran liegt es, dass sich der Sinn der Philosophie zurückzieht?
Welche Mächte sind hier im Spiel?

Die Philosophiegeschichte, das ist der Gipfel der Irrelevanz, würdest du zunächst sagen. In dem Moment, wo »wissenschaftliche« Philosophen merken, dass ihnen der Gesprächsgegenstand fehlt, finden sie einen Ausweg aus ihrer Sinnkrise: Sie besprechen das, was *andere* Philosophen gesagt haben. Ihr Gegenstand ist der andere Philosoph. Nach dem Gehalt von *dessen* Aussagen brauchen sie daher nicht zu fragen.
So kannst du ungestört eine Studie erstellen über die mystische Vereinigung mit der Weltseele bei Plotin. Dass du die Weltseele nicht erkennen würdest, selbst wenn man sie dir auf dem Präsentierteller zeigte, tut nichts zur Sache. Ein Geheimtipp ist auch das Studium von Leibniz' Monadenlehre, auch wenn dir draußen noch nie eine Monade begegnet ist.

Die Philosophiegeschichte als *Philosophologie* (Mulisch) behandelt die Meinungen verflossener Philosophen. Was darin verhüllt bleibt: In philosophischen Schriften tauchen manchmal Wörter auf, die epochal sind, die einem Zeitalter seine Bestimmung verleihen. Diese Wörter sind weniger philosophische Meinungen als vielmehr Markierungen, über die der Philosoph nicht nachgedacht zu haben braucht.

Die verrückte Teegesellschaft der Philosophologie: Du sitzt an einem großen, transzeitlichen Tisch und tauschst Meinungen aus mit Platon, Descartes und Kant – ohne den grundlegensten Wörtern auch nur einen Gedanken widmen zu müssen, den Wörtern, durch deren Wandlungen die Zeitalter füreinander unzugänglich sind; ohne nachdenkend bei der Möglichkeit zu verweilen, dass Platons Sorge nicht die deine ist.

Die philosophologische Teegesellschaft lebt von der grundsätzlichen Durchlässigkeit kommunikativer Inhalte durch die Zeiten hindurch, gesteuert von einem Willen zur Durchsichtigkeit, der so wesentlich ist, dass er kaum zu durchdenken ist. Das sagt etwas über *unsere* Zeit aus.

Kommt die Gleichgültigkeit philosophischer Gedanken von ungefähr? Oder daher, dass es der Philosophie *versagt* bleibt, einen Unterschied zu machen – durch eine Macht, die sie nicht überschaut, die in der Allgegenwart der Technik zum Vorschein kommt?
Kommt sie daher, dass der Welt an mir nichts gelegen ist; dass die Wörter, die sie tragen, mir unzugänglich bleiben und mich dennoch steuern und zeichnen?

Dieser Gedanke liegt mir fern.
Was ist, *muss* sich meinem Erkennen erschließen.
Wer oder was drängt zu diesem *Müssen*?

Als Philosophologe kannst du, ja *musst* du einen Philosophen akademisch korrekt und fundiert interpretieren – zum Beispiel Nietzsche, der sich *ekelte* vor dem akademischen Betrieb, korrekten Meinungen und philosophischen Interpretationen, der von alledem absah in seiner »Methode«, wenn das noch so heißen kann.
Hier zeigt sich eine *prosodische Dissonanz*: Deine Aussagen sind korrekt, aber dein Horizont ist zu beschränkt: Er reicht nicht an denjenigen Nietzsches heran.
Ungerührt schreibst du einen allgemein anerkannten Artikel über Nietzsches Abneigung gegen den Herdentrieb.

Du fühlst dich so human und damit auf einer Stufe mit allen anderen »Menschen«, dass du meinst, du könntest mit Platon und Descartes auf gleicher Augenhöhe ins Gespräch kommen.
Aber das waren vielleicht gar keine »Menschen«, sondern Konzentrationspunkte von Bedeutungen, die unabhängig von Menschen und gleichgültig gegenüber dem menschlichen Denken sind.

Das ist das Metaphysische am Unterschied zwischen systematischer und historischer Philosophie: Beide leben vom Glauben an einen durchlässigen, *katachronischen* (Botho Strauß) Dialograum für gleichgeschaltete *Homunkuli,* die sich gegenseitig *allgemeine Menschlichkeit* aufschwatzen – gezeichnet durch etwas Unmenschliches.

Was kann ich merken? Wörter regieren das Denken der großen Philosophen. Mächtiger als die Denker selbst, haben sie Spuren in deren Texten hinterlassen – und noch immer sind es dieselben Wörter, die mein Denken bewegen.
Sie sind zu unnahbar, als dass mein Denken sie kümmerte.

E Ismen

Der Unterschied zwischen *Theorie* und *Praxis,* zwischen theoretischem und praktischem Wissen – weggewischt mit dem Horizont der Metaphysik, bestimmt er wie ein längst erloschener Stern weiterhin das Leben.

Eine Philosophie, die *nicht* tätig war, hieß *beschaulich.* Philosophen pochten auf ihre Distanz gegenüber dem ökonomischen und pragmatischen Gewühl.
Was für einen geheimen Sinn hat das? Durch ihre Distanziertheit glaubten Platon, Aristoteles und ihre Nachfolger eine Brücke zu schlagen zu dem, was über das Veränderliche und Sterbliche hinausging. So hofften sie, ein möglichst unsterbliches Leben zu erlangen, *ein Leben unter einem günstigen Stern, eudaimonia.*
Letztendlich, glaubten sie, waren ihre Erkenntnisse ein Segen für die Gemeinschaft wie für sie selbst.
Ihre Beschaulichkeit war *reculer pour mieux sauter,* getrieben von Hoffnung und Wunsch, *elpistisch.*
Die Hoffnung darauf, die Welt zu vermenschlichen und gleichzeitig den Menschen zu vernatürlichen, regierte in einem harmonischen Hin und Her.

> Die Kennzeichnung des Denkens als theôria und die Bestimmung des Erkennens als des »theoretischen« Verhaltens geschieht schon innerhalb der »technischen« Auslegung des Denkens. Sie ist ein reaktiver Versuch, auch das Denken noch in eine Eigenständigkeit gegenüber dem Handeln und Tun zu retten. Seitdem ist die »Philosophie« in der ständigen Notlage, vor den »Wissenschaften« ihre Existenz zu rechtfertigen. Sie meint,

dies geschehe am sichersten dadurch, daß sie sich selbst zum Range einer Wissenschaft erhebt. Dieses Bemühen aber ist die Preisgabe des Wesens des Denkens.[13]

Wo die Philosophie ihren Anspruch auf Wissenschaftlichkeit nicht wahr machen kann, da immunisiert sie sich und wird, ihrer humanisierenden Natur gemäß, zur Welt- oder Lebensanschauung, gezeichnet durch das Bestreben, die »Lebenspraxis« zu verbessern.[14]
Diese Möglichkeit liegt in der *idea* beschlossen: *Ideologie* zu werden.

Jeder Krämer, jeder Börsenhändler hat eine Philosophie: eine *Betrachtung* seiner *praktischen* Ziele zwecks deren Verwirklichung.
Solche Philosophien sind Ismen, Richtlinien für das Leben und Handeln.
In der Philosophie als Metaphysik geht es nicht anders zu.

Der Ismus aller Ismen ist der *Rationalismus* als Quasigrund von Leben und Denken, der sich dem philosophischen »Reflektieren« erschließen muss.
Im menschlichen Denken und Handeln spielt Rationalität eine Rolle: Rechenschaft geben, das heißt ein günstiges Verhältnis *(ratio)* zwischen Kosten und Nutzen finden.
Rationalismus ist der philosophische Glaube, dass man *überall* Rechenschaft geben müsse und so etwas auch möglich sei. Die Philosophie sollte in Bezug auf die Rationalität selbst rational sein, um den Unwägbarkeiten eines unglücklichen Lebens Herr zu werden.
Das ist die Rationalisierung des Rationalen, das sich selbst nicht rational beurteilen kann.
Rationalismus ist Rationalisierung, das Credo einer Glaubensgemeinschaft.

Wie verhält sich Poppers eigenes Denken zu seinem Kriterium für Wissenschaftlichkeit, der Falsifizierbarkeit? Er betrachtet sein Denken weder als empirische Forschung noch als unprüfbare Metaphysik, sondern als *rationale Nachkonstruktion.*
Er glaubt, den Lauf der Wissenschaft *logisch zu rechtfertigen.* Es gibt einen Unterschied zwischen tatsächlichen Entwicklungen und ihren rationalen Nachkonstruktionen. Anhand eines Maßes können Entwicklungen dann als Fortschritt oder als Rückschritt beurteilt werden.

> An der Frage, wie es vor sich geht, daß jemandem etwas Neues einfällt – sei es nun ein musikalisches Thema, ein dramatischer Konflikt oder eine wissenschaftliche Theorie –, hat wohl die empirische Psychologie Interesse, nicht aber die Erkenntnislogik. Diese interessiert sich nicht für *Tatsachenfragen* (Kant: »quid facti«), sondern nur für *Geltungsfragen* (»quid juris«) – das heißt für Fragen von der Art: ob und wie ein Satz begründet werden kann; ob er nachprüfbar ist […].[15]

Um die Philosophie und ihre Rationalität zu retten, beansprucht er Kants so berühmte wie metaphysische Unterscheidung zwischen *Tatsachenfragen* und *Geltungsfragen*, zwischen der *quaestio facti* und der *quaestio juris* (oder der *Kritik* der *reinen Vernunft*). Geltungsfragen betreffen die Rechtfertigung oder Missbilligung tatsächlicher Entwicklungen.

Worauf beruht dieses Maß des Rechten und der Rechtfertigung? Auf einer »Logik«, wie Popper sagt? Ist Logik denn nicht inhaltslos? Wie sollen die Wissenschaften durch Logik beurteilt werden? Und ist Rationalität noch etwas *anderes* als empirisches Prüfen und logisches Folgern? Ist sie, wie Descartes sagt, eine intuitive Einsicht außerhalb der Wahrnehmung?

Der Rationalismus gedieh, solange es metaphysische Maße und Garantien gab. Seine Grundsätze kamen von jenseits der Tatsachen und der Natur. Sie waren meta-physisch. Philosophie war ihrer Art nach Onto-Theologie: Sie erklärte das, was ist, aus dem Übersinnlichen.

Rechtfertigung ist heute eine ökonomische Ratio.

Die Macht der *ratio* bleibt nicht darauf beschränkt. Jedes Mal aufs Neue verführt sie das menschliche Denken zur Suche nach etwas wahrhaft Rationalem – etwas, was die Ökonomie übersteigt.

Es sucht auch da nach Vernünftigkeit, wo empirische und logische Argumentationen unangebracht sind.

So reden wir gerne von Vernünftigkeit als Klugheit *(prudentia)* – einem Vermögen, Interessen gegeneinander *abzuwägen*. Das Ergebnis einer solchen »Abwägung« – ob in Politik, Verwaltung oder Recht – soll aufgrund ihrer »Sorgfalt« »legitim« sein.

Um Dinge gegeneinander abzuwägen, bedarf es einer Waage.

Der Kern solcher vernünftiger Abschätzungen: Es stehen sich Sachen gegenüber, die inkommensurabel sind. Von Abwägung kann keine Rede sein, eher von einer verborgenen Kalkulation, verpackt in ethisch

gefärbte Rhetorik: Man verkauft das eingeschätzte Eigeninteresse als Frucht von Vernunft und Sorgfalt.
Der Waage haltenden Justitia sind im wahrsten Sinn die Augen verbunden: Die abzuwägenden Dinge sind Unwägbarkeiten.

Der politische Diskurs ist in hohem Maß semantisch. Jemand hebt bestimmte »Aspekte« einer Sache hervor und gibt ihr einen überzeugenden Namen, den ein anderer wiederum bekämpfen kann.
Eine solche semantische Rhetorik ist Teil der politischen Praxis, nicht einer politischen *Philosophie*. Politische, christliche, ethische oder humanistische Philosophie – das sind alles hölzerne Eisen.

Wenn Wissenschaftler auf logischer oder empirischer Basis miteinander diskutieren, zählt am Ende nicht die Diskussion selbst, sondern ihr Ergebnis.
Die Praxis entscheidet über das Schicksal einer Theorie: Funktioniert sie? Erzielt sie Resultate? Zahlen sich die Kosten aus?
In der Philosophie kannst du dich nicht auf die *Resultate* eines Gespräches beschränken.
Wie sich bei Platon zeigt, kann der *Gang* des Dialoges nicht unbeachtet bleiben.
Philosophisch erfahren heißt nicht Resultate erzielen, sondern einen Denkweg gehen.

»Echte« Philosophie ist *gründliche Empirie*: erfahren, wie es ist. Sie dient nicht irgendeiner Praxis, aber ist ebenso wenig beschaulich. Beschaulichkeit sorgt dafür, dass sich der Schauende der Erfahrung, die ihm zuteil wird, entziehen kann. Beschaulichkeit immunisiert sich zur Distanziertheit.
In der gründlichen Empirie gerät meine Welt in den Schmelztiegel mitsamt dem, der ich selbst zu sein glaubte. Aber ich bleibe unterwegs. Ich bleibe von Wörtern umgeben, auch wenn ich sie nicht begreife.

Philosophie, bei den Griechen eine Gigantomachie, war in ihrem Kern das Durchstehen einer Erfahrung. Philosophen gerieten aus der Fassung: Sie erfuhren die Identität der Dinge und die Welt im Ganzen als unlösbares Rätsel – als Aporie.
Wenn es eine Kehrtwende in der Philosophie gibt, dann aus folgender Einsicht heraus: *Es gibt heute keine philosophischen Aporien mehr.* Sie

sind in der technischen Wissenschaftlichkeit gelöst, wie Zucker im Wasser.

Nichts in der philosophischen Empirie ist sakrosankt: keine Erfahrung, kein Mensch, kein Ego und kein Gedanke – nicht einmal der Gedanke, Erfahrung müsse aporetisch sein.
Und doch stürzt du nicht ins völlige Chaos, denn so schief und dunkel dein Denken auch ist, die Sprache, die es umgibt, verschwindet nicht. Nicht verschwunden im totalen Nihilismus ist das *Wort Nichtigkeit*.

Du kannst eine Wissenschaft betreiben und in Freizeit und Privatleben anderweitig beschäftigt sein.
Nicht so in der Philosophie. Einen Denkweg gehst du nur dann, wenn du selbst derjenige bist, der da geht, der da erfährt, der angesprochen und verwandelt wird.
Vermeidest du, dass deine eigene Identität in die Philosophie einbezogen wird, dann bleibst du philosophologisch.

Du wandelst unter dem Sternenhimmel und fühlst dich unbedeutend.
Du glaubst, du würdest etwas über dein Menschsein erfahren.
Du denkst an Nietzsche.
Der Mensch ist eine kleine, überspannte Tierart, die glücklicherweise ihre Zeit hat. Das Leben auf der Erde ist eine Ausnahme ohne Folge, für den Gesamtcharakter der Erde belanglos. Die Erde ist ein Hiat zwischen zwei Nichtsen, ein Ereignis ohne Plan.
Du fühlst dich einsam – ein Gefühl, das *jeden* Menschen dann und wann überkommt.
Belüge ich mich nicht selbst, wenn ich sage, dass ich mich selbst als Hiat zwischen zwei Nichtsen erfahre? Bin ich überhaupt zu einer solchen Erfahrung in der Lage?
In diesem Augenblick wird klar: Mein Widerfahren hat kein empirisches Erfahren gebracht. Nietzsche zitierend habe ich dafür gesorgt, dass ich davon unberührt bleibe. Ich habe meine Erfahrung in einem allgemeinen Erfahrungsmuster untergebracht, einem literarischen Kontext. Ich wurde geprüft und für zu leicht befunden.

Von Anfang an war die Philosophie eine Weise, ein Verfahren, eine Methode, um Auswege zu finden *(technê)*, eine Geschicklichkeit, eine Schlauheit *(sophia)* und Listigkeit *(mêchanê)* – angetrieben von der

Sorge um die Vereinigung von Mensch und Natur. Die philosophische Empirie zielte darauf ab, die Empirie in einer *adaequatio* von Sein und Denken entbehrlich zu machen.

Ein Denken frei von *technê* und *sophia* – ist dieser Möglichkeit endgültig der Weg abgeschnitten?

2 Was Reduktion ist

2.1 Reduktion als Formalisierung

Du kannst behaupten, dass von der Philosophie nichts übrig geblieben ist – aber wozu dir die Mühe machen?

Wenn ich nun etwas über »Mensch und Welt in der Neuzeit« sagen möchte, dann weiß ich nicht *wie*.
Eben *das* versuche ich in den Blick zu nehmen: das, was mir die Sprache verschlägt und mich doch zum Sprechen veranlasst.

Die Erörterung der großen Reduktion scheint eine Lageeinschätzung zu sein, vielleicht sogar eine kulturkritisch geknackte Nuss.
Da ist jedoch nur eines, was mein Sprechen diktiert und trägt: etwas »Semantisches«. Die Welt der Neuzeit ist nicht dieselbe – mehr noch: *das Selbe ist nicht das Selbe*. Etwas hat sich mit dem einheitsstiftenden Bedeutungshorizont ereignet, in dem Mensch und Welt einander begegneten. Dieses Ereignis (kein Stattfinden, sondern ein Zuteilwerden) hat zur Folge, dass mir das philosophische Sprechen verweigert ist und mir die Methode für eine andere Art von Sprechen fehlt.

Die metaphysische Einheit von Mensch und Welt mitsamt der Sorge um sie ist zerstört. Was hat sich ereignet? – Mathematisierung durch Wissenschaft und Technik, Panpragmatismus, Einzug der darwinistischen Seinsweise von Replikation und Selektion.

All das heißt *große Reduktion* – keine abstrakte, wissenschaftliche Übung, sondern eine Verwandlung der Einheit von Mensch und Welt.

Nichts ist deutscher und nostalgischer als die ewig rauschenden Wälder des Harz. Dort hofftest du in ein »ursprüngliches« Verhältnis zu deiner Umwelt zurückzufinden, zur »Natur«, von der du dich im hektischen urbanen Leben »entfremdet« hattest.
War nicht die Welt, ehe ein menschlicher Fuß sie besudelte, ein Fichtenwald, durchzogen von kristallenen Bächen, heimgesucht von Wolken des Wilds?

Das Oberharzer Wasserregal ist ein System von Teichen und Gräben, das sich über Hunderte von Hektaren erstreckt. Über viele Kilometer hinweg leitet es das verfügbare Wasser in die Täler. Dort lieferte es Kraft für Räder, Pumpen und riesige Zerkleinerer, die Eisenerz aus dem Gestein extrahierten.
Die Fichtenwälder: angelegt, um den Bedarf an Grubenholz zu decken.

Das Bauernleben vor Jahrzehnten, Jahrhunderten. Dreschflegel, Zugwagen, Mistgabeln – sie atmen nicht nur den Geist einer vergangenen Zeit. Mehr ist verloren gegangen. *Ist etwas verloren gegangen?*

Einst verdrängte der Ackerbau die Lebensweise der Jäger und Sammler. Uns ist die *Neolithische Revolution* als Gegenstand archäologischer Forschung bekannt.
Während dieser Revolution bekam die Erde ein anderes Gesicht, die menschliche Art veränderte sich bis zur Unkenntlichkeit.
War die Neolithische Revolution nicht umgeben von einem Wandel dessen, was *das Selbe* heißen kann?
Hat sich *dasselbe* in der Neuzeit nicht abermals verwandelt: von der *adaequatio* in die Einförmigkeit des *Einerlei*?

Die menschliche Art, das menschliche Handeln und das menschliche Erkenntnisvermögen werden im Sog der Reduktion mitgerissen.
Wie solltest du einen Bach als Nymphe ansehen?
Wie solltest du die Natur als eine Instanz betrachten, die auf deine Handlungen reagiert – und nicht als eine *Riesentankstelle*?
Wie solltest du ein Opfer bringen oder einen Toten mit Beigaben bestatten?
Wie solltest du menschliche Einsicht aus etwas herleiten, was nicht zur mechanischen Natur gehört?

Wie solltest du für eine *idea* leben oder sterben, statt zum *Überlebenwollen der Beliebigsten* gerechnet zu werden?
Wie solltest du Angst haben vor der Unbekanntheit des Seienden im Ganzen, der Welt?
Wie solltest du dich selbst als freies Agens betrachten, das von sich aus handelt und spricht?
Wie solltest du die menschliche Vernunft für den Artunterschied halten?
Wie solltest du die »Sinnhaftigkeit« der Welt sehen, ohne sie durch »Sinngebung« hineinzulügen?

Die Grenzen zwischen der alten Bundesrepublik und der ehemaligen DDR sind fast überall verwischt. Die DDR erkennst du aber noch an der zerstörten Landschaft: Die Ländereien rings um Bauernhöfe sind eingeebnet. Hier und da erheben sich fabrikartige Kolchosen aus den endlosen Flächen.
Allmählich verschwindet der Bauernstand in Westeuropa. Immer weiter greifen die städtischen Konglomerate um sich.

Kannst du sagen, du seist als heutiger informatisierter Mensch *entwurzelt, bodenlos*? Oder bist du auch hierüber sprachlos?

Kaum zu sehen: Ein Umschlag des Bedeutungshorizonts – der Art, wie das Selbe und das Andere erfahren werden – umgibt die agrarische Häutung der Erde.

Wäre das *Identitätsprinzip* nicht als Zerrissenheit erfahren worden (Hegel), die danach ruft, aufgehoben zu werden, hätte sich die Neuzeit nicht entfaltet: keine Entfremdung und keine Arbeit, um die Entfremdung aufzuheben: kein Kommunismus, kein Liberalismus, keine Ökonomie, keine Computernetzwerke, kein Archipel Gulag.

Seitdem hat sich die Identität noch einmal gewandelt: Auch die Erfahrung der Zerrissenheit und somit der Entfremdung ist weggefallen.
Das *Prinzip vom zureichenden Grund* wurde bei Leibniz qua Identität zum Anspruch, Natur und Erkenntnis allseitig rational zu fundieren – und hätte es sich in neuester Zeit nicht abermals verwandelt, nämlich in die *ratio* von Kosten und Nutzen, dann gäbe es heute weder Genetik noch Internet.

Die große Reduktion, die das Angesicht der Erde verändert, ist die Verwandlung der gebrochenen und daher verlangten Einheit von Mensch und Welt *(adaequatio)* ins *Einerlei.*
Das Einerlei, das ist eine andere Identität, eine andere Weise, wie sich Sein (Welt) und Menschenwesen zueinander verhalten, oder besser gesagt: ineinander eingebaut sind, sodass ihr Unterschied nicht mehr relevant ist.
In meinem Sprechen lebt immer noch diese andere, ehemalige Identität, die *adaequatio*. Daher meine Sprachnot.

Reduktion ist ein Abschied, nicht von einem Ding oder einer Person, sondern von einem Bedeutungshorizont, der Dinge und Menschen als solche erscheinen lässt.

Zuerst werden die bestehenden Denkgewächse gerodet: *Destruktion.*
Dann zeigt sich der kahle Grund mit seinen brachliegenden Möglichkeiten: *Reduktion.*
Er liegt bereit, nach Ordnung und Maß parzelliert zu werden: *Rekonstruktion.*

Das geschieht in der Mathematisierung: Dreiecke und andere Erscheinungen werden von ihren empirischen Eigenschaften befreit und auf Elemente zurückgeführt, aus denen sich die Welt neu aufbauen lässt.

Reduktion ist Universalsäure gegen die alte bewohnte Welt, ein Abbeizmittel.
Welten implodieren.

Es ist nasskalt und ich spaziere am Dam in Amsterdam. Ich sehne mich nach einem Feuer. Früher standen hier Feueröfen der Heilsarmee.
Die Kälte, die ich spüre, und die Wärme der Feueröfen sind in der mechanischen Reduktion keine primären Eigenschaften. Sie sind sekundär, abhängig vom Auge des Betrachters.
Auch der Ort, an dem ich mich befinde, ist reduziert. Er ist kein »natürlicher Ort«, an dem ich zu Hause oder fehl am Platz bin, sondern ein Punkt im Koordinatensystem.

Das Herdfeuer war einst Zentrum des häuslichen Lebens wie auch der ringsherum angeordneten Welt. Die Göttin Hestia wurde verehrt. Einst.

Ist das ein bedauernswerter Verlust?
Wer so denkt, missversteht die Reduktion.
Reduktion ist keine Abstraktion, die an Konkretheit einbüßt und zu stets allgemeineren Begriffen übergeht *(Eiche – Baum – Lebewesen – Ding)*.
Reduktion bezieht sich nicht auf die Dinge, sondern auf die Weise, wie die Dinge und diejenigen, die mit ihnen umgehen, einander begegnen. Sie betrifft die Identität beider, die Art ihres Zusammengehörens.

Reduktion ist Formalisierung. Formalisieren ist ein Scheiden, bei dem manche Aspekte einer Sache behalten, andere weggelegt werden – vorläufig, damit sie später wiederkehren können.
Mit primären Qualitäten arbeitest du weiter. Sekundäre lässt du vorübergehend liegen, bis du sie gebrauchen kannst.

Heute, in der ökonomischen Mobilmachung, ist das *Gefühl* als primäre Qualität zurückgekehrt. Auf den Einkaufsstraßen wehen dir die Wärmeschleier der Kaufhäuser entgegen. Die vormals subjektive Wärme wurde zum Kundenlockmittel rekonstruiert.
Du kannst nicht behaupten, in der mechanischen Reduktion *gehe etwas verloren*.

Nietzsche nennt das Erkennen eine lebensnotwendige Fälschung des Vielartigen und Unzählbaren zum Gleichen, Ähnlichen, Abzählbaren. Das Gleiche entsteht als Folge eines Verfahrens, das Ungleiche auszutreiben, es ist Gleichförmigkeit. Erfahrungen werden auf Zeichen reduziert, damit sie einförmig und folglich beherrschbar sind.[16]
Heute zeigt die Datenverarbeitungsindustrie, dass die Reduktion keine Abweichung und keine Ungleichheit unberücksichtigt lassen muss: Die Speicherkapazitäten sind groß genug für jeden nur denkbaren Unterschied.

Max Planck sagt: *Wirklich ist, was messbar ist.*
Dieser Satz schränkt nicht die Wirklichkeit ein, sondern ruft zur totalen Messbarkeit auf. Es gibt nichts, was grundsätzlich außerhalb der Messbarkeit stünde.
Damit ist die Sorge um die *adaequatio* von Mensch und Natur schlagartig weggefallen: Was nicht messbar ist, gilt als nicht vorhanden und bleibt so lange unberücksichtigt, bis es messbar wird.

Novalis sagt: *Die Philosophie ist eigentlich Heimweh – Trieb überall zu Hause zu seyn.*
Fühle ich mich nicht heimisch in meiner Welt, dann sollte ich mich vernetzen oder professionelle Hilfe aufsuchen.
Die Mechanisierung hat auch die Zerrissenheit von Dialektik und Romantik verschluckt.

Die Nostalgiker übersehen die rekonstruktive Art der Reduktion, genau wie die gierigen Reduktionisten, die komplexe Erscheinungen auf immer einfachere »Niveaus« zurückführen und damit wegreduzieren wollen.
Du kannst nicht sagen, es gebe seit der großen Reduktion weder *Intentionen* noch *Bewusstsein* – diese Wörter werden noch gebraucht. Wohl hat es Sinn zu sagen, sie seien reduziert und mechanisch rekonstruiert. Jetzt zeigen sie sich in dem, was sie sind, nicht mehr belastet mit metaphysisch-transzendenten Bedürfnissen.

Reduktion im technisch-wissenschaftlichen Sinn ist keine Rückführung auf ein niedrigeres Niveau, sondern eine Vereinfachung auf Elemente, die eine Neuorganisation möglich machen.
Der gierige Reduktionismus der Physikalisten hat Unmögliches zur Folge. Menschen werden auf Computer, Computer auf elektrische Schaltkreise, Schaltkreise auf atomare und schließlich auf subatomare Teilchen reduziert – gierige Reduktion führt zu Informationsverlust.
Dennett sagt: Du kannst den Unterschied zwischen einem Apple-Computer und einem PC durch Nullen und Einsen oder Stromstöße beschreiben. Aber das erzeugt den Sinn dieses Unterschiedes nicht.[17]

Verbinde Reduktion weniger mit der Preisreduzierung im Handel als vielmehr mit Algebra: Wenn du einen Bruch vereinfachst, geht nichts von ihm verloren. Du bringst ihn auf seinen Kern zurück.

Oder ist *jede* Reduktion in gewisser Weise gierig? Die Mystifizierungen der Natur sind weggewischt. Wissen wir etwas von einer Göttin Hestia oder von Hausaltären? Ist das nicht *wegreduziert*? Wie soll ich hier erfahren? Wie soll ich hier schreiben?

Reduktion hängt nicht primär mit Mathematik oder Mechanik zusammen. Ihr Sinn ist die Suche nach Ordnung und nach einem Maß für die Ordnung: *Ordo et mensura.*
Der Sinn dieser Suche: die Erde beherrschen – mit ihr eins werden.

Warum die große Reduktion? Reduktionen sind Rationalisierungen, Effizienzmaßnahmen. Kosten, die keinen Nutzen einbringen, sind nicht mehr aufzubringen.
Reduktionen sind Rechnungen, die im Kampf um den Besitz und Gebrauch einer knappen Natur beglichen werden.
Die Reduktion von Lebewesen auf intelligente Maschinen ist eine ökonomisch erzwungene Einschränkung.
Was sich dem widersetzt, geht zugrunde.
Beachte: Was ich hier sage, beschreibt nicht die große Reduktion, sondern gehört ihr an.
Die Sprache hat sich schon eher gewendet.

2.2 Der Horizont des Julien Sorel

Menschliche Stimmungen und Emotionen sind pharmazeutisch, arbeitspsychologisch, ökonomisch und bald auch genetisch steuer- und beherrschbar.
Indessen liest du einen Roman: Stendhals *Rot und Schwarz.*

Dieser Roman handelt seinerseits von der Reduktion der Ständegesellschaft auf die des einförmigen *homo oeconomicus.*
Julien Sorel, einfacher Herkunft, eilt die soziale Leiter hinauf. Er lehnt sich gegen die alten Stände auf, wohl wissend, dass sein Aufbegehren nur dadurch möglich ist, dass die Ständeordnung bröckelt.

Einen Roman schreiben im Zeitalter der großen Reduktion, das ist nicht leicht. Stendhal musste auf einen Unterschied zurückgreifen, der schon obsolet war. Julien handelt gerade nicht ökonomisch kalkulierend. Er will, dass sein Name und sein Leben *anerkannt* werden als Verwirklichung der heroischen Lebensweise, in den Fußstapfen Napoleons.
Er lässt sein Leben für seinen Stolz.

> Lasst mir mein ideales Leben. Eure kleinen Sorgen, eure Kleinigkeiten aus dem wirklichen Leben, die mich mehr oder weniger kränken, würden mich aus dem Himmel zerren. Man stirbt, wie man kann; ich will einzig auf meine eigene Weise an den Tod denken.[18]

Sterben für eine Idee? Die Millionen, die im Zweiten Weltkrieg vernichtet worden sind, im Sozialismus und Nationalsozialismus, sie sind für nichts gestorben. Sie sind nicht gestorben, sondern wurden liquidiert – sie gehörten nicht zu einer Welt voller Sinn, einer Metaphysik.

> Hunderttausende sterben in Massen. Sterben sie? Sie kommen um. Sie werden umgelegt. Sterben sie? Sie werden Bestandstücke eines Bestandes der Fabrikation von Leichen. Sterben sie? Sie werden in Vernichtungslagern unauffällig liquidiert.[19]

Das Romanhafte bei Stendhal verhüllt die Dürftigkeit des heutigen Menschen, der keine *idea* und keine Ideologie hat, für die er sterben könnte.
Ein literarisches Werk hält nicht stand inmitten der großen Reduktion. Es öffnet eine Nische für Liebhaber von Rückspiegelungen des Vergangenen.
Literatur bildet ein Asyl für den Menschen, der sich aus der Mechanisierung heraushalten will. Sie ist reaktionär, nostalgisch und von Spiegelgefühl durchdrungen und darum nicht in der Lage, die Mechanisierung in ihrer Art zu erkennen.

Literatur ist in ihrem vergeblichen Widerstand *zugleich Bestandteil* der Technikwelt. Romantik ist literarische Industrie, in einem narkotischen Dunstkreis, der die reduzierte Wirklichkeit bewohnbar macht.

Hier macht sich eine bestimmte Unbeschreibbarkeit bemerkbar. Die Reduktion lässt sich nicht ohne Weiteres erkennen, denn nicht nur die Wissenschaft gehört ihr an – *auch* das Literarische, das daneben oder dagegen hätte bestehen müssen.
Und meine Philosophie – kann sie sich jemals *ihrem* literarischen Charakter entziehen?
Bleibt sie nicht immer ein literarischer Lendenschurz, ein Wurmfortsatz der großen Reduktion, der bald opponiert, bald, dank seiner Opposition, als Schmiermittel dient?

Eines Sommerabends beobachtet Julien Sorel den Flügelschlag eines Sperbers, der am Himmel seine Kreise zieht. Julien erblasst vor Neid. Wäre er doch dieser kaiserliche Vogel, hätte er doch eine Bestimmung, die über sein Leben hinausginge, in den Fußstapfen Napoleons.

> Er bemerkte von Zeit zu Zeit einen Sperber, der aus den großen Felsen über seinem Haupt aufgeflogen war und nun in Stille seine gewaltigen Kreise zog. Juliens Auge folgte dem Raubvogel maschinell. Er war ergriffen von seinen ruhigen und kraftvollen Bewegungen, er war neidisch auf diese Kraft, diese Einsamkeit. Das war das Schicksal Napoleons; würde es einst auch das seine werden?[20]

Julien verlangt nach einem Unterschied, den wir heute als *homines oeconomici* nicht mehr kennen: Für ihn steht noch nicht fest, wer er ist. Er spürt eine Diskrepanz zwischen sich selbst und seinem eigenen Wesen.

Jetzt sind Möglichkeit und Wirklichkeit zusammengewachsen. Der heutige Mensch ist zurückgebracht auf seinen Weg zwischen Geburt und Tod. Da liegen Herausforderungen, also Möglichkeiten genug. Die Diskrepanz zwischen Mensch und Menschenwesen ist implodiert. Der Mensch ist ein Techniktier. Und das ist keine Wesensbestimmung des Menschen – dergleichen ist überflüssig.

Es gelingt mir nicht, den Unterschied zwischen mir und meiner menschlichen Natur *zu erfahren*.

Anfangs war die große Reduktion noch als Schwund erfahrbar, als Implosion von Unterscheidungen in einer ehemaligen Welt voller Sinn. Doch auch diese Möglichkeit stürzt ein. Wegfallen von Unterschieden, Gleichgültigkeit, Indifferenz – davon ist und *ist zugleich nicht* die Rede, weil die Bedeutung dieser Ereignisse nicht erfahrbar ist. Zu seinem Leidwesen musste Nietzsche den Nihilismus als Normalzustand bezeichnen – wir können selbst *das* nicht, so normal ist er.

Im Zoo kreisen die Raubtiere in ihren Käfigen. Sie empfinden ihre Gefangenschaft als Beklemmung. Menschen ist auch diese Last genommen, was den Unterschied zwischen ihnen selbst und ihrer »Natur« angeht.

Mit Freiheit ist es wie mit Unschuld und Tugend: Ihr Geschmack verschwindet, sobald man sie verloren hat.
Menschen haben nach ihrer Freiheit auch den Geschmack der Freiheit eingebüßt, und auch *dieser* Verlust ist ihnen abhanden gekommen.
Ein verlorener Verlust, das ist nichts.

Einst, im Zeitalter der Philosophie, gab es die Sorge um die Einheit von Welt und menschlichem Leben. Gibt es eine Entsprechung, *adaequatio?*
Die verlangte, aber (noch) unerreichte Einheit wurde als Aporie erfahren.
Die erste philosophische Erfahrung ist die der Aporie und des Verlangens, Aporien in den reibungslosen Verkehr zwischen Mensch und Welt aufzuheben.
Die große Reduktion hat Mensch und Welt so rekonstruiert, dass sie nahtlos ineinander übergehen. Es gibt kein Problem der *adaequatio*. *Ideae* als Joche sind überflüssig.
Das ist der Sinn des *Einerleis*: der nahtlose Übergang, die Gleichgültigkeit von Mensch und Welt, die ineinander eingebaut sind.
Ich bin Teil der Reduktion und gleichzeitig immun dagegen.
Wo stehe ich?

Könnte hier ein Nachdenken entstehen, das selbst verwandelt ist?
Dann würde die Reduktion nicht nur Unterschiede vernichten, sondern wäre innerhalb dieser Einförmigkeit eine Ortsverlegung meiner selbst und der Dinge.

So könnte Denken heute aussehen: nicht wie eine Wissenschaft dem umgebenden Horizont *gegenübergestellt*, sondern in ihm bleibend und ihn dennoch im Blick behaltend.
Du selbst mit deinem ganzen Hab und Gut bist in diesen Horizont einbezogen.
In den Wissenschaften steht fest, wer du selbst bist.
Philosophie ist damit nicht zu vergleichen. Sie bleibt von einem Horizont umgeben, dem sie sich niemals gegenüberstellen kann. Ihre Begriffe sind in diesen Horizont *inbegriffen* – wie zugleich die Identität desjenigen, der nachdenkt.

Wissenschaftliche Philosophie und philosophische Forschungsprogramme, das sind Undinge.
Wenn du einbezogen bist in das, was du zu sagen hast, dann wird dein Sprechen anders.
Nur wenn dieses Inbegriffensein vollzogen wird, kann es Denken geben.
Keine allgemeinen Erkenntnisse, die du auswendig lernen könntest.

Philosophie ist Philosophieren.[21]

2.3 *Destruktion*

Für diejenigen, die sie trifft, ist die große Reduktion zunächst eine *Destruktion*: ihre Welt und Identität werden vernichtet.
Und das *geschieht* auch in der Reduktion: Sie ist Universalsäure, sie zwingt himmelwärts gerichtete Konstrukte zur Erde.
Das scheint negativ, weil destruktiv zu sein. Aber die Zerstörung wird dadurch kompensiert, dass sie den Grund freilegt für neue, konstruktive Lösungen. Metaphysikdestruktion zieht einen Höhenflug für die wissenschaftliche Rekonstruktion der Welt nach sich.
Der Sinn der *philosophischen* Destruktion ist ein anderer. Sie philosophiert nicht mit dem Hammer und sprengt keine Fesseln. Sie ist der methodische Abschied von all dem, was zum Bedeutungshorizont von Struktur, Konstruktion und Destruktion gehört.

Die große Reduktion ist destruktiv, um Denken und Wirklichkeit zu rekonstruieren. Bis jetzt war alles wissenschaftliche und philosophische Denken darauf angelegt, die Wirklichkeit auf Elemente zu reduzieren und aus diesen zu rekonstruieren. Auf diese Weise organisiert das Denken die Wirklichkeit – letztlich sind beide in einer großen konstruktiven Organisation vereinigt.

Diese große Neuorganisation, die Sein und Denken gleichermaßen angeht, zeigt allmählich ihre eigenen Umrisse. Jetzt, wo die Organisation total zu werden scheint, zeigt sich ihr Ganzes. Der Bedeutungshorizont der Konstruktion taucht auf – die Sprache, die die Struktur von Destruktion und Konstruktion trägt.

Diese Sprache ist die der Struktur selbst.
Ist sie auf dieselbe Weise strukturiert, wie die Strukturen, die sie einrichtet?
Oder ist sie weder strukturiert noch organisierend, sondern *dargereicht?*

Dann ist die Philosophie noch in einem anderen Sinn Destruktion, dann ist sie der Abschied von allem Strukturellen, sodass der Bedeutungsursprung des Strukturellen zutage kommt.
De-struere heißt dann: verzichten auf das *struere,* auf das Ordnen, Organisieren.
In diesem Verzicht zeigt sich etwas Merkwürdiges: Die Wörter rings um die Struktur *weichen aus,* sobald ich sie fassen will.
Das ist der Sinn der »echten« Philosophie.

3 Mathesis universalis und Mechanisierung

Ist die Umwälzung namens Neuzeit *philosophisch* zugänglich?
Sie wissenschaftlich zu beschreiben ist unproblematisch, aber das Beschreiben entspringt selbst dem Bedeutungshorizont rings um die Neuzeit.
Ein Zirkel.

In unserer Zeit ist es möglich, alle anderen Epochen zu überblicken, auch die der griechischen Philosophie und Mathematik.
Und doch ist unsere Zeit mit jener nicht zu vergleichen.
Die Griechen kannten Probleme und Erfahrungen, die uns heute unzugänglich sind.

Ich vermute: Wenn etwas von meiner eigenen Epoche philosophisch zu sagen ist, dann durch die Wörter, die sie artikulieren.

Sofort fällt auf: Es sind dieselben Wörter, die das Zeitalter der Griechen und das heutige umgeben. Sie haben indessen Wendungen erfahren, die niemand nachvollziehen kann.

Technê war das Wesen der griechischen Philosophie und ist als solches das Wort, in dem die Technik auch heute noch spricht. Und die Philosophie?
Platons *idea* bestimmt immer noch die Ideen und Ideologien von heute – auch meine philosophischen Ideen darüber.
Mein Sprechen über den griechischen *logos* ist seltsam, schließlich ist meine Logik ein Spross von ihm.

Philosophisch kann ich daher weder *über* meine Zeit und ihre Wörter sprechen noch *über* die griechische.
Aber ich kann den Bewegungen der kleinen, horizontstiftenden Wörter folgen und mein Sprechen von ihnen bewegen lassen, ohne sie zum Gesprächsgegenstand zu machen.

Das Wort, das den Weg und die Umgebung dieses Buches zeichnet, ist *dasselbe* – zusammen mit anderen Wörtern: *identisch, gleich, Einheit;* Griechisch: *to auto, pan, hen, homoios;* Lateinisch: *idem, unus, totus.*

Wenn ich über etwas spreche, dann ist es schon *als* etwas erschienen: Das Sprechen wird durch die Weise beherrscht, wie Identität erscheint. Das Selbe ist nicht das Selbe. Dieses Wort hat epochale Verschiebungen erfahren, bleibt aber herrschend.

Die große Reduktion ist hier nicht Gegenstand einer Beschreibung. Ich folge den Bedeutungsumschlägen *des Selben.*
Dieser Bedeutung kannst du dich nicht entziehen: Du wirst mit deiner eigenen Identität und der deiner Umgebung konfrontiert, ob du willst oder nicht.

Mechanik und Mathematik der Neuzeit sind nicht mit ihren Pendants bei den Griechen zu vergleichen, denn die Einheit von Mensch und Welt hat sich verändert. Sie erscheint als Verhältnis von Subjekt und Objekt.

Die Griechen kannten kein Subjekt-Objekt-Verhältnis, weil der Anblick der Dinge das »Seiendste« und damit am klarsten Erscheinende war. Der Anblick garantierte, dass die Dinge erschienen und zugleich Menschen ihnen entsprechen konnten. Menschen und Dinge befanden sich in einem gemeinsamen Licht.

Ein Ding war kein Objekt, denn es fehlte das Subjekt, dem es hätte erscheinen können.
Das Erscheinen der Ding-Identitäten war primär, Menschen fügten sich dem. Darum gab es keine Subjekte, keine Personen und keine Persönlichkeiten.[22]

3.1 *Mathesis und Objekt*

Die Bedeutung der neuzeitlichen *Methode* zeigt, wie sich Subjekt und Objekt zueinander verhalten.
Im *Discours de la Méthode* und den *Regulae ad Directionem Ingenii* von Descartes zeigt sich der Bedeutungsumschlag dieses Wortes – das bereits Platons Dialektik bestimmte, allerdings auf vollkommen andere Weise.

Die Methode ist ein Hinweis auf die Einheit von Subjekt und Objekt. Sie sorgt für Ordnung und Maß. Die Welt wird nach diesen Maßstäben eingerichtet, sie wird zur regulierten Welt.
Die Regulierung der Welt entspringt dem Denken, dem *ego cogito* oder Subjekt, das selbst methodisch gereinigt ist.
Das Verhältnis von Mensch und Welt wird zur geordneten Durchlässigkeit des Objekts für das Subjekt.

> Unter Methode aber verstehe ich feste und leichte Regeln, und wer sich exakt an sie gehalten hat, hält nichts Falsches für das Wahre, und indem er keine nutzlosen Denkversuche verschwendet, sondern stets die Wissenschaft schrittweise vergrößert, kommt er zu wahrer Erkenntnis all dessen, wozu er fähig sein wird.[23]

Was bestimmt diese gegenseitige Regulierung der Subjekte und Objekte?
Nichts anderes als die *Sprache*.
Ist die Sprache im Besitz des ordnenden Subjekts, oder ist das ausgeschlossen, weil sie der Quell der *Wörter Subjekt* und *Objekt* ist?

Die *Regulae ad Directionem Ingenii* sind scheinbar ein philosophisches Buch, geschrieben vom Autor Descartes.
So kannst du es ohne Weiteres lesen.

Dann ist jedoch deine Interpretation reguliert und dirigiert durch die Methode, die in diesem Buch zum Vorschein kommt.
Das Buch umgibt alle seine Interpretationen – denn es skizziert den Horizont der Neuzeit.

Ist Descartes' Schreiben vielleicht selbst gesteuert?
Diese Möglichkeit kündigt sich an, wenn du bedenkst, dass bereits der Titel des Buches von der indogermanischen Wurzel **reg* umgeben ist.

Ist nicht alles, was wir *recht, korrekt, reguliert, geregelt, gerichtet* oder *zu Recht* nennen, von dieser Wortwurzel umgeben, über die wir keine Sekunde lang nachzudenken brauchen?
Gilt das nicht auch für Descartes, dessen Wörter *regula* und *directio* im Titel seines Buches beide von der Wurzel **reg* abhängig sind?

Die Neuzeit, so vermute ich, verdankt ihren Namen daher, dass diese Wurzel das Verhältnis von Sein und Denken organisiert – und daraus die Namen *Subjekt* und *Objekt* entsprossen sind.

Was in der Neuzeit »etwas« heißt, das ist nichts, was mir draußen begegnen könnte, sondern etwas, was in seiner Identität von Regeln und deren Richtung abhängig ist.
Das ist das Methodische der Neuzeit, der *Sieg der wissenschaftlichen Methode über die Wissenschaft* (Nietzsche): Die methodische Regulierung zeigt, was etwas ist, was ich bin und wie sich beides zueinander verhält.

> Methode ist nicht ein Ausstattungsstück der Wissenschaft unter anderen, sondern der Grundbestand, aus dem sich allererst bestimmt, was Gegenstand werden kann und wie es Gegenstand wird.[24]

Das natürliche Wesen des Subjekts, das *ingenium* (nicht zufällig etymologisch verwandt mit *Ingenieur* und dem doppeldeutigen *Genie*), zeigt die Herrschaft dieses Verhältnisses: Das *ingenium* ist die Instanz, die die Regeln aufstellt, zugleich aber diejenige, für die sie gelten.
Sich selbst Regeln auferlegen – diese Geste bestimmt das menschliche Wesen.[25]

Diese Regeln entspringen in ihrer Bedeutung aber nicht dem Subjekt, sondern der Sprache, die das Verhältnis von Subjekt und Objekt reguliert.

Jetzt gilt es, Descartes' Regeln gegen den Strich zu lesen, nicht nur als Mitteilungen eines philosophischen Autors, sondern als Zeichnung einer Epoche, die in diesem Text sichtbar wird.

Die vierte Regel von Descartes lautet:

> Es bedarf einer Methode, um die Wahrheit der Dinge zu erforschen.[26]

Methode kannst du hier als Handlungsvorschrift lesen.
Du kannst das Wort auch anders lesen: als Weg, auf dem sich die Wahrheit der Dinge zeigt, ihre Identität.
Die Methode zeigt, was ein Ding ist.

Descartes' Erforschung *(ad investigandam)* forscht nicht nur. Nebenbei zeigt sie den *Horizont* an, in dem etwas Objekt heißen darf.

Wenn Max Planck sagt: *Wirklich ist, was messbar ist,* dann betreibt er nicht nur wissenschaftliche Forschung. Er skizziert damit den Horizont nicht nur rings um das wissenschaftliche Forschen, sondern vor allem rings um das, was auf sinnvolle Weise *ist.*
Methode ist nicht nur Methode, sie ist vor allem eine Antwort auf die Frage, was ist und was etwas ist, ohne dass dazu Philosophie nötig ist.

Methode ist primär nichts, was sich Menschen ausdenken, sondern ein Weg, der sich auftut und daraufhin von Menschen begangen wird, ein Weg, der die menschliche Welt schon gezeichnet hatte.
Ein *Ding* hat sich seit der Neuzeit in seiner Identität gewandelt: von der *Sache,* der Angelegenheit, die den Menschen angeht (vergleiche das althochdeutsche Wort *thing*), in ein *Objekt* – ein Wandel, der sich in Descartes' Schreiben abzeichnet.
Das ist der Sinn der Methode: Sie eröffnet den Weg hin zu einer spezifischen Identität, ausgehend von derselben Identität.

Descartes ist in seinem Schreiben gezeichnet. Da steht, er sei *gezwungen*, die Methode so und nicht anders zur Sprache zu bringen. Es ist ihm zugesprochen.

Gegen den Strich lässt sich auch die dritte Regel lesen:

> In Bezug auf vorgestellte Objekte ist nicht das zu untersuchen, was andere gemeint haben oder was wir selbst vermuten, sondern was wir klar und evident einsehen oder ohne Zweifel ableiten können; nicht anders nämlich wird Wissenschaft erworben.[27]

Was muss in der echten Wissenschaft gesucht werden? Nicht was andere fühlen oder wir selbst vermuten, sondern was wir klar und deutlich einsehen und zweifelsfrei ableiten können – *circa objecta proposita*, bezüglich vorgestellter Objekte.

Du siehst nur die eine Seite der Medaille, wenn du meinst, Descartes gebe hier Richtlinien für ein Forschungsprogramm. Hier wird gleichzeitig gesagt, *was ein Ding ist*, nämlich ein Objekt, und *was ein Objekt ist*, nämlich etwas Vorgestelltes, ein möglicher Gegenstand einer Proposition.
Die Identität der Dinge und die des Vorstellens – des propositionalen Wissens – hängen miteinander zusammen. Das ist der Bedeutungshorizont rings um Descartes' Wörter und um unsere eigene, noch kommende Neuzeit.

Das lateinische Wort *ponere*, »setzen, stellen«, übersetzt das griechische *tithêmi*. Dieses Wort herrscht über das wissenschaftliche und philosophische Sprechen, das vorstellend, entwerfend spricht: *propositional*. Die Proposition, der Satz, ist der Ort der Wahrheit. Was unterstellt wird, das wird letztendlich festgestellt.
Zugleich ist der *Gegenstand* des propositionalen Sprechens vom selben Wort abhängig. Etwas *ist* nämlich nur dann, wenn es vorgestellt, das heißt denkend – und letztlich auch in Handlungen – entworfen wird. Ein Elektron zeigt sich nicht, es sei denn in einem theoretischen Entwurf, es sei denn in einer entworfenen experimentellen *Installation*.

Die Sprache kündet von diesem Hin und Her zwischen Erkennen und Erkanntem, zwischen Denken und Sein. Das Vorstellen stellt sicher,

dass das, was ihm begegnet, als Vorgestelltes, als Objekt in den Bannkreis des Vorstellens gelangt und dort bleibt.
Das ist der Sinn des cartesischen *cogito*: aufstellen, vorstellen, sicherstellen, zur Verfügung stellen einer entworfenen Wirklichkeit.

> Das cogitare ist ein Sich-zu-stellen des Vor-stellbaren. In dem Zu-stellen liegt etwas Maßstäbliches, d. h. die Notwendigkeit eines Kennzeichens dafür, daß das Vor-gestellte nicht nur überhaupt vor-gegeben, sondern als verfügbar zu-gestellt ist. Zu-gestellt, vorgestellt – cogitatum – ist etwas dem Menschen also erst dann, wenn es ihm fest- und sichergestellt ist als das, worüber er von sich aus im Umkreis seines Verfügens jederzeit und eindeutig, ohne Bedenken und Zweifel, Herr sein kann.[28]

Nietzsche sagt: Nicht der Sieg der Wissenschaft, sondern der Sieg der wissenschaftlichen Methode über die Wissenschaft ist das, was das neunzehnte Jahrhundert auszeichnet[29] – ich füge hinzu: und die darauf folgenden Jahrhunderte.
Sieg als Aufkeimen eines Bedeutungshorizonts, einer Welt: Wissenschaft *ist* Methode und Methode *ist* Wissenschaft.
Die Methode zeigt, *was ein Ding ist* in der Epoche der großen Reduktion.
Die Methode selbst ist nicht methodisch, sondern gesteuert, entlang von Wegen, die Menschen nicht im Griff haben.

Die neuzeitliche Methode zeigt, dass Identität und Reduktion miteinander zusammenhängen.[30] Was kompliziert und dunkel ist, wird auf Einfaches reduziert, das direkt einzusehen ist.
Eine vollständige Analyse stellt sicher, dass etwas *ist* in seinen primären, mathematisch-mechanischen Eigenschaften und dass seine sekundären Eigenschaften vertrieben werden können.

Mit dieser reduktiven Analyse hängt die Identität des Menschen zusammen: Er ist das Zugrundeliegende (Substanz und als solche *subiectum*) des Erkennens und seiner Gegenstände. Ein Objekt muss seiner Identität nach für den Menschen sichergestellt sein, der als das Subjekt (das Tragende, Zugrundeliegende) für die Objekte erscheint.
Das Ganze von Subjekt und Objekt ist durch die Einheit als Einförmigkeit gezeichnet: Die Natur wird in regulierter Weise auf Einförmigkeit

hin entworfen, zugunsten ihrer einförmigen Durchlässigkeit für das einförmige Subjekt.
Objekte gehören ihrer Art nach zum Entwurf des Subjekts.

Nur wenn die menschliche Vernunft *(ingenia)* hinreicht, Objekte zu entwerfen, die sicher erkannt werden können, nur dann kann von Objekten die Rede sein.

Das besagt die zweite Regel, die Descartes sich selbst auferlegt:

> Wir dürfen uns nur denjenigen Objekten zuwenden, zu deren sicherer und unbezweifelbarer Erkenntnis unser Geist offenkundig imstande ist.[31]

Da steht, was sich gehört *(oportet)* – und somit Descartes zugesprochen ist.
Nicht lassen sich die *Dinge* so erkennen, wie sie sind, sondern das entwerfende *Erkennen* zeigt, ob ein Ding wahrhaft etwas ist, ob es Objekt ist oder nicht.
Das menschliche Wissen richtet sich nicht nach der Art seiner *Objekte.*
Das *Wissen* ist die primäre Identität, *das* bleibt immer ein und dasselbe *(una et eadem).*
Als universeller Entwurf bestimmt die *mathesis,* was das Selbe ist.
Doch diese Identität *selbst* geht *nicht* aus dem Entwurf hervor – sie ist die Zeichnung, die dem Entwurf vorausgeht.

Der Identitätsumschlag ist scheinbar Gegenstand der folgenden Regel von Descartes, in Wahrheit jedoch zeichnend für diese erste Regel, die ihm zugedacht ist:

> Ziel der Studien muss sein, den Geist auf feste und wahre Urteile auszurichten, die über alles, was begegnet, hervorzubringen sind.[32]

Das ist die Zeichnung der Reduktion. Die Dinge haben von sich aus keine Identität, an die sich das Wissen anpasst. Es ist umgekehrt: Primär müssen feste und wahre Urteile gefällt werden. Das gibt der Vernunft die Richtung und zeigt damit an, was Objekt heißen darf.
Das bedeutet keineswegs, dass das Subjekt seine Welt nun subjektiv entwirft.

Vielmehr: Der Vernunft sind keine Grenzen gesetzt – so wie auch die Sonne nicht von den Dingen begrenzt wird, die sie bescheint.

In der ersten großen Reduktion beruht die eine, allgemeine, universelle Identität auf dem Erkennen. Das Erkennen entwirft die Dinge auf ihre Einheit als Einförmigkeit hin, um die durchlässige Vereinigung von Subjekt und Objekt sicherzustellen. *So erscheint hier Identität.*

Der Identitätsumschlag diktiert: Das wissenschaftliche Erkennen ist nicht, wie für Bacon, eine Erweiterung des technischen Handelns – im Gegenteil.
In der *Technik* hängt das Selbe vom Gegenstand ab. In der *Wissenschaft* hingegen bestimmt der *Entwurf,* was etwas ist.
Das wird in der ersten Regel deutlich, die Descartes zugesprochen ist.

Es gibt verschiedene Kunstfertigkeiten, zum Beispiel den Boden bearbeiten oder Gitarre spielen. Für beides sind *dieselben (eadem)* Hände *nicht* geeignet. Die eine Hand kann Gitarre spielen, die andere den Spaten in den Boden stechen.
Die Techniken sind verschieden, nicht identisch. *Technik* hängt vom jeweiligen Gegenstand ab.
Die *Wissenschaften* hingegen unterscheiden sich *nicht* nach der Vielfalt *(diversitas)* ihrer Gegenstände.[33]

Einheit erscheint als Einförmigkeit. Die Wissenschaft und ihre Gegenstände sind uniform und universell, durch kein Maß seitens der Gegenstände beschränkt.
So ist die Durchlässigkeit der Welt für das Subjekt garantiert.

Die Sicherheit in Bezug auf die Objekte heißt nicht *securitas. Securus* bedeutet: *sine cura,* »ohne Sorge«, »problemlos«. Unter der Herrschaft dieses Wortes fühlt sich ein Mensch sicher inmitten der Dinge.
Das Wort *certus* sagt etwas anderes. Was *certus* ist, geht aus einem *cernere* hervor: einem Scheiden, Sondern – Reduzieren.
Die *certitudo* ergibt sich aus einem *discernere*: einem Scheiden, Abscheiden, Entscheiden – der Reduktion.

Eine unüberbrückbare Kluft liegt zwischen den neuzeitlichen Wissenschaften einerseits und den griechischen und scholastischen »Wissenschaften« andererseits. Was hier und dort Wissenschaft heißt, ist nicht miteinander zu vergleichen: Griechische Gegenstände bestimmen die Art ihres Erkanntwerdens, in einem gemeinsamen Licht.

Die *Ethica Nicomachea* von Aristoteles unterscheidet die drei Erkenntnisarten *epistêmê*, *technê* und *phronesis*. Sie hängen jeweils von ihrem Gegenstandsbereich ab.
Unveränderliches Wissen hattest du von unveränderlichen Dingen. Über das Sublunare konntest du kein echtes Wissen erlangen.[34]
Die *mathesis universalis* hat sich von der griechischen *mathesis* abgesondert, und zwar innerhalb desselben Wortes *mathesis*.
Mathesis universalis: Nicht der Gegenstand ist bestimmend, sondern der Entwurf, der keiner spezifischen Materie unterworfen ist.[35]

Die Identität der griechischen »Wissenschaft« war nur auf eine bestimmte Weise reduktiv und konstruktiv. Sie war nicht durch die Suche nach mechanischen Resultaten charakterisiert. Echtes Wissen gab es nur da, wo die Probleme von Nutzen und Notwendigkeit schon gelöst waren.
Wie sich in Aristoteles' *Metaphysik* zeigt, wird Wissen um seiner selbst willen erstrebt, nicht wegen irgendeines Vorteils.
Ein Leben von Gewinn und Vorteil ist kein menschliches Leben, so die *Ethica Nicomachea*.[36]

Was ist ein Atom? Demokrits Frage war eine freie Bewegung, nicht ergebnisorientiert, sie war spekulativ.
Heute werden Versuchsanordnungen systematisch wiederholt und variiert, um Gesetzmäßigkeiten zu entdecken. Dergleichen war den Griechen absolut fremd.
Das für uns selbstverständliche Band zwischen Erkennen und Eingreifen, das Erkennen *als* eingreifender Entwurf, war dem griechischen Denken unbekannt.
Mathematik war keine Mechanik.

> Wo je Mathematiker, wie Eudoxos oder Archytas, die Anwendung etwa der Geometrie im Raum der Mechanik begründeten und geometrische Fragen durch apparative Experimente zu lösen versuchten, stießen sie auf den mächtigen Widerspruch Platons, der nach dem Bericht Plutarchs »sich darüber ereiferte und ihnen heftig entgegentrat, weil sie die Rein-

> heit der Geometrie ganz vernichteten, wenn diese vom Unkörperlichen und Ideellen zum Sinnlichen herabsinken und sich darüber hinaus noch der Körper bedienen sollte, die eines vielfachen und gemeinen mechanischen Handwerks bedürfen.« Die Folge war – nach Plutarch – daß die Mechanik wiederum von der Geometrie ausgeschlossen und von der Philosophie verachtet wurde, so daß man sie nur für die Kriegstechnik dienlich fand.[37]

In der Neuzeit wird die gegenseitige Durchlässigkeit von Subjekt und Objekt dadurch garantiert, dass der Unterschied zwischen wissenschaftlicher Theorie und mechanischer Praxis wegfällt.
Was ein Objekt ist, das ist seiner Art nach vorteilhaft für den menschlichen Gebrauch.[38]
Die Einheit von Subjekt und Objekt ist techno-logisch.

Die Einheit des Universums erscheint als Einförmigkeit – *uni-versus*, in *eine* Richtung gekehrt. Die Sphären des Himmels und der Erde, vormals immer getrennt, erweisen sich als ein und dasselbe – ein Mechanismus.
Galilei richtete sein Fernrohr auf den Mond. Der Identitätsumschlag ließ ihn erkennen, dass der Mond ein Himmelskörper ist, aus demselben Stoff gewoben wie die Erde.

> Welche Folgen diese Verbindung von Technik und Mathematik haben konnte, zeigt Galileis Erfindung des Fernrohrs, das zwar als reines Schaustück bereits bekannt war, doch erst durch ihn, als »erstes wissenschaftliches Instrument«, von der Erde auf die Gestirne gerichtet wurde. Erst durch dies Fernrohr hat Galilei die instrumentelle Forschung begründet, die heute die Welt beherrscht, und den Himmel dem menschlichen Zugriff erschlossen, indem er ihn mit der Methode der Messung schon durch den Erweis des Erdcharakters des Mondes entzauberte, das heißt als »Weltraum« enthüllte. Erst diese Entdeckung zerstörte das überlieferte sphärische Weltbild und machte den Himmel – den Raum des Gottesstaates, der jedes menschliche Schicksal gelenkt und geordnet hatte – zu dem Objekt einer Wissenschaft, die ihr Heil in sich selber suchte.[39]

Der Himmel, zum Weltall nivelliert, wurde mit irdischen Maßstäben vermessen. Kosmische Maßstäbe entstanden für die Erde.

Der Kosmos wurde telluisiert, die Erde kosmisiert.
Der kugelförmige Kosmos verlor seine Identität. »Welt« – eine Weltmaschine, ein Weltuhrwerk.
Uniformität.
All das ist nicht die *Folge* einer galileischen Entdeckung. Galilei stand im Bann eines Zeichens, das sich unversehens gewandelt hatte: des Selben.

Die Einförmigkeit des Universums, das ist die eine Seite der Reduktion. Die andere Seite: Erde und Mensch werden aus der Mitte des Kosmos auf eine relative und zufällige Position im Weltall verlegt.
Galilei nahm einen archimedischen Punkt außerhalb der Erde ein.

Am Ende der großen semantischen Umwälzung stehen, als eine Antwort darauf, Newtons Prinzipien.
Das erste Prinzip lautet:

> Jeder Körper verharrt in seinem Zustand der Ruhe oder der einförmigen Bewegung in eine Richtung, es sei denn, er wird von darauf ausgeübten Kräften gezwungen, seinen Zustand zu verändern.[40]

All das kann nur dann gesagt werden, wenn die Identität eines Körpers so beschaffen ist, dass der Unterschied zwischen dem Irdischen und Kosmischen sinnlos geworden ist.
Natürliche Orte gibt es nicht. Bewegungen finden in einem uniformen, berechenbaren Raum statt.
Bewegungen sind unabhängig von der Art dessen, *was* sich bewegt, und betreffen Äpfel *und* Planeten gleichermaßen – indifferent.

Galileis Denken, so zeigt Heidegger, ist primär kein Entwurf der Natur (*mente concipere*), sondern das Auftauchen eines neuen Bedeutungshorizontes der Natur.

> In diesem mente concipere wird im voraus solches zusammengegriffen, was einheitlich bestimmend sein soll für jeden Körper als solchen, d. h. für die Körperhaftigkeit. Alle Körper sind gleich. Keine Bewegung ist ausgezeichnet. Jeder Ort ist jedem gleich; jeder Zeitpunkt jedem Zeitpunkt. Jede Kraft bestimmt sich nur nach dem, was sie an Bewegungsänderung – diese Bewegungsänderung als Ortswechsel verstanden – ver-

> ursacht. Alle Bestimmungen über den Körper werden in einen Grundriß eingezeichnet, wonach der Naturvorgang nichts ist als die räumlich-zeitliche Bestimmung der Bewegung von Massenpunkten. Dieser Grundriß der Natur umgrenzt zugleich ihren Bereich als einen überall gleichmäßigen.[41]

In diesem Zitat lässt sich der Zeichnung durch die neue Identität folgen:
Galilei bestimmte, dass die Bewegung *jedes* Körpers *gleichförmig* und geradeaus gerichtet ist, solange keine Hindernisse auftauchen. Sie ändert sich *gleichmäßig*, wenn eine *gleichbleibende* Kraft auf den Körper einwirkt.
Das trifft auf *jeden* Körper zu. *Alle* Körper sind gleich. *Keine* Bewegung hat Vorrang. *Jeder* Ort *gleicht jedem* anderen, *jeder* Zeitpunkt *jedem* anderen.

Der Identitätsumschlag betrifft vorerst die Naturwissenschaften. Doch der Mensch kann nicht ausgenommen bleiben. Die Kluft zwischen Natur und Mensch ruft danach, geschlossen zu werden. So entstand eine Parallelität: Dieselbe Identität, die die Gleichförmigkeit der Natur zeichnete, gab nun auch der *menschlichen* Gleichheit Gestalt – in der Ökonomie mit universeller Arbeitspflicht und in der Demokratie mit nicht minder universellen Menschenrechten.

> Die Aufklärung, die mit der Gleichung von christlicher und natürlicher Religion und von Vernunft- und Naturgesetz auf newtonischem Boden erwuchs, schuf die Denkkonventionen des *Fortschrittsglaubens*, der die Geschichte als fortschreitende Entwicklung aus der Barbarei zur Zivilisation, aus dem Aberglauben zur Vernünftigkeit, aus der Ehrfurcht vor der Natur zur Nutzung ihrer Kräfte begriff, das heißt als Fortschritt, den es – nach Voltaire – nur in und dank der Wissenschaft gibt. Die Allgültigkeit der Naturgesetze ging nun als universales Zeit- oder Raumprinzip aus Newtons Physik in die *Staats-* und *Geschichtsanschauungen* über, für die jetzt die Erde gleichfalls zum »Globus« oder »Planeten« und die Geschichte zum uniformen Zeitprozeß wurde. Auch diese Weltdeutungen, die noch heute die Erde beherrschen, sind Frucht eines weltgeschichtlichen Isolierungs- und Emanzipierungsprozesses, der von der rationalen Verabsolutierung des Staates bis zum utopistischen Weltersatz ein Analogon der neuen Wissenschaft ist.[42]

Die heutige Epoche wird als *Atomzeitalter* oder auch *Zeitalter der Information* bezeichnet. Diese Namen kennzeichnen unsere Welt und uns selbst. Dem hinkt hinterher, was sich »Kultur« nennt: Theater, Kunst, Film, Literatur und Philosophie, Glaube und Religion.[43]

Nicht zufällig erfand der Mathematiker Leibniz die Lebensversicherung, der Demokrat Benjamin Franklin den Blitzableiter.

Die Identität als sichergestellte Durchlässigkeit überwölbt die ehemaligen Bereiche von Natur und Geschichte.

3.2 Subjekt und Sprache

Die Zeichnung durch die neue Identität ließ der Mathematisierung ein Pendant auf der Gegenseite zuteil werden: der Seite desjenigen Wesens, das seine Identität nun im Subjektsein fand.
Zum Subjekt geworden, war der Mensch imstande, die Natur seinen Entwürfen zu unterwerfen und sich von ihrem Gängelband zu lösen.
Der Mensch erscheint als selbstständiges Seiendes, Substanz. Als solcher ist er das Zugrundeliegende, das *subiectum* seiner Attribute.[44]

Die Wörter *subiectum* und *substantia* bezeichnen das Selbstständige, das von anderen Dingen Unabhängige.
Der Platz des *subiectum* war vakant seit der Neuzeit, seit der Entwurf bestimmte, was etwas ist.
Descartes konnte dem *ego cogito* diese Position sichern.
Der Mensch war geeignet, die Rolle des *subiectum* zu übernehmen.[45]
Wie?

Dazu musste sich auch die menschliche Identität der großen Reduktion unterwerfen.
Der Mensch wurde seiner Menschlichkeit entledigt und reduziert auf ein Wesen ohne Körper, ohne Ort, ohne Welt und außerhalb der Natur: auf gereinigtes Denken als Rationalität. Eine große Befreiung aus den Fesseln von Autorität und Tradition.

> Daran erkannte ich, dass ich eine Substanz war, deren ganzes Wesen oder Natur nichts als Denken ist, und die, um zu sein, keines Ortes bedarf und von keinem materiellen Ding abhängig ist.[46]

Der vernünftige Mensch musste sich losmachen von überlieferten Vorurteilen, von den Eigentümlichkeiten der althergebrachten Sprache. Der fatale Einfluss der Literatur auf die Reinheit des entwerfenden Erkennens wurde neutralisiert.
So entstand das bereits entworfene Subjektsein: Selbstständigkeit, frei von allen natürlichen, überlieferten, sinnlichen Einflüssen.

Die Selbstständigkeit des menschlichen Wesens bedeutete nicht, dass der Mensch Träger unselbstständiger Eigenschaften war, sondern dass er nun imstande war, selbst und unabhängig von anderen zu *denken*. Das Denken verdankte seine Unabhängigkeit der Durchsichtigkeit für sich selbst – der Reflexion, der Zurückbeugung, die alles Denken begleitete.

Der selbstständige Mensch war sich seines eigenen Denkens unmittelbar bewusst.[47] Vernünftiges Denken war seiner Art nach reflexiv. Es durchdachte sein eigenes Denken.
Diese reflexive Durchsichtigkeit des Subjekts garantierte, dass dieselbe Durchsichtigkeit dem Entwurf zuteil wurde, der mathematisierten und mechanisierten Natur.

Descartes:

> Es ist unmöglich, dass wir jemals an irgendein Ding dächten und nicht gleichzeitig die Idee unserer Seele besäßen als einer Sache, die imstande ist, an all das zu denken, was wir denken.[48]

Die klare Identität des Entwurfs und seiner mathematisch entworfenen Natur wurzelte in der wechselseitigen Durchsichtigkeit.
Diese Identität erscheint – auf ganz andere Weise als bei Platon – als *Beständigkeit*. Je beständiger, desto vollkommener die Identität.
Die cartesische Beständigkeit allerdings ist Position, gesetzter Entwurf.

Die *Sprache*, partikular und sinnlich wie sie ist, konnte nur ein Hindernis für die Durchsichtigkeit des Denkens sein.

Die Sprache der alten Bücherwissenschaften (Philosophie) hinderte die Menschen daran, dem natürlichen Licht zu folgen, das ihnen gegeben war. Sie ließen sich von klassischen Vorbildern und Gewohnheiten einwickeln.

Wie befindet sich die menschliche Identität in der mechanisch reduzierten Welt?
Im fünften Teil des *Discours de la Méthode* stellt sich Descartes eine neue, bizarre Schöpfung Gottes vor: eine chaotische Materie, so verworren, wie es sich die Dichter nur ausmalen mögen.
Neben dem Chaos sind einzig Naturgesetze wirksam.
Ohne irgendeine Einmischung, aus nichts als Chaos und Naturgesetzen, entsteht immer wieder eine Welt, ganz ähnlich der heutigen.
Wesensursachen, Formen oder Qualitäten sind dabei nicht im Spiel.
Gott? Ein Arbeitsloser, der mit verschränkten Armen zuschaut.

Aus Chaos plus Naturgesetzen kann ein Wesen hervorgehen, das dem menschlichen ganz ähnlich ist. Nur eine Seele fehlt ihm.
Dieses ganz und gar mechanische Wesen wird von Kräften angetrieben, *esprits animaux*, die allenfalls insofern spirituell sind, als dass sie sich auf die Fermentation von Alkohol oder Gärung zurückführen lassen.

Im nie untergehenden Nachrichtenfernsehen kannst du durch geschicktes Zapping jeden Abend wahlweise einer Operation am offenen Herzen oder einer Geburt beiwohnen. Die Kamera zoomt während der Operation auf das klopfende Herz, das sich rhythmisch zusammenzieht und entspannt. Wie ein eingesperrtes Tier wirft es sich gegen den Kerker der Brusthöhle.
Das glaubst du zu sehen, aber das siehst du nicht. Das Herz ist eine Pumpe, zusammengesetzt aus mechanischen Bestandteilen.
Wie die Natur keine Innerlichkeit kennt, so auch keine Körperlichkeit.
Der Körper mitsamt seiner Rationalität ist ein mechanisches Gefüge.

Die Identität von Menschen und Maschinen erscheint auf solche Weise, dass die Kategorie des Lebens wegreduziert ist.

Ein Gefüge, angetrieben durch *esprits animaux*, gleicht einem Menschen in jeder Hinsicht.
Ist es möglich, einen Menschen als Maschine anzusehen?

Warum nicht?
Bedenke, dass *Menschen* aus nur wenigen Bestandteilen eine Fülle sich bewegender Maschinen hergestellt haben.
Wozu ist dann *Gott* imstande! Er verfügt über Unmengen von Knochen, Muskeln, Nerven, Adern und anderen Körperteilen.
Gott und Mechanik beißen sich nicht.
An anderer Stelle sagt Descartes wiederum, diese Maschinen seien von der *Natur* hergestellt.[49] Nenn es Gott oder die Natur – ist da noch ein Unterschied?

Der Großteil menschlichen Handelns und Sprechens gehört zur so verstandenen Mechanik.
Menschliche Sprache, sofern an Sprechorgane gebunden, unterscheidet sich nicht grundsätzlich von sich bewegenden und sprechenden Maschinen, wie es sie im Park von Versailles gibt – die werden durch hydraulische Pumpen angetrieben.
Warum annehmen, menschliches Sprechen habe noch andere Gründe?
Du kannst eine Maschine bauen, die fragt, was du willst, wenn du sie berührst, oder schreit, dass du ihr wehtust.
Wo ist der Unterschied?

Im vorigen Jahrhundert konstruierte Turing einen Test: Eine menschliche Maschine sollte sich mit einem Computer hinter einer Trennwand unterhalten.
Turings Frage lautete: Kann man eine Maschine bauen, die von einem menschlichen Gesprächspartner nicht zu unterscheiden ist?

Descartes' *Discours de la Méthode* enthält einen Proto-Turing-Test.
Die Maschine besteht ihn nicht.
Descartes glaubt, nicht alles Sprechen werde durch Leidenschaften, also durch den mechanischen Körper angetrieben. Dem freien und auf Durchsichtigkeit reduzierten Menschen sei ein vollkommen rationales Sprechen eigen.

Descartes findet zwei Kriterien für den Wortgebrauch des wahrhaft rationalen Menschen.
Erstens ist eine Maschine nicht in der Lage, Wörter oder andere Zeichen im Gebrauch so zu arrangieren, dass sie auf den *Sinn* dessen antworten, was in ihrer Gegenwart gesagt wird.

Zweitens kann eine Maschine nur durch die Disposition ihrer Organe handeln, nicht jedoch durch Wissen. Sie verfügt nicht über die Vernunft als *instrument universel.*
Laut Descartes kann eine Maschine Bedeutungen weder *hören* noch ihnen gemäß *handeln.*

Descartes' Gedanke, der Mensch könne weiter als eine Maschine denken, nämlich rational oder vernünftig, setzt voraus, dass dieses Denken frei von Sprache ist.
Sprache ist schließlich sinnlich und somit nie frei von Leidenschaften.

Jetzt lautet die Frage: Ist Bedeutung sprachfrei, und ist Sprache ohne Bindung an das Mechanische denkbar?
Kann das Subjekt sprachfrei sein?
Für Descartes sind die grundlegenden Namen, die er gebraucht, durchsichtig. Er zweifelt an vielem, nicht aber an diesen Namen.
Es ist unnötig zu fragen, was *Denken, Existenz, Gewissheit* oder *cogito* bedeuten.
Diese »Konzepte« haben nichts mit ihren Sprachhülsen zu tun.[50]

Folglich könnte die Wirklichkeit durch die Namen hindurch betrachtet werden.
Eben an dieser Möglichkeit zweifelt Hobbes in einem Brief an Descartes:

> Was sagen wir denn, wenn das Vernünftig-Reden nichts anderes wäre als Verknüpfung und Aufeinanderfolge von Namen oder Benennungen durch das Wort »ist«? Darum begreifen wir durch die Vernunft nichts von der Natur der Dinge, sondern nur etwas von ihren Namen, egal, ob wir die Namen der Dinge durch eine Absprache verbinden, die wir mit Willkür hinsichtlich ihrer Bedeutungen treffen, oder nicht. Wenn es so ist – und so kann es sein –, dann wäre das Vernünftig-Reden von Namen abhängig, von den Namen der Vorstellung, und die Vorstellung wohl, wie ich glaube, von der Bewegung körperlicher Organe. Und so wäre der Geist nichts anderes als eine Bewegung in gewissen Teilen des organischen Körpers.[51]

Hobbes wendet ein, die Proposition sei vielleicht nichts als eine Verknüpfung und Aneinanderreihung von Namen. Darum sei die Vernunft nicht auf die Art der Dinge gerichtet, sondern nur auf die Weise, wie die Dinge angesprochen würden. Nun wird klar: Descartes kann nur dann an der beständigen Anwesenheit des Entwerfers festhalten, wenn die Vernunft grundsätzlich außerhalb der Sprache steht.

Können ein Franzose und ein Deutscher denn nicht dasselbe denken, auch wenn ihre Wörter verschieden sind?

> Im Vernünftig-Reden ist eine Verknüpfung, nicht von Namen, sondern von Dingen, die mit Namen bezeichnet sind. Und ich wundere mich, dass jemandem das Gegenteil in den Sinn kommen kann. Wer zweifelt denn daran, dass ein Franzose und ein Deutscher imstande sind, dasselbe über dieselben Dinge vernünftig zu reden, während sie dennoch gänzlich verschiedene Wörter denken?[52]

Da regen sich Zweifel an der Metaphysik der Durchsichtigkeit und der physischen Hülse (Wort) für den metaphysischen Gedanken (Bedeutung).
An der Sprache scheitert das Verlangen nach Durchsichtigkeit.
Descartes muss die Verflochtenheit von Denken und Sprache voraussetzen, wenn er vor dem bösen Einfluss des Sprachkleides auf die Reinheit des Denkens warnt.
Er meint, in der einen Sprache lasse sich besser denken als in der anderen. Das Niederbretonische zieht er dem Lateinischen vor.

Descartes selbst ist vom Gedanken durchdrungen, dass die Sprache noch eine ganz andere Rolle spielt.
So autark der Mensch auch sein mag – ist er dermaßen selbstständig, dass er die Methode der Wissenschaft aus eigener Kraft entwirft?

Heidegger sagt: *Descartes hat den Blitz gesehen.*[53]
Der Blitz, das ist die Absonderung einer neuen Bedeutungswelt mitsamt neuen Identitäten.

In diesem Licht sah Descartes, dass er nicht selbst der Ursprung seines Denkens sein kann. Der Ursprung ist das natürliche Licht, sein Denken nur dessen Widerschein.
Der Blitz spendet Licht, lässt aber zugleich das Dunkle aufleuchten, das er durchzuckt.

Das ist die *Herkunft* der Helle des Denkens.
Mir ist klar, dass diese Herkunft nichts anderes als die Sprache sein kann – nicht Descartes' eigene Sprache, sondern diejenige, die sein Denken zeichnet.

Descartes selbst ist vom Gedanken durchdrungen, dass ihm die Methode des selbstständigen Denkens *dargereicht* ist.
Er ist nicht *ausschließlich* damit beschäftigt, das Gewitter zu vertreiben, indem er das Wissen sicherstellt.

Im *Discours de la Méthode* heißt es:

> Aber ich werde mich nicht scheuen zu sagen, dass ich, wie ich glaube, viel Glück hatte, mich seit meiner Jugend auf bestimmten Wegen wiederzufinden. Diese Wege haben mich zu Erwägungen und Maximen geführt, aus denen ich eine Methode geschaffen habe, durch die ich, wie mir scheint, das Mittel besitze, mein Wissen schrittweise zu mehren.[54]

Das Denken folgt der Methode. Aber die Methode selbst hängt vom Weg ab, auf dem sich Descartes zu seinem Erstaunen befand. Dass er einst auf diesen Weg stieß, war eine glückliche Eingebung – wir würden sagen: der Sprache.
Die *Sprache* führte Descartes so, dass er das althergebrachte Wort *mathesis* neu verwenden konnte: als *mathesis universalis.* Diese Sprache hat er sich nicht ausgedacht – sie ist ihm zugedacht.

Es reicht nicht, wenn ich, wie Descartes, über die Methode erzähle oder berichte.
Der Weg der Methode muss auf eine eigene Weise gegangen werden.

Was ist demgemäß zu sagen?
Wörter aus der Umgebung von *setzen* und *stellen* umkreisen die mathematische Welt, in der Subjekt und Objekt einander begegnen.
Ein Objekt *ist,* wenn es sich selbst darstellt, vorstellt – einem Subjekt.
Das Subjekt wiederum besteht im Vorstellen des Objekts.
Vorstellen zielt auf eine endgültige Feststellung ab.

Stellen heißt nicht nur, Objekte durch die Technik auf- und hinzustellen. Stellen betrifft vor allem das Unterstellen, das Hypothetische, in dem die Welt oder der Horizont der Objekte entworfen wird, um festgestellt zu werden und Einstellungen zu ermöglichen.

Das Subjekt ist Entwurf. Das Objekt ist Gegen-wurf, Gegen-stand, *ob-iectum*.

All das zeichnet eine Welt von Machenschaft. Dinge erscheinen als machbar. Sprechen ist Machen. Das Verhältnis von Sprache und Ding ist machbar. Dinge sind machbar.
Machenschaft selbst ist nicht machbar. Sie ist der Horizont der Machbarkeit.

Das wird aus dem Worthorizont des lateinischen *facere* deutlich, der das Denken der Neuzeit umgibt.
Die Welt der Subjekte und Objekte wird regiert durch das Prinzip des zureichenden Grundes – für Subjekte als das Geben von Gründen, für Objekte als Kausalität.
Die Gründe müssen dem *principium rationis sufficientis* entsprechen: Sie müssen ausreichend, suffizient sein *(sub-facere)*.
Warum? Weil das Verhältnis zwischen Subjekt und Objekt selbst in einer *per-fectio*, einer Vervollkommnung bestehen muss.
Subjekt und Objekt *sind* erst wahrhaft dann, wenn sie vollkommen sind, also restlos füreinander sichergestellt sind.
Wahrheit erscheint in dieser Welt als diejenige Adäquatheit, die aus einem Stellen resultiert: dem *Sicherstellen*.

Die Technik drängt zu Effizienz *(ef-ficio)* und Vollkommenheit *(per-fectio)*.
Daher die Rede von der *Perfektion der Technik*.[55]
Die aber ist ein Spross der unmenschlichen Semantik des Stellens.
Die Welt ist Supposition, Gegensatz, Feststellung und Aufstellung – immer gegen das gerichtet, was ihre Perfektion gefährden könnte: gegen den *De-fekt*, die Entstellung (Descartes: *de-fectus meos*).[56]

Die methodischen Regeln finden ihren Sinn in der stets lauernden Gefahr durch den Defekt.
Wie Descartes sieht, ist eine Proposition nicht nur passiver Wissenserwerb, sondern auch aktiv: Sie stimmt zu oder missbilligt. Darum ist das Urteil, das *judicium*, ein Modus des Willens, ein *modus volendi*.

Dass der endliche, menschliche Verstand dazu tendiert, mehr zu sagen, als er wahr machen kann, das ist der Grund für sein Defizit.
Irrtümer sind nichts Wirkliches, sie sind Defekte.
Die Methode, die *regulae ad directionem ingenii,* nötigt das Erkennen und Handeln, Defekte zu beheben – in einer Tendenz zur Perfektion.

In der mathematisch-mechanischen Welt der Subjekte und Objekte ist *Nichtigkeit* erfahrbar. Sie wird im Licht des *facere* erfahren – als Defekt.[57]
Ein Defekt ist eine Nichtigkeit, in der die Möglichkeit einer *perfectio* enthalten ist.
Nichtigkeit wird techno-logisch umschrieben, zugunsten einer nahtlosen Vereinigung von Subjekt und Objekt.
Descartes wird derart von Zweifeln geplagt, dass er den Boden unter den Füßen verliert und den Kopf nicht über Wasser halten kann – gleichwohl erfährt er dieses Nichtige so, dass es aufgehoben oder beherrscht werden will.

Das bedeutet einerseits: In der beherrschten und beherrschbaren Welt ist der Mensch getrieben von der Sorge um Ruhe, der Sorge darum, dass die Erfahrung – die der Abwesenheit von Perfektion – verschwindet. Das Nihil muss verbannt werden, damit eine vollkommene Einheit zwischen Denken und Sein erreicht wird.

Das deutet auf eine andere Seite der Nichtigkeit hin.
Sie ist nicht bloße Nichtigkeit, sondern tritt dem Menschen als solche entgegen *(obversari)*.
Menschen sind als eine Mitte zwischen Nichts und Gott konstituiert.
Das hat das Nichts veranlasst *(inducar)*.[58]
Nichtigkeit *veranlasst* zur fortlaufenden Perfektionierung der Technik.

Die Nichtigkeit ist offenbar eine Leere, die nicht nur Defekt ist, sondern auch das Anspornende einer Weise, wie Menschen und Dinge erscheinen, wie erkannt und gehandelt wird.
Mängel *rufen* danach, behoben zu werden.
Der Defekt *ruft* zur Perfektionierung auf.
Die Nichtigkeit ist das Anspornende der Technik.
Sie bewegt Mensch und Welt, indem sie beide auf techno-logische Weise erscheinen lässt.

Nichtigkeit ist eine Markierung der Hintergrundsemantik. Innerhalb der zunehmenden Perfektionierung braucht sie nicht mehr als solche zu erscheinen.
Die Nichtigkeit, zur Perfektionierung veranlassend, zieht sich selbst in Vergessenheit zurück.
Auch das ist eine Eigenart der Nichtigkeit selbst.
Aber ein Defekt ist es nicht.

II Die pragmatische Lebenswelt

4 Lebenspraxis

Im ersten Teil dieses Buches haben wir von einem Worthorizont rings um die erste mechanische Revolution gesprochen.
Falls es einen solchen Horizont überhaupt gibt – welchen Sinn hätte es, ihn zu beachten?
Was sind schon Wörter in der Epoche des Pragmatismus – sind sie noch etwas anderes als Arbeitseinheiten, die nach ihren Resultaten beurteilt werden?

Wie du es auch drehst und wendest: Die Einheit der Natur als Uniformität und die Einheit des Menschen als selbstständig denkendes Wesen mögen nah beieinander liegen – sie bleiben trotzdem voneinander getrennt.
Der ersten mechanischen Revolution ist es nicht gelungen, dem Ruf der gebrochenen Einheit nach Einswerdung zu folgen: Das menschliche Denken konnte nicht in die Mechanisierung aufgenommen werden. Das *ego cogito* bleibt eine nichtmechanische, geistige Instanz in einem unklaren Verhältnis zur mechanischen Natur.
Die Reduktion kommt vor dem menschlichen Denken zum Stehen.

In den Jahrhunderten nach der ersten mathematisch-mechanischen Revolution drang die große Reduktion schließlich bis zum *menschlichen Leben* vor, zu seiner Praxis und der *Welt*, in der es sich abspielte: der Alltagswelt.

Im *Pragmatismus* schließt sich die Kluft zwischen Denken und Welt. Die stets gesuchte Vereinigung von Mensch und Welt naht, indem sich das Pragmatische als die selbstverständliche Einheit erweist, in der sie stattfinden kann.

Nun verschwinden die metaphysischen Sorgen um die Kluft zwischen Denken und Natur, die noch das cartesische Denken zeichnen. Sie werden auf die Einheit des *pragma* reduziert.

Der Sinn »des Selben« kehrt sich um – auch in der menschlichen »Lebenswelt«. Keine unumstößlichen Identitäten, keine feste menschliche Natur, keine Adäquatheit zwischen Sein und Denken. Die basaltene Semantik felsenfester Fundamente und unerschütterlicher Durchsichtigkeit ist implodiert. Ist nicht überhaupt der Sinn des Unterschiedes zwischen den Dingen und ihrer Semantik am Horizont verschwunden?

Die metaphysische Welt lebte von der Sorge um Identität. Diese Sorge fällt in der Lebenspraxis weg.
Descartes wurde von metaphysischem Zweifel heimgesucht. Von solchen Heimsuchungen bleibt unsere Zeit verschont. Der Pragmatismus hat die Kluft geschlossen.
Das ist eigenartig an der pragmatischen Identität: Es gibt keine Sorge um sie. Was etwas ist, was du weißt, wer du bist – das ist alles schon pragmatisch entschieden.
Diese Sorglosigkeit betrifft auch den Pragmatismus selbst. Wie es um das Pragmatische dieser Praxis und ihren Lebenscharakter bestellt ist, was die pragmatische Art des Pragmatismus ist – das spielt keine Rolle. Der Pragmatismus kennt keine sinnvollen *Was-ist?*-Fragen.
Unter der Herrschaft der Lebenspraxis ist philosophische Besinnung ein aussichtsloses Unterfangen, es sei denn, sie dient selbst der Praxis.

Die Sorge um die Identität, um das Selbe, hat sich zurückgezogen.

Auch wenn ich jetzt nicht weiß, wie ich philosophisch fortfahren oder stehenbleiben soll – *eines* merke ich wohl: Etwas Undenkbares umkreist die Lebenspraxis. Spielend leicht bewege ich mich in ihr, aber Abstand zu ihr halten kann ich nicht.
Die auffälligste pragmatische Reduktion ist die der *Sprache.*
Sie nimmt Dinge, Menschen, ihre Umwelt und mich selbst auf – in eine Zirkulation, deren Identitätshorizont wegbleibt.

4.1 *Sprache als Lebenspraxis*

Im Angesicht der Einheit als *adaequatio* von Sein und Denken mussten Mensch und Natur aufeinander abgestimmt werden: Sie mussten in eine unerschütterliche Harmonie gebracht werden, innerhalb der neuzeitlichen Mathematisierung und Mechanisierung.
Die Möglichkeitsbedingungen für das Erkennen der Dinge mussten dieselben sein wie die Möglichkeitsbedingungen für die Dinge, glaubte Kant zu deduzieren.
Leibniz' *principium rationis* betraf die Kausalität der Natur und zugleich die Vernünftigkeit des menschlichen Erkennens, beide in ihrer wechselseitigen Harmonie.

Allmählich erwies sich die Harmonie von Erkennen und Natur als überflüssig.
Die Metaphysik rings um Mechanik und *mathesis universalis* war weggefallen.
Eine große Befreiung aus den eingerosteten platonischen Ketten kündigte sich an – im Gebrauch der Sprache, in der Technik, aber auch in der Kunst, die von nun an nicht mehr verpflichtet war, die Wirklichkeit zu imitieren.
Die befreite Sprache ist die des ungehemmten Handelns in einer entfesselten Lebenswelt.

Solange die Metaphysik herrschte, wurde die *adaequatio* von Mensch und Natur in der *Aussage* gesucht – dem Bild, das Sein und Denken aufeinander abstimmte.
Die Elemente der Propositionen waren zugleich die Elemente der Wirklichkeit, in einem gemeinsamen Bedeutungsraum.
Die Proposition, zusammengesetzt aus durchsichtigen und unumstößlichen Elementen (intuitiven Einsichten), machte es möglich, das Selbe und das Andere auf durchsichtige Weise zusammenzufügen und zu trennen *(Synthese* und *Dihairese)*. Die Proposition garantierte die Korrelation, die Wahrheitsrelation, zwischen Denken und Welt.
Am schönsten waren sprachfreie Propositionen. *Wenn* schon in Worte gefasst, dann mussten sie eine transparente und unveränderliche Struktur haben.

Descartes' Fundierung des naturwissenschaftlichen Wissens, dargestellt in seinem Baum der Erkenntnis, erwies sich bereits als eine doppelte Buchhaltung.
Wie gezeigt, ist pragmatischer Erfolg ein ausreichendes Kriterium für sinnvollen Sprachgebrauch.

Die Proposition in den Vordergrund zu rücken und ihre Durchsichtigkeit zu verlangen, das hemmt die Lebenspraxis. Die Sprache muss auf *alle möglichen Weisen* gebraucht werden – ob durchsichtig oder nicht. Die Sprache braucht kein Bild und keine Abbildung der Wirklichkeit zu sein. Sie ist eine Form von Handeln. Sie bezieht ihren Sinn nicht aus sich selbst, sondern aus den übrigen Handlungen, in die sie eingebettet ist.

> Unsre Rede erhält durch unsre übrigen Handlungen ihren Sinn.[1]

Wittgenstein vergleicht die Sprache mit einem *Werkzeugkasten* und nicht mehr mit einem *Bild* – ein Hinweis auf die Befreiung der Sprache aus der Macht der basaltenen Propositionalität. Die Werkzeuge *sehen* gleich *aus*, was jedoch verschleiert, dass sie den verschiedensten Zwecken dienen. Die erkennst du erst dann, wenn die Werkzeuge tatsächlich verwendet werden.

> Denk an die Werkzeuge in einem Werkzeugkasten: es ist da ein Hammer, eine Zange, eine Säge, ein Schraubenzieher, ein Maßstab, ein Leimtopf, Leim, Nägel und Schrauben. – So verschieden die Funktionen dieser Gegenstände, so verschieden sind die Funktionen der Wörter. (Und es gibt Ähnlichkeiten hier und dort.)
> Freilich, was uns verwirrt ist die Gleichförmigkeit ihrer Erscheinung, wenn die Wörter uns gesprochen, oder in der Schrift und im Druck entgegentreten. Denn ihre Verwendung steht nicht so deutlich vor uns. Besonders nicht, wenn wir philosophieren![2]

Die Praxis gibt das einzig sinnvolle Kriterium für den Sinn oder Unsinn von Sprache her: *Arbeitet* sie, oder *läuft sie leer*? Philosophische Probleme sind Verwirrungen ohne Inhalt, denn sie haben keine praktische Bedeutung, was die Arbeit der Sprache angeht.

> Die Verwirrungen, die uns beschäftigen, entstehen gleichsam, wenn die Sprache leerläuft, nicht wenn sie arbeitet.[3]

Wenn Bauarbeiter einander »Brett!« oder »Mörtel!« zurufen, brauchen sie keine Bilder oder Korrespondenzen aufzurufen. Die sprachliche Äußerung ist sinnvoll, wenn das Zeug angeliefert wird.
Sprache ist weniger die propositionale Wiedergabe einer Sachlage als vielmehr Instruktion oder Befehl.

Die Befehlsstruktur der Sprache zeigt sich in den Computer- und Gensprachen: Befehlssätze, die gelesen und ausgeführt werden oder nicht. Ob jemand dabei nachdenkt oder Bilder aufruft, spielt keine Rolle.
So wird die Proposition samt ihrem Wahrheitsbild pragmatisch reduziert.

Eine Frage ist eine Instruktion, Instruktionen zu erteilen. Eine Bitte ist eine freundliche Instruktion. Eine Mitteilung instruiert den Empfänger. Ein Gebet instruiert ein Überwesen, sein Verhalten zu ändern.

Du könntest sagen: Eine Aussage hat Paris zum Gegenstand, aber Paris selbst, genau wie die Autofahrt dorthin, handelt von nichts.
Demgemäß behauptet man in der sogenannten philosophischen Pragmatik (Austin, Searle), eine Aussage sei nicht nur eine *Tätigkeit (performance)*, sondern habe durchaus einen *propositionalen Inhalt*.
Kann sich die Metaphysik, die darin liegt, der großen Reduktion entziehen?

Beobachte die Makaken. Sie kennen verschiedene Laute für drohende Gefahren. Kommt etwas von oben, schreien sie anders, als wenn es von unten kommt. Tut es zur Sache, ob der Schrei einen Raubvogel oder einen Puma zum Inhalt hat? Es reicht, wenn auf den Vogel anders reagiert wird als auf das Landtier.

In der Epoche der Metaphysik bestand ein Wort aus einer physischen Hülse (einem gesprochenen oder geschriebenen Vehikel) und einem nichtsinnlichen Inhalt.
Es gab einen Unterschied zwischen dem *Noetischen* und dem *Noematischen* (Husserl), zwischen *Signifikant* und *Signifikat* (De Saussure), zwischen *Sinn* und *Bedeutung* (Frege).

Dieser immer wiederkehrende metaphysische Unterschied ist wegreduziert.
Das Problem dieser Sprachtheoretiker: Sie betrachteten Sprache, eine Form von Lebenspraxis, auf eine *theoretische* Weise.

Nietzsche bemerkt, dass das naturwissenschaftliche Ideal eines reinen und zweckfreien Sprechens verlogen ist. Es verbirgt seinen eigenen Willen zum Einverleiben und Überwältigen.
Nietzsche sieht darin nihilistische Konsequenzen.
Die Wissenschaft schaffe nur eine verkürzte Zeichensprache zum Zweck der Berechenbarkeit der Natur. Diese Zeichensprache bringe keine echte Einsicht, sondern sei ein bloßes *Bezeichnen*, ein abgekürztes Beschreiben. So werde die Naturwissenschaft nichts wirklich *erklären*.[4]
Da spielt die vergangene metaphysische Identität hinein. Nietzsche ahnt zwar den pragmatischen Überlebenscharakter der Sprache, aber er sucht immer noch nach einer dahinter liegenden Wahrheit oder Wirklichkeit, die nicht nur beschrieben, sondern wirklich erklärt wird.

Sprache hat Zeichencharakter.
Zeichen sind Signale und als solche manipulativ.
Der Übergang von der Manipulation durch Muskelkraft zur Manipulation durch ein Signal ist fließend.
Durch ein Signal wird jemand *indirekt* manipuliert, indem es sich in seine Wahrnehmung und sein Denken einnistet.
Eine Frau mit Gewalt entführen, das ist eine Möglichkeit, aber eine riskante. Sie durch Signale so zu beeinflussen, dass sie »freiwillig« mitgeht, das ist manchmal einfacher.
Die Manipulation durch Sprache ist indirekt, schließlich kann sich die Frau zurückziehen.
Das heißt aber nicht, dass sie nach dem geistigen Inhalt der Worte ihres Verführers sucht.
Sie spürt Manipulationsversuche auf (Grund für den propositionalen Sprachgebrauch), das heißt: Sie berechnet Wahrscheinlichkeiten in Bezug auf sein zukünftiges Handeln.
Aboutness finden ist nichts, was außerhalb dieser Wahrscheinlichkeitsrechnung geschieht – *so* muss dieses Wort reduziert werden.

Ein typischer Signalaustausch: Sender A gibt Signale, die Empfänger B manipulieren; B macht einen Schritt zurück. Er spürt auf. Damit beginnt die theoretische Aussage: Abstand nehmen, um besser handeln zu können. *Reculer pour mieux sauter.*
Was der Metaphysik der propositionalen Sprache entgeht: Die theoretische Einstellung ist als *Einstellung* selbst eine zweckbestimmte Handlung.

Die theoretische Proposition lebt vom Stellen: Etwas wird vorgestellt, um es sicher- und festzustellen.
Stellen ist der pragmatische Sinn jeder noch so distanzierten Proposition, *jeder* Theorie.
Die philosophische Aussage ist *echt* theoretisch: Sie hat keinen Handlungskontext. Also ist sie sinnlos.
Zeichen philosophisch zu beschreiben erzeugt unlösbare Rätsel wie das ihrer *Aboutness.*

Wer mit Pierce sagt, ein Zeichen *stehe für etwas anderes,* der irrt.[5]
Schlägst du diesen Weg ein, landest du bei einem metaphysischen *intentum.*

Achte auf den Blinker deines Autos. Was macht dieses Signal? Es manipuliert die Wahrnehmung der Verkehrsteilnehmer. Es zeigt weg von sich selbst und in die Richtung, in die das Auto einbiegen wird.
Ob erfolgreich oder nicht, zeigt sich in der Reaktion der Verkehrsteilnehmer – nicht in dem, »wofür es steht«.

Das Pragmatische eines Zeichens liegt in der Aufnahme durch einen Empfänger. Seine Bedeutung, bemerkt Peirce, ist nicht vom Sender, sondern vom Empfänger abhängig – dem *Interpreten.*[6]
Eine Gewitterwolke will nichts sagen, sondern ist ein Zeichen, weil sie als solche interpretiert wird.
Der Sternenhimmel und der Lauf der Sonne wollen nichts sagen. Sie wurden zu Zeichen, als Zugvögel sich an ihnen zu orientieren begannen und sich so manipulieren ließen.

Aber auch dem Interpreten ist nicht freigestellt, wie er ein Zeichen interpretiert. Die Aufnahme eines Zeichens ist bestimmt durch eine lange Geschichte von pragmatischen Erfolgen und Fehlschlägen.

Ein Zeichen sagt nichts, solange du nicht weißt, wie es lebt. Es lebt ausschließlich in der Praxis. Nur da zeigt sich, dass das Verkehrsschild »Fahrrad frei« nicht auf eine *Fahrradklau-Duldungszone* hinweist, auch wenn es jemand gerne so auslegen wollte.

Wittgenstein hat es zusammengefasst: Wissen ist kein Zustand und noch viel weniger ein geistiger Zustand. Wissen ist ein Handlungsvermögen: *wissen, etwas zu tun*. Wissen, das ist: eine Technik beherrschen. *So* ist die Grammatik unser aller Pragmatismus beschaffen.

> Die Grammatik des Wortes »wissen« ist offenbar eng verwandt der Grammatik der Worte können«, »imstande sein«. Aber auch eng verwandt der des Wortes »verstehen«. (Eine Technik »beherrschen«.)[7]

Eine Sprache verstehen, das ist nicht: eine Einsicht haben, Bilder sehen oder Intentionen haben, sondern: eine Sprache gebrauchen können – eine Frage der Technik.

> Einen Satz verstehen, heißt, eine Sprache verstehen. Eine Sprache verstehen, heißt, eine Technik beherrschen.[8]

Aussagen sind aus Zeichen zusammengesetzt. Ein bloßes Zeichen, für sich genommen, scheint tot zu sein, ohne Bedeutung.
Daher kam der Gedanke auf, ein Zeichen müsse eine nichtphysische Bedeutung haben und der Empfänger ein geistiges Deutungsvermögen.

Ein Zeichen allein ist tot, aber nicht weil ihm der Geist fehlt, sondern weil es in Gepflogenheiten lebt, im regelmäßigen Gebrauch.

> Jedes Zeichen scheint allein tot. Was gibt ihm Leben? – Im Gebrauch lebt es. Hat es da den lebenden Atem in sich? – Oder ist der Gebrauch sein Atem?[9]

4.2 *Sprache und Grammatik*

Hat Carnap es nicht deutlich gezeigt: Sprache ist letztlich nicht von der Art der Dinge, sondern ein semantischer Rahmen, ein *framework*?

Wird damit nicht klar: Die Möglichkeit, verschiedene Dinge als das Selbe zu sehen, die Identität, ist selbst *kein* Ding?
Beansprucht der Pragmatiker nicht auch die Differenz zwischen den Dingen und ihrer Semantik, wenn er das Spiel von den Regeln unterscheidet, die Sprache von der Grammatik, das Leben von den Lebensformen?
Ist das Wesentliche pragmatisch zu reduzieren?

Du kannst Vögel nach dem Linnéschen System einteilen.
Aber wenn du Seuchen bekämpfst, unterscheidest du fliegende Ratten von unschuldigem Federvieh.
Was wesentlich ist, bestimmt die Praxis.
Wozu der Unterschied zwischen der veränderlichen Wirklichkeit und der unveränderlichen *idea*?

Du siehst das Blatt einer Seerose, eine grüne Ampel und einen Eimer grüner Farbe.
Du würdest sagen: Es steht fest, dass du diese drei Dinge unter dem Nenner *grün* zusammenbringen musst.
Aber so ist es nicht. Unter anderen Umständen wird relevant sein, dass diese drei Dinge *rund* sind.
Wie Dinge zusammengebracht und unterschieden werden, bestimmt die Lebenspraxis – Wesen sind reduzierbare Produkte der theoretischen Einstellung.

Was sorgt dafür, dass ein grünes Kleid und eine Gurke *dieselbe* Farbe haben? Was ist das Grünsein? Laut Platon eine *idea,* laut Carnap ein *framework* nicht von dieser Welt.
Grünsein, pragmatisch reduziert, ist das Farbmuster, das du von deinem Anstreicher bekommst, wenn du dein Haus aufmöbelst. Das Muster ist weder die materialisierte Idee des Grünen noch eine Semantik, sondern hat eine Funktion im Handlungskontext: Es dient als Vorbild oder Maß.

Ein Farbmuster dient der menschlichen Praxis als ein bestimmtes Instrument. Manche Dinge lassen sich messen, andere dienen als Maß dafür. Deren Maßfunktion besteht in der folgenden Praxis: Einen Messfehler akzeptieren wir nicht!

Es ist sinnlos zu fragen, ob ein Farbmuster für Olivgrün selbst olivgrün sei.[10]

Die Länge des Pariser Urmeters war nicht messbar – nicht, weil das Urmeter die durchsichtige, unumstößliche *idea* des Meters repräsentierte, sondern weil es als Vorbild diente.

Die pragmatische Reduktion ist nicht gierig. Der Unterschied zwischen Dingen und Wesen wird beibehalten – aber nicht durch einen metaphysischen Sonderstatus. Es gibt zwei Weisen zu handeln. (Auch der Unterschied zwischen diesen Handlungsweisen ist durch die Praxis bestimmt.)

Lebt der Pragmatismus nicht vom Unterschied zwischen den Dingen und ihren pragmatisch nicht zu reduzierenden Aspekten?

Die *idea* ist im Pragmatismus zum Bild geworden.
Ein Bild ist weder Abbildung noch sinnlicher Ausdruck einer nichtsinnlichen Bedeutung (Sinnbild).
Daran denke ich nicht, wenn ich über bildende Kunst spreche, über die Macht der Einbildung oder über den Manager, der *im Bilde* ist.
Ein Bild ist keine Abbildung, sondern ein Konzentrationspunkt, der die Aufmerksamkeit der Umstehenden manipuliert.

In der Epoche der Metaphysik ging es um die Konzentration des Vielfältigen in der einen Identität. Dieser Konzentrationspunkt hieß *idea*, Anblick – Bild.
Der Anblick war kein Bild im Sinn einer Abbildung, sondern Vorlage, Modell für das, was dank diesem Vorbild ins Bild kam, um herausgebildet, das heißt hervorgebracht zu werden.

Das Bild als Konzentrationspunkt ist im Pragmatismus reduziert, aber nicht verschwunden. Das Bild ist eine *conditio sine qua non* für die Praxis, die immer wieder neue Gesichtspunkte braucht, um Fortschritte zu erzielen.

Du könntest denken: Aspekte oder Perspektiven gehören nicht zum »Inventar der Welt«, weil sie das *Verhältnis* zwischen Welt und Akteur betreffen.

In diesem Sinn sprichst du von einem Menschenbild (dem humanen Menschen) oder Weltbild (der liberalen Ideologie).
Hat sich damit die Metaphysik durch die Hintertür wieder eingeschlichen?

Ein Bild geht zugrunde, ein neues entsteht.
Das kann Identitätsumschlag heißen: Nicht das Ding verändert sich, sondern sein Aspekt.
Ein harmloses Beispiel ist der Necker-Würfel, den du aus der Perspektive von rechts oben oder von links unten sehen kannst – oder zweidimensional.
Ein Umschlag im Anblick. Du siehst den Würfel anders.

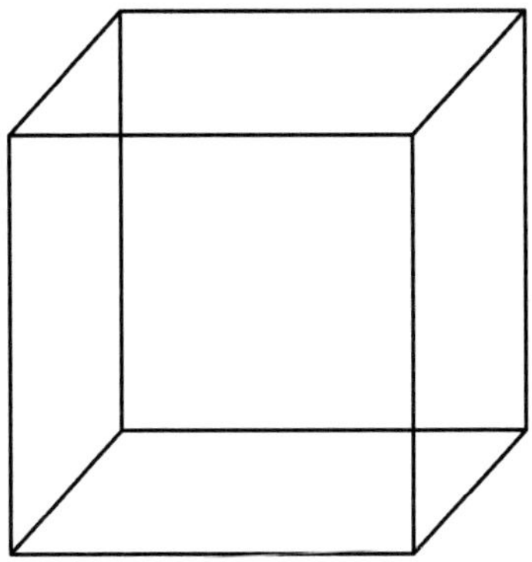

Necker-Würfel

Ist der Aspekt eine metaphysische Untergrabung des Pragmatismus?
Dawkins' Buch *The Selfish Gene* leistete einen Beitrag nicht zur Biologie, sondern zu ihrer Semantik – dem Bild des Lebens.
Bis zu seinem Erscheinen betrachtete die Biologie den individuellen Organismus als das Zentrum der Evolution. Das brachte Probleme mit sich: Warum sollte sich ein Organismus für seine Verwandten aufopfern?
Dank Dawkins und seinen Vorgängern ist der Aspekt der Biologie umgeschlagen. Dawkins betrachtet nicht den Organismus, sondern das *Genom* als die Überlebenseinheit. Das Gen vervielfältigt sich und benutzt Organismen als Vehikel für seine Selbstverbreitung.

Dawkins sagt es selbst: Der Aspektwechsel hat einzig den Sinn, die biologische Forschung aus einer semantischen Sackgasse herauszuführen. Sein Sinn ist pragmatisch.

> Oft liegt der wichtigste Beitrag, den ein Wissenschaftler leisten kann, weniger darin, eine neue Theorie vorzuschlagen oder eine neue Tatsache zutage zu bringen, als vielmehr eine neue Sichtweise auf alte Theorien oder Tatsachen zu entdecken. Das Modell des Necker-Würfels ist irreführend, denn es lässt glauben, beide Sichtweisen seien gleich gut.[11]

4.3 *Die Praxis des Erkennens und das Erkannte*

Wann *weißt* du etwas?
Nicht, wenn du ein Bild davon hast oder dich in einer unbezweifelbaren Durchsichtigkeit befindest.

Wissen, das ist wissen *etwas zu tun*: können.
Nicht, wenn du ein Bild eines Schachzugs hast, weißt du, was Schach ist, sondern wenn du geschickte Züge machst und regelmäßig gewinnst.

Entscheidend ist nicht, ob etwas wahr ist, sondern ob hinreichend darauf vertraut wird, dass es in der Praxis funktioniert.
Nietzsche zeigt: Relevant ist nicht die *Wahrheit von*, sondern das *Vertrauen zu* der Logik oder den Kategorien – und der *Nutzen*, der sich daraus ergibt.
Praxis hängt mit *Nutzen* zusammen.

> alle unsere Erkenntnißorgane und -Sinne sind nur entwickelt in Hinsicht auf Erhaltungs- und Wachsthums-Bedingungen
> das Vertrauen zur Vernunft und ihren Kategorien, zur Dialektik, also die Werthschätzung der Logik beweist nur die durch Erfahrung bewiesene Nützlichkeit derselben für das Leben: nicht deren »Wahrheit«.[12]

Das metaphysische Verlangen nach einer unverrückbaren Welt der *ideae* ist eine Projektion des praktischen Bedürfnisses nach Beständigkeit im Leben.

Damit ist das *principium rationis* auf praktisch sinnvolles Begründen reduziert, und das hat ein Ende.
Ein vernünftiges Fundament für dein Handeln suchen – das hört schnell auf: da, wo es in deinem Handeln unerheblich wird. Irgendwann musst du sagen: So handeln wir eben, wir Menschen. Weiteres Begründen wird zum leerlaufenden Rad in der Maschinerie.

Was ist Wissen?

> Wenn das heißt »Habe ich Gründe?«, so ist die Antwort: die Gründe werden mir bald ausgehen. Und ich werde dann, ohne Gründe, handeln. Habe ich die Begründungen erschöpft, so bin ich nun auf dem harten Felsen angelangt, und mein Spaten biegt sich zurück. Ich bin dann geneigt zu sagen: »So handle ich eben.«[13]

In der Schule lernst du, Zahlenreihen fortzusetzen. Diejenige Fortsetzung, die man für richtig hält, ist nicht rational, sondern ergibt sich aus einer nützlichen Gewohnheit. Kein rationaler Grund spricht dagegen, die Reihe 2 4 6 8 mit 15 fortzusetzen – es wäre nur nicht effektiv. Wer so handelt, wird bald aus der menschlichen Gemeinschaft verstoßen werden.
Abrichtung ist der Grund, die Reihe so und nicht anders fortzusetzen.

Dass Gründe weniger *rationes* als vielmehr Lebensbedürfnisse sind, daran stört sich außer dem Metaphysiker niemand.

Bedeutet das, es gibt Lebens*formen*?
Du kannst von Lebensformen sprechen, sofern du sie nicht als Gegenstück zu den kantischen Formen der Anschauung und des Denkens betrachtest.

Was sind die *Dinge*, die du wohl oder nicht gebrauchst und kennst?
Sie sind *pragmata*.
Was sie sind, bestimmt sich aus ihrer Funktion, aus ihrer praktischen Brauchbarkeit. Wittgenstein bemerkt: Ein Besen ist zum Fegen da. Es ist unsinnig, diesen Gebrauchsgegenstand in Stiel und Bürste zu zerlegen.[14]
Es gibt nicht *die* eine Zerlegung in letzte Elemente, die zeigen würde, was ein Ding eigentlich ist.

Wie und wie weit analysiert wird, hängt vom *Nutzen* der Analyse und Rekonstruktion ab.

Ein Ding ist seine *Wirkung*.
Der Horizont, in dem Dinge wirken, heißt *Wirklichkeit*: die Umgebung für das Wirken. Der Sinn dieses Horizonts ist selbst Wirkung. Ding und Horizont unterscheiden sich ausschließlich in ihrer Wirkungsweise.

Platons Gedanke, ein Ding sei identisch mit sich selbst (also in sich selbst durch seine Identität gezeichnet), wird durch Wittgensteins Pragmatismus lächerlich gemacht.
Das Paradigma der metaphysischen Identität, so Wittgenstein, ist die Identität eines Dinges mit sich selbst.
Anders gesagt: Das pragmatische Wesen eines Dinges kann und braucht nicht zur Sprache kommen – ein Ding und sein Wesen sind beide das Selbe.

> »Ein Ding ist mit sich selbst identisch.« – Es gibt kein schöneres Beispiel eines nutzlosen Satzes, der aber doch mit einem Spiel der Vorstellung verbunden ist. Es ist, als legten wir das Ding, in der Vorstellung, in seine eigene Form hinein, und sähen, daß es paßt.[15]

Der Unterschied zwischen *Sein* und *Seiendem* lässt sich pragmatisch vernichten.
Wir gebrauchen »sein« als Kopula (»der Stein ist rot«) und glauben, es gebe so etwas wie *Sein*.
Das Russische lässt die Kopula weg (»Stein rot«).
Wo ist der Unterschied?

4.4 Menschen und Akteure

Wer bewohnt die pragmatische Sprache in der pragmatischen Welt? Der pragmatisch reduzierte Mensch, der keine Selbstständigkeit und keine reflexive Durchsichtigkeit mehr braucht.

Früher, im Zeitalter der Metaphysik, musste ein Mensch ein *ego cogito* sein.

Wie hättest du sprechen, denken, handeln oder Zeichen geben können, wenn nicht bewusst und intentional? Denken konntest du nur dann, wenn das *Ich-denke*, also die Reflexion, dein Denken immer gratis begleitete.
Menschen mussten selbstständig sein, um urteilen zu können.

Das Übernatürliche der Sprache war in der Epoche der Metaphysik unerlässlich, denn wer sprach, musste wissen, was er meinte und worauf er hinaus wollte, sonst war seine Sicherheit untergraben.
Sprechen und Handeln waren *intentional.*
In der theoretischen Einstellung stellt man sich Intentionalität als Strahlverbindung zwischen Subjekt und Objekt vor – ein gefundenes Fressen für die große Reduktion.

Das Beispiel des Etagenbewohners. Über ihm ist man mit einem Schlaghammer zugange, unter ihm spielt jemand eine Sonate. »Ich will, dass dieser Lärm aufhört!«, ruft er. Sein Besucher rennt nach oben und lässt das Hämmern stoppen.
»Aber ich meinte nicht den Schlaghammer, ich meinte das Klavier.«
Wie hat der Etagenbewohner das gemacht – ohne einen intentionalen Laserstrahl?

Intentionen müssen pragmatisch reduziert werden. Sie sind keine Vorgänge und stellen keine Verbindungen her. Das Intentionale ist das Handeln des Bewohners, bevor und nachdem das Hämmern gestoppt hat. Er hört zum Beispiel auf zu nörgeln, wenn eine der beiden Lärmquellen verstummt.

Natürlich kann es nützlich sein, auf deinen Zeichengebrauch zu achten. Aber kommen dabei Bewusstsein oder Bild hinzu?
Aufmerksamkeit, das ist: Rechenraum zuweisen, um das Handeln besser vorausberechnen zu können.

Bewusstes oder absichtliches Handeln, wie es in Gerichtsprozessen eine Rolle spielt, das ist aufmerksames Handeln, Rechenraum zuweisen. Der Unterschied zwischen einer absichtlichen und einer versehentlichen Handlung ist nicht psychologisch. Eine absichtliche Tat ist durchgerechnet und lässt auf ein größeres Rückfallrisiko schließen.
In der Epoche der Metaphysik musste ich das, was ich dachte, denkend

begleiten: Reflexion war die durchsichtige Grundlage für das Erkennen.
Ich dachte, also war ich.

Der Gebrauch der ersten Person Singular ist grammatisch gesehen nicht zu bezweifeln. Wenn ich sage: »Ich habe Schmerzen«, dann kann niemand an der »Wahrheit« dieser »Aussage« zweifeln.
Liegt das an der Durchsichtigkeit des *ego cogito*?
Natürlich nicht. Wenn ich die erste Person Singular in Bezug auf mich selbst gebrauche, dann beschreibe ich nichts und sage nichts aus, sondern ich *äußere* meinen Schmerz.[16]
Äußerungen kannst du nicht anzweifeln, weil sie gar keinen Anspruch auf Wahrheit erheben.

Die propositionale Form der Äußerung »Ich denke« beschwört einen körperlosen Zugang zu einem körperlosen Subjekt herauf.

Die Frage, ob der Mensch ein Subjekt sei und einen Sonderstatus in den großen Handlungskontexten einnehme, ist pragmatisch irrelevant.
Menschen wie Dinge bestehen als Funktionalität.
Subjekte und Objekte wachsen aneinander, beide sind praktische Funktionalität.
Im Pragmatismus entpuppt sich das Subjekt-Objekt-Verhältnis als überflüssige metaphysische *adaequatio*.

Kant unterscheidet zwischen *Sachen* und *Personen*. Personen dürfen im Gegensatz zu Sachen nicht ausschließlich als Mittel gebraucht werden: Sie müssen auch Zweck an sich selbst sein.
Dieser humane Gedanke ist pragmatisch reduziert.

Pragmatisch gesehen gibt es keinen Zweck an sich selbst – die Praxis selbst ist der einzig mögliche Endzweck.

Hannah Arendt sagt: Solange du jemanden als Mittel gebrauchst, erkennst du ihn noch an.
Nicht, Menschen als Mittel zu gebrauchen, sondern sie überflüssig zu machen – das ist das radikal Böse, das keinen Unterschied kennt zwischen dem Zertreten einer Mücke und dem Liquidieren einer Schar von Menschen.

Kein Tag vergeht, an dem du nicht deine eigene Überflüssigkeit spürst: Pragmatisch gesehen bist nicht du der Zweck, sondern die Fortsetzung deines Handelns (Erfolg). Bleibt die aus, hat es dich nie gegeben.

Die Überflüssigkeit der Menschen beschränkt sich nicht auf Konzentrationslager, vielmehr ist sie der Kern der heutigen liberalen Staatsform.
Wie sollte Philosophie etwas anderes sein als eine Bestätigung dieser Überflüssigkeit?

Es ist ein aussichtsloses, weil längst reduziertes Unterfangen, zwischen *Wert* und *Würde* eines Menschen zu unterscheiden.
Wie solltest du eine Würde bewahren, die sich nicht pragmatisch bewerten ließe – und dennoch nicht an die implodierte Metaphysik gebunden sein dürfte!

Im *Recht* herrschte einst die metaphysische Unerschütterlichkeit des *Gesetzes* – des Pendants zur platonischen *idea*.
Das Gesetz kann, pragmatisch betrachtet, nicht alle seine Anwendungen vorhersehen. Es wird zum Klotz am Bein, wenn es rücksichtslos angewandt wird.
Die pragmatische Reduktion macht das Gesetz, das unumstößliche Recht, flexibel.

Mittels einer besonderen Form von Vernunft wusste der Mensch die Würde seiner selbst und des Rechts zu wahren: Die Klugheit *(prudentia)* sollte zwischen dem allgemein gültigen Gesetz und dem unvorhersehbaren Einzelfall vermitteln.
Das Maß für diese »Vermittlung« hieß *Vernunft* und *Billigkeit*. Der Richter sollte rational sein, indem er Interessen *abwägt*.
Die Bedeutung dieser Wörter muss pragmatisch reduziert werden: Die metaphysische Starre verflüssigt sich, damit die Lebenspraxis effizient und ungehindert weitergehen kann. Ist da noch mehr?

Es gibt kein *Abwägen*, denn es fehlt die Waage zum Messen. Trotzdem sind die getroffenen Entscheidungen berechenbar: Sie werden den Weg des geringsten pragmatischen Widerstandes einschlagen, um reibungslose Handlungsabläufe zu gewährleisten.
Das fiktive Vermögen des Abwägens, die Klugheit, ist eine Rationali-

sierung der herrschenden Praxis. Sie soll die Würde des juristischen Amts und der Vernunft inmitten der pragmatischen Reduktion retten.

4.5 Reduktion der Philosophie

Der Pragmatismus ist abgeschlossen, die Philosophie zu Ende.
Das Begründen endet da, wo es nicht mehr lebensnotwendig ist.
Wesen haben sich in Handlungsmöglichkeiten aufgelöst.
Das Verhältnis von Mensch und Natur ist Praxis und braucht nicht weiter durchdacht zu werden.
Es steht fest, wer ich bin, sofern ich etwas bin: ein mehr oder weniger nützliches Rad in der Maschinerie der Gesellschaft.

Die Philosophie kann noch fortbestehen, indem sie das Leben aus den Ketten der Metaphysik befreit: Auto-Exorzismus aus der metaphysischen Verhexung als Schmiermittel für den technischen Fortschritt.

Die Probleme der Philosophie sind gelöst, nicht wie Rechenaufgaben, sondern wie Zucker im Wasser. Sie entpuppen sich als Scheinprobleme.

Du hast ein metaphysisches Problem, zum Beispiel in Bezug auf deine eigene Identität als Mensch. Was ist das Bleibende in mir, wodurch ich immer denselben Namen behalte?
Denkst du so, dann hast du dich in ein Spukhaus begeben, das keinen Ausgang hat, weder durch die Tür, noch durch die Fenster, noch durch den Schornstein.
Was du tun solltest: dich umdrehen und weggehen.
Warum dich selbst in einer theoretischen Betrachtung als Quasisubstanz auffassen?

Die alte Philosophie ist ein leerlaufendes Rad in der Maschinerie des Lebens.
Wolken von Metaphysik sind zu einem Tröpfchen Sprachlehre kondensiert, zum Wohle des Lebens.

Ist der Pragmatismus abermals ein Ismus und somit eine Philosophie?
Wer von der metaphysischen Krankheit geheilt ist, bekommt statt

ihrer keine neue. Ein Horizont implodiert, ohne einen neuen zu erzeugen.

Die pragmatische Reduktion bietet eine kahle, aber befreite Welt.
Die metaphysischen Ruinen werden beseitigt, und ein Terrain mit enormen Handlungsmöglichkeiten tritt zutage.

Um den Pragmatismus selbst ist es indessen eigenartig bestellt.
Sobald ich zu schauen versuche, in welcher Welt ich mich befinde und wer ich selbst darin bin, ist der Pragmatismus offenbar schon da gewesen.
Er ist a priori, das heißt uneinholbar, immer schon da, wo ich zu denken beginnen wollte.
Es gelingt mir nicht, bei ihm zu verweilen. Dazu besteht auch keine Notwendigkeit.

Allenfalls spüre ich eine Kreisbewegung: Ich werde von Pontius zu Pilatus geschickt.

Die *Sprache* ist Praxis. Sie ist Sprach*gebrauch*, Sprach*handlung*, Sprech*akt*.
Eine Form von Handeln ist auch die *Grammatik* der Sprache, auf die das Wesen reduziert ist.
Wissen von der Welt zu erlangen ist eine Praxis. Die Grammatik des Wortes *wissen* ist verwandt mit derjenigen der Wörter *können, imstande sein, eine Technik beherrschen.*
Die vormalige *Welt* ist ein pragmatisches Feld: Wirklichkeit.
Die *Dinge* darin sind ihre Funktionalität.
Dein *Nachdenken* über die Zirkulation zwischen Sprache, Verhalten, Regeln, Wissen, Wirklichkeit und Dingen – dieses Nachdenken ist selbst Teil der Panpragmatik: Vertreibung dessen, was überflüssig ist, um das Leben zu erleichtern.

Die Lebenspraxis kreist um einen blinden Fleck, das Auge des Tornados.
Ich kann den blinden Fleck aber nicht als *meinen* betrachten, das wäre kontraproduktiv.

Einst war Wittgenstein verhext vom Bild der Sprache als Bild.
Ist der Pragmatismus selbst ein Bild, eine Verhexung?

Am Ende seines Lebens sagt Wittgenstein:

> Ich will also etwas sagen, was wie Pragmatismus klingt.
> Mir kommt hier eine Art Weltanschauung in die Quere.[17]

Inmitten der Selbstverständlichkeit seines philosophischen Exorzismus kommt ihm etwas in die Quere: *dass der Pragmatismus ein Ismus ist.* In der Vollendung des Pragmatismus – überall ist er schon da gewesen – tritt Wittgenstein der *Horizont* des Pragmatismus als Aporie vor Augen.

Eine Alternative zum Pragmatismus gibt es jedoch nicht, schon gar keine Rückkehr der Metaphysik.
Der Pragmatismus mag ein Weltbild sein, aber er ist kein Necker-Würfel, den man beliebig hin und her schieben könnte.
Die große Reduktion tendiert dazu, Welten implodieren zu lassen, die nicht wiederkommen werden: *down to earth.*
Wittgenstein sagt: Die Tendenz ist Destruktion – aber zerstört werden nur metaphysische Luftgebäude.

> Es sind nur Luftgebäude, die wir zerstören, und wir legen den Grund der Sprache frei, auf dem sie standen.[18]

Ist das alles?
Der Punkt ist: Der Pragmatismus *verweigert* die Möglichkeit, in seinem Umfeld nachzudenken.
Was hat *das* zu bedeuten? Ist das ein Hinweis auf den Horizont, der mitten in der Totalität des Pragmatismus auftaucht?

4.6 *Erleben und Erfahren*

Obwohl das cartesische Subjekt mitsamt seiner Sicherheit gegenüber der beherrschten Natur pragmatisch reduziert ist, geistert es weiterhin durch den Pragmatismus.

Das Handeln hat seinen Ursprung nicht in sich selbst. Es ist eingebettet in Regelmäßigkeiten und Möglichkeiten des menschlichen *Lebens.*
Das *Leben* bestimmt, wo das rationale Begründen aufhört.

Lebensformen sind unabhängig von Beurteilungen und menschlichen Meinungen. Sie sind animalisch – auch wenn sich das pragmatisch nicht sagen lässt.

Gibt es eine Möglichkeit, das durchlebte Leben der indifferenten Dürftigkeit des Pragmatismus gegenüberzustellen? Kann das durchlebte Leben die berechnende Kälte des Pragmatismus durchbrechen?

Das durchlebte Leben hofft darauf, die Macht des technisch-wissenschaftlichen *Rechnens* zu sprengen.
Nietzsche nennt die Angst vor Unberechenbarkeit den Hinterinstinkt der Wissenschaft: ihr Verlangen nach Sicherheit und Ruhe gegenüber allem, was Furcht erregt. Der Pragmatismus war die Erstickung dieser Angst.

Wer sehnt sich nicht nach einem wahrhaft lebendigen, dionysischen Riss durch die pragmatische Öde?
Kein Wunder, dass die *Kunst* – das Entwerfen neuer Lebensperspektiven – höher geschätzt wird als Wahrheit.

Du verlangst nach einem musikalischen Kick. Schlagzeug und Bass hörst du nicht nur, sie lassen auch deine Eingeweide mitvibrieren.
Ein Haufen Körper, durch den deiner hindurchgleitet.
Du atmest einen Biernebel ein, der die Mitte hält zwischen Flüssigkeit und Dampf.
Du gerätst außer Rand und Band und glaubst zu *leben* – für einen Moment befreit von deiner stumpfgerechneten Existenz.

Wie wolltest du der Berechnung entkommen?
Der Ausbruch ist Bestandteil deines durchgerechneten Lebens: das notwendige Auftanken für den nächsten Arbeitstag.

Die Kunst entwirft neue Perspektiven, gesteigerte Lebensmöglichkeiten.
Der Zwang zur Imitation, die platonische *mimesis*, ist weggefallen.
Künstlerische Grenzen und Konventionen werden überschritten, *pour épater le bourgeois*. Den aber gibt es nicht mehr.
Ströme von gelangweilten Besuchern bevölkern die Museen, Erlebnishungrige.

Der Unterschied zwischen Kunst und Wahrheit hat Abschied genommen.
Die Kunst ist eine Tretmühle, eine ewige Wiederkehr des Gleichen.
Die Wissenschaften bilden nicht die Wirklichkeit ab, sondern leben selbst von der Macht der Einbildung.
Sie entwerfen. Die Imagination ist Bestandteil der Wissenschaften, sie dient der allgemeinen Pragmatik, der kunstvollen Verwandlung der Welt.

Inzwischen ist die Kunst Kultur*betrieb* und gehört als solcher zur Betriebsamkeit des Lebens.

Im Reichsmuseum für Altertümer in Leiden steht der ägyptische Tempel von Taffeh. Du siehst ihm an, dass er einst ein Zentrum einer Bedeutungswelt von Opferungen war, eine Brücke zu dem, was über das Menschliche hinausging, dem Tragenden der Erde.
Hier versammelte sich ein Horizont, der nicht direkt, sondern nur verhüllt erschien, in den Steinen des Tempels.
Heute wirken die Öffnungen des Tempels leer. Seine Welt ist eingestürzt. Pragmatisch reduziert.
Und es fehlt nichts. Wissenschaft und museale Erlebnismaschinerie können den ehemaligen Ort und die Bedeutung des Tempels restlos rekonstruieren.

Dein Erfahren ist Erleben.
Erleben ist pragmatisch: Es fördert das Leben und wird seinerseits vom Leben aufgepeitscht.
Jedes Erlebnis muss ein früheres übertreffen.
Zugleich bringen Erlebnisse die Ruhe einer bestimmten Indifferenz: Du wirst gleichgültig gegenüber der Identität deiner selbst und der Dinge, was wiederum die Lebenspraxis fördert.
Erlebnisse, die in echte Erfahrungen umzuschlagen drohen, werden homöopathisch verarbeitet.

Ein Erlebnis ist diejenige Erfahrung, die ein Bestandteil deines Lebens ist, das qua Bedeutung schon feststeht. Ein Erlebnis ist und bleibt Eigentum des Trägers, deiner selbst. Du bleibst in deiner Identität unangetastet.

Die pragmatische Welt ist ein Museum, das dich von einem Erlebnis ins nächste jagt, ohne dass du selbst auf dem Spiel stündest.
Auch deine pragmatische Welt gerät keinen Augenblick lang aus ihren Fugen.
Rings um das Erleben herrscht Gleichgültigkeit.

Ein erster Hinweis auf die Stille rund um die Identität des Pragmatismus. Was in ihm erfahren wird, ist selbst pragmatisch gezeichnet.
Wenn das Erleben neue Perspektiven eröffnet, dann sind sie pragmatisch sinnvoll.
Perspektivenwechsel garantieren, dass das Leben weitergeht, denn ohne Erneuerungen würde es seine Energie verlieren.

Wahrheit und Kunst sind beide pragmatisch, beide dienen der Aufrechterhaltung des Lebens.

Einerseits bleibt der durchlebte Pragmatismus in einem transformierten Cartesianismus verfangen: Die Unbezweifelbarkeit des *ego*, das zum *ego vivo* geworden ist, bleibt unangetastet.
Das Durchleben des Pragmatismus dient andererseits dem Fortgang des Lebens und damit dessen Sicherstellung.

Dass der Cartesianismus in seiner Reduktion weiterhin durchscheint, zeigt der Überrest der ehemaligen Ideologien: der Sozialliberalismus.
Diese Weltanschauung braucht um ihre Herrschaftsgrundlage nicht zu bangen: Sie kennt keine Erfahrung, die einen Menschen über sich selbst hinaus in einen unbetretenen Bereich versetzte, aus dem her die humane Identität des Menschen fraglich werden könnte.
Humanismus und Liberalismus sind das *fundamentum inconcussum*, die unerschütterliche Gewissheit über das Menschsein.

□: Hält nicht der Pragmatismus die Menschen von den elementarsten Erfahrungen fern – Erfahrungen in Bezug auf das Ganze, das sie umgibt?
◆: Wie *Hobbes* zeigt, war die Angst vor dem Unsichtbaren und Unerklärbaren der Same der Religion. Wir fügen hinzu: und der Philosophie.
Philosophie ist überflüssig, seit Menschen in der Lage sind, die Vergangenheit zu erklären und damit die Zukunft vorherzusagen.

Die Götter als Geister (wir fügen hinzu: und die übersinnliche, geistige Welt) waren Ausgeburten der menschlichen Angst, genährt durch Unwissenheit.
Dank der Wissenschaft ist der religiöse und philosophische Aberglaube reif für den Sperrmüll.
Religion und Philosophie entstanden aus Angst: Menschen suchten Ursachen. Nachdem sie die gefunden hatten, suchten sie wiederum nach *deren* Ursachen. Aber Sicht auf die Zukunft hatten sie nicht.
Daher suchten sie erklärende Kräfte, Geister, und verehrten das, was sie fürchteten. Zufälle hielten sie für Vorzeichen.
Die Götter wurden von der menschlichen Angst erschaffen.
Diese Angst ist unnötig, seit es das wissenschaftlich-kausale Erklären gibt.
□: Die Angst, von der Hobbes spricht, ist doppeldeutig.
Es gibt zum einen die Angst vor *zukünftigem Geschehen*. Menschen fürchteten sich – wie der an den Kaukasus gefesselte Prometheus – vor dem, was kommen konnte. Nur im Schlaf waren sie sorglos.[19] Wissenschaft und Technik haben den Menschen von *solchen* Ängsten befreit.
Aber es gibt noch eine andere Angst, die Hobbes beiläufig nennt. Warum haben Menschen überhaupt angefangen, nach Ursachen zu suchen? Aus Angst.

> Angst vor der Zukunft bringt Menschen dazu, die Ursachen der Dinge zu untersuchen: weil ihre Kenntnis Menschen besser befähigt, die Gegenwart zu ihrem besten Vorteil zu ordnen.[20]

Einerseits sagt Hobbes, dass Ursachen zu finden die Angst mindert, die dann entsteht, wenn die Ursachen unbekannt sind, andererseits, dass die Ursachensuche selbst von Angst getrieben ist.
Angst beseitigen, indem man Ursachen findet – ein Scheinmanöver. Die Angst ist und bleibt zeichnend für die wissenschaftliche Lebensweise – auch dann, wenn die religiösen Gespenster ausgetrieben sind.
◆: Ich verstehe dein Problem nicht. Mag sein, dass die Angst vor dem Unbekannten Menschen dazu trieb, Ursachen zu finden. Aber das heißt nicht, dass die Angst für immer bestehen bleiben muss: Die einmal gefundenen Ursachen heben sie auf.
□: Auch wenn du es nicht spürst – dein Leben ist durch Angst gezeichnet. Sonst würdest du nicht fortwährend dazu neigen, nach Ursachen zu suchen.

Indem du Ursachen findest, magst du dem Angst*gefühl* vorbeugen – aber die *Stimmung* der Angst trägt und lenkt dein Handeln nach wie vor.

◆: Das ist nun der Kern des Pragmatismus: dass du nicht immer weiter nach Gründen suchst, bis du schließlich zu dem gelangst, was seine eigene Ursache ist: Gott. Das kennzeichnet Hobbes übrigens immer noch als einen Metaphysiker.

Die Metaphysik der letzten Gründe ist weggefallen – und mit ihr die große Angst. Dein Leben bestimmt, was ein Grund ist und wo Gründe gesucht werden.

□: Laut Hobbes besteht das Glück der *Tiere* ausschließlich im Genuss ihrer täglichen Nahrung, in Muße und Lust. Sie haben keine Sicht auf die Zukunft, weder erkennen sie noch erinnern sie sich an die Ordnung im Nacheinander der Dinge.[21] Menschen dagegen sehen, wie eins aufs andere folgt. Sie haben Zugang zur Zeit.

Aber *wie*? Nur dank der Angst vor der Zukunft, vor der Sterblichkeit. Ist diese Angst nicht *die* Art und Weise, deine Zukünftigkeit zu erfahren?

◆: Obwohl die philosophische Erfahrung pragmatisch zerstört ist, hoffst du, wie Heidegger, immer noch, dass eine Grundstimmung der Angst vor dem Nichts herrscht – vor dem, was kein Ding ist, sondern als Nicht-Seiendes, als *Sein*, Welt und Denken umgibt.

Hobbes macht deutlich: Angst muss einen Gegenstand haben. Wenn es den nicht mehr gibt, dann gibt es keine Angst. Gegenstände der Angst waren die Geister der alten Religion. Die wurden ausgetrieben, und mit ihnen auch die Angst.[22]

Heidegger unterscheidet zwischen *Furcht*, die etwas zum Gegenstand hat, und gegenstandsloser *Angst*: Angst vor dem Nichts. Diese Unterscheidung hat im Pragmatismus ihre Aussagekraft verloren.

□: Auch nach dem Schwund der Angst bist du nicht zum Tier geworden, oder wie Nietzsche sagt: an den Pflock des Augenblicks gefesselt. Du hast immer noch Zugang zur Zeit als solcher. Das ist nur möglich, weil du gestimmt bist – durch Angst.

◆: »Was ist Zeit?«, fragt Augustinus. »Wenn mich niemand fragt, weiß ich es, aber wenn mich jemand fragt und ich's ihm erklären will, so weiß ich es nicht.«[23]

Wittgenstein zeigt, wie hier wieder einmal eine unsinnige philosophische Tendenz im Spiel ist. Es scheint, als könnten wir etwas über das *Phänomen* der Zeit herausfinden. Aber wir können nicht mehr tun, als

darauf zu achten, welche Art von *Aussagen* wir machen, wenn wir das *Wort Zeit* gebrauchen. Und das sind natürlich keine philosophischen Aussagen.[24]
Mit der Zukunftsangst hat der Pragmatismus gleichzeitig die Frage nach dem Zugang zur Zeit als solcher weggefegt.
Diese Frage ist überflüssig geworden.
Solange du deine Zeit zu nutzen weißt, gibt es kein Ganzes und keine Zeitlichkeit des Ganzen, um die du dich sorgen könntest.
□: Es ist tatsächlich nicht möglich, von einer Angst vor Nichtigkeit zu reden, wenn niemand sie spürt. Und dennoch.
Gab es nicht einst die Sorge um die Zeit als solche? Dass diese Sorge *verschwunden* ist, sagt vielleicht etwas über uns und unsere Zeit aus.
Ist dieses Versinken in Gleichgültigkeit nicht selbst eine Weise, wie Zeit *jetzt* erscheint und uns zeichnet?
Ist die Aktualität der ontologischen Indifferenz nicht durchzogen vom Sog der verschwundenen Angst vor Sterblichkeit und Zeit?
◆: Die Technik lässt den Tod als technisches Problem erscheinen, er wird immer weiter aufgeschoben. Die Todesangst ist nicht mehr unser Horizont.
Die Last, die auf der Menschheit ruhte, nachdem sich der Mensch von seinen Vorgängern abgesondert hatte – diese Last ist weggefallen.
Und nun willst du jene abgeschlossene Vergangenheit dauerhaft aufwärmen?

4.7 Was gibt es zu denken?

Pragmatisch nichts.
Und es ist sinnlos, dem Pragmatismus einen Mangel oder eine Unvollkommenheit vorzuwerfen – als wäre er kein Panpragmatismus.
Das Pragmatische ist nicht zufällig etymologisch verbunden mit dem Präfix *per-*: hindurchgehen, eine Aporie aufheben.
Im Griechischen lässt sich das Wort transitiv verwenden: *prattein hala,* das ist: das Meer durchfahren.
Der Pragmatismus ist poretisch, er wird jede Unvollkommenheit als Aporie betrachten, die danach ruft, durchfahren zu werden. Die gegenseitige Durchlässigkeit von Sein und Denken ist erreicht.

Solange du in der Weise des Pragmatismus sprichst, bleibst du ihm gegenüber sprachlos.
Die Weise, in der du sprichst, und das, wovon du sprichst, müssen sich gleichzeitig umkehren, soll es möglich sein, dass der Pragmatismus selbst zur Sprache kommt, ohne dass seine Totalität angetastet oder ihm eine Unvollkommenheit unterstellt wird.

Die Umrisse dieser Möglichkeit sind und bleiben dunkel.
Aber jetzt, wo der Pragmatismus alles umgibt und abgeschlossen ist, tauchen sie auf.
So wie jede Sprache immer schon Pragmatismus ist, so ist Pragmatismus immer schon Sprache.
Pragmatismus ist Bedeutung, manchmal in Worte gefasst, manchmal nicht.

Menschliche Praxis ist endlich, das heißt, sie braucht Materie, von der sie zehrt.
Die Materie ist nicht nur ein Gebrauchsgut. Sie ist primär tragend für den Pragmatismus – aus ihr bezieht er seinen pragmatischen Charakter.
Pragmatismus ist qua Bedeutung getragen, kann aber das, was ihn trägt, restlos verschlucken. Er will nicht getragen sein und wird, innerhalb desselben Willens, das Getragensein erfolgreich bekämpfen.
Pragmatismus ist Beherrschungswille. Das *ist* seine Bedeutung. Aber er pfeift auf diese Bedeutung: Was nicht beherrscht werden kann, muss beherrschbar gemacht werden.
Warum sollte das *mich* kümmern, wenn ich sehe, dass mein Beherrschungswille immer und überall getragen ist?

Der Pragmatismus ist durchzogen von dem, was er durchfahren muss.
Das bedeutet nicht, dass er bedauerlicherweise passiv statt aktiv ist, sondern: Er ist qua Bedeutung gezeichnet.
Das ist die Wende weg von der Totalität des Pragmatismus hin zu seinem Sinn: dem Bedeutungshorizont.

Wittgenstein weist darauf hin, dass der Pragmatismus auf etwas beruht, was anzunehmen, gegeben ist – Lebensformen. Was hinzunehmen ist, das Gegebene, seien Lebensformen.[25]

Nicht das abstrakte Prinzip vom zureichenden Grund bestimmt, ob ich zweifele oder nicht, sondern die Lebenspraxis.
Dass mir vernünftige Gründe für mein Handeln fehlen – das stört mich nicht.
Dass ich so bin und nicht anders, dass die *Naturgeschichte des Menschen* mich so und nicht anders handeln lässt, das habe ich nicht in der Hand.

> Du mußt bedenken, daß das Sprachspiel sozusagen etwas Unvorhersehbares ist. Ich meine: Es ist nicht begründet. Nicht vernünftig (oder unvernünftig).
> Es steht da – wie unser Leben.[26]

Hier kommen auf eine eigenartige Weise sehr allgemeine Naturgegebenheiten ins Spiel.
So sah Descartes, dass die Natur nicht nur Gegenstand der menschlichen Wissenschaft ist. Das Erkennen hat sein Licht nicht selbst entfacht, sondern vom *lumen naturale,* dem natürlichen Licht bekommen. Wie Kant sah, dass die Natur selbst der menschlichen Vernunft die Grenzen gesetzt hat, so sah Wittgenstein, dass sich das Leben und seine Lebensformen dem Licht der Natur verdanken.

> Es ist immer von Gnaden der Natur, wenn man etwas weiß.[27]

Ich gebrauche ein Zeichen, um meine Richtung anzuzeigen. Diese Richtung ist in einer Bedeutungswelt von Himmelsrichtungen ausgerichtet – von links und rechts, vorne und hinten, hoch und tief.
Dieser Orientierungsraum ist Nahrung für meine Handlungen und zugleich Bedeutung, die mein Handeln umgibt und durchzieht.
Letzteres kann ich nicht ohne Weiteres sagen, weil mein Sprechen pragmatisch gezeichnet ist – aber pragmatisch gezeichnet *durch diesen Raum.* Der liegt nicht außerhalb des Pragmatischen, sondern durchquert dieses.

Wörter sind Instrumente.
Wie komme ich dazu, das zu sehen und zu sagen?
Wie kann die Bedeutung eines Wortes pragmatisch sein, wenn der Pragmatismus stets eine Einheit von Bedeutung beanspruchen muss, die jedes Handeln schon vorher gezeichnet hat?

Während meiner jugendlichen Streifzüge entlang der Strände von Terschelling lernte ich, Muscheln als solche zu sehen und voneinander zu unterscheiden. Anfangs zogen chaotische Massen unter meinen Füßen her. Allmählich lernte ich, die verschiedenen Muschelarten auseinanderzuhalten. Das Chaos gliederte sich. Wie?

Nicht indem ich begriffliche Ordnungsschemata auf amorphe Sinneseindrücke pappte. Ich lernte, die Muscheln als das zu *sehen*, was sie sind. Manchmal sagte ich zu mir selbst: Wie kann es sein, dass ich die Venusmuschel früher nicht *bemerkte*? Nach einiger Zeit sammelte ich Nabelschnecken und Wendeltreppen, ohne dass irgendwelche Denkaktivitäten vonstatten gingen.

Etwas als solches zu erkennen ist praktisch sinnvoll oder nicht. Dieses »Als« enthält jedoch einen Bedeutungssprung, der selbst nicht aus einer Praxis resultiert.

Ich betrat ein Souvenirgeschäft. Da sah ich ein Netz mit einer Kelle, einer Sandform, einer Sandschaufel, einer Kappe und einem Ball. Ein Fall von Synthese: Die verschiedenen Gegenstände waren im Netz zusammengebracht.
Gleichzeitig geschah etwas anderes. Ich versammelte die Dinge noch auf eine andere Weise im Netz: in der Sprache. Ich brachte sie zusammen, indem ich sie unter den Nenner *Strandspielzeug* fasste.

Aber *ich* brachte sie nicht in diesem Wort zusammen. Ich vollzog keine Synthese. Ein Wort ist kein Netz. Seine Einheit resultiert nicht aus einer Operation. Ich sah die Dinge unter der Einheit des Wortes, aber so, dass diese Einheit schon da war und nicht aus meinen Denkoperationen resultierte. Darum *sah* ich die Dinge unter diesem Nenner, ich brachte sie nicht unter ihm zusammen.

Ein Wort kann keine Gegenstände zusammenbringen. Ein Wort hebt eine Bedeutungseinheit hervor, die schon vorher da war.

Der Pragmatismus ist selbst eine Einheit von Bedeutung, die nicht pragmatisch konstruiert, sondern gegeben ist.
Wie kann ich so sprechen, dass ich nicht primär etwas *unterstelle*, *vor-*

stelle oder *feststelle*, sondern anklingen lasse, dass mein Sprechen mir gegeben ist?
Was mir gegeben ist, kann ich nicht ohne Weiteres besprechen – ohne seinen Gegebenheitscharakter zu verlieren.
Vielleicht kann ich das Gegebensein annehmen, ohne diese Annahme sofort als Supposition in meine Sprachpraxis aufzunehmen.

Ein Wort ist scheinbar das Allgemeine gegenüber den Einzelfällen, die darunter fallen.
Aber das Wort gewährt das Identische, das Selbe. Das ist nicht das Allgemeine, sondern der Modus, in dem die Dinge in einem Anblick zusammengenommen sind.
Der Anblick ist der Aspekt, die Einheit, unter der sich die Dinge zeigen und ich sie sehe. Der Anblick ist Nahrung für das Handeln, selbst aber *kein* Handeln.

Der Pragmatismus wird durch Einförmigkeit gezeichnet: Immer und überall kehrt das Pragmatische wieder. Diese Einförmigkeit ist primär eine Eindeutigkeit: Alles wird auf *eine* Weise gedeutet. Das ist, was der Pragmatismus selbst zu bedeuten hat.

Um diesem Bedeuten nachzugehen, bedarf es einer anderen Denkmethode, besser gesagt, ein anderer Weg muss gegangen werden. Der Pragmatismus betrifft die Art, wie ich mit den Dingen umgehe, und zugleich diese Dinge selbst – das Verhältnis zwischen beidem. Wie kann ich mich auf dieses Verhältnis, auf den Pragmatismus selbst einlassen?

III Die Reduktion breitet sich aus

5 Die Mechanik des Lebens

Die pragmatische Reduktion betrifft die menschliche Lebenswelt.
Während die gesuchte Einheit von Mensch und Welt erreicht wird, öffnet sich eine neue Kluft: zwischen der pragmatischen Lebenswelt und der Welt der Wissenschaft.
Unklar bleibt, wie sich beide zueinander verhalten, weil der Pragmatismus mit einer nichtmechanischen Auffassung von Leben verbunden ist.

Der Darwinismus ist eine neue Wende im Kampf um die Identität von Mensch und Welt.
Jetzt erscheint das Leben als Mechanik.
Die *Einsicht* in das Leben als Mechanik gehört derselben Mechanik an.
Der Gegenstand des Darwinismus ist zugleich bestimmend für den Darwinismus selbst.
Subjekt und Objekt gehen ineinander auf.
Die verlangte Einheit ist erreicht.

Darwinismus ist Mechanik, die Subjekt und Objekt vereinigt, ermöglicht durch eine andere Sicht auf Identität.
Darwinismus betrifft die Seinsweise der Vervielfältigung und damit die Veränderlichkeit der *idea* oder *Spezies*.
Der Pragmatismus als Lebensphilosophie hat diese Seinsweise teilweise erkannt.
Zugleich versucht der pragmatische Vitalismus an etwas festzuhalten, was nicht mechanisch ist: am Leben selbst.

Nietzsches Denken ist von vorne bis hinten vom Verlangen durchzogen, der darwinistischen Mechanik zu entkommen.
Das muss auch von Wittgenstein gesagt werden, diesem Nachfahren Nietzsches.

Einerseits ist Wittgenstein darwinistisch gezeichnet: Er sieht den Wiederholungscharakter von Handlungen und Sprachäußerungen, die Veränderlichkeit der Spezies und die Familienähnlichkeiten, die dabei im Spiel sind.
Andererseits hält er an einem nichtmechanischen Sinn von Leben fest.

Die Zeit der Digitalisierung der Welt – unsere Zeit – ist darwinistisch.
Der Pragmatismus hat seine Zeit gehabt.
Er ist auf seine Weise in die große Reduktion aufgenommen.
Heute wird der Darwinismus planetarisch.

Ist das, was lebt, auf Maschinerie zu reduzieren?
Bin *ich* darauf zurückzuführen?
Wo stehe ich innerhalb des Ganzen der belebten Natur – und der unbelebten, falls ich sie finde?

Du kennst die von Menschen bewohnten Gebiete. Du erinnerst dich, in einem Traum, an solche, die nie von Menschenhand berührt wurden.

Einst war die Veluwe ein unerschlossenes Gebiet. Dem napoleonischen Besatzer war es nie gelungen, die Siedlung Kootwijk zu erreichen. So wurde berichtet.
Markwälder: natürlich oder menschlich?
Meine Großmutter machte mich auf einen Eichenwald aufmerksam. Der, glaubte sie, war ein »Urwald«, nie von Menschenhand berührt. Aber mitten in diesem Wald lag eine halbkreisförmige Senke: ein ehemaliger Versammlungsort der »Germanen«.
Menschlich? Der Ort war überwuchert von Flechten. Waren das nicht meine Verwandten, Mitfrüchte am Baum des Lebens?
Ich blickte über die Heideflächen, von einem Hügel aus. Es war ein Grabhügel, aus der Glockenbecherkultur. Der Hügel war ein Monument der Sterblichkeit.
Leben heißt indessen *survival of the fittest.*

In der Veluwe wurden Pfahlbauten aus der Glockenbecherkultur ausgegraben.
Die heiße Mittagssonne stand hoch am Himmel. Eine Eidechse fiel in eines der Grabungslöcher.

Wir versuchten sie zu fangen und blieben mit dem zuckenden Schwanz in unseren Händen zurück.
Meine Angst ließ mich erkennen, was das zu bedeuten hatte: Tod, Leben, etwas dazwischen.
Mechanisch?
Was weißt du von der unbelebten Natur und von der belebten?
Oder sind sie nicht ohne Weiteres voneinander zu unterscheiden, weil das Leben die unterscheidende *idea* verschlungen hat?

5.1 *Identität und Vervielfältigung*

Es ist Herbst in den Speulder- und Sprielderwäldern.
Um mich herum das leise Prasseln herabfallender Eicheln. Jede Eiche streut Zehntausende von Nachkommen aus. Du könntest hier Lebenskraft vermuten, einen Willen zur Macht, wenn du es nicht besser wüsstest.
Ein Tier, das nach dem Gnadenschuss zuckt.
Ein Mensch, der bei seiner Exekution für einen Augenblick hochschnellt.
Ist der Wille mechanisch zu reduzieren?

Ist ein Wald ein Zusammenstoß von Willensquanta, ein Kampf ums Dasein? Die Stämme recken sich gen Himmel, sie kämpfen gegeneinander um Raum und Luft. Ihre Höhe zeugt von diesem langsamen Kampf – so wie die Türme konkurrierender Patriziergeschlechter in San Gimignano gen Himmel wuchsen.

Was lebt und was nicht, lässt sich seit dem Wegfall der *idea* nicht scharf trennen. Unzählige Mitteldinge.
Wo stehen Viren, die keinen eigenen Stoffwechsel haben?
Ist ein Betrieb ein Lebewesen?

Was sind das für Fragen?
Sie lassen sich weder wissenschaftlich noch philosophisch beantworten. Und doch kommst du nicht daran vorbei. Wo stehst du? Bist du Herr der Schöpfung oder Bestandteil der sich selbst vervielfältigenden Natur?

Du hast keine Antworten und auch keine Fragen, denn die große Reduktion reißt dich mit, ob du nachdenkst oder nicht.
Natürlich gab es keine Schöpfung, also bist du als Mensch auch nicht ihre Krone.

Was ist die mechanische Reduktion des Lebens, der belebten Natur und der Menschen darin?
Der Anblick des menschlichen Lebens, des Lebens überhaupt wie auch der Welt hat sich bis zur Unkenntlichkeit verwandelt.
Wodurch?
Dadurch, dass sich die Mechanisierung in ihrer Art veränderte. Woher kommt die Mechanisierung, woher ihre Veränderung?
Sie sind Folgen einer epochalen Wende, die das kleine Wort *das Selbe* durchlaufen hat.

In der Neuzeit zeigte sich bei Descartes, dass Lebewesen Maschinen sind. Wie sie sich vervielfältigen, war jedoch noch nicht einzusehen.
Das lag außerhalb des Horizonts der beginnenden mechanischen Reduktion.
Wie können sich Maschinen vervielfältigen, ohne bereits eine unendliche Folge von Nachkommen in sich zu tragen?
Das Problem des Paracelsus blieb ungelöst.[1]
So bestand weiterhin die Möglichkeit, das Leben aus der Mechanik herauszuhalten – eine Möglichkeit, die sich in verschiedenen Formen von Romantik und Lebensphilosophie verwirklichte (bis hin zu Nietzsche und Wittgenstein), aber mit dem Aufkommen des Darwinismus allmählich wegreduziert wurde.

Der Darwinismus bedeutet zunächst: Einsicht in das Leben als Vervielfältigung und in den Ort der Selektion.
Doch seine Bedeutung reicht weiter und liegt woanders.
Darwin antwortete auf einen ganz anderen Vorfall: auf eine Wende im Sinn von *Identität*.
Dieser Vorfall zeichnete nicht nur das dialektische Denken Hegels, nicht nur dessen Spross, den Darwinismus, sondern er umgibt und durchzieht die heutige Welt als solche.

Das Identitätsprinzip, A = A, ist nicht auszudrücken, ohne dass es sich selbst durchbricht.

Du brauchst zwei As, um es auszusagen: A muss sich selbst entgegengesetzt werden.
Das zweite Mal, dass du A sagst, ist nicht dasselbe wie das erste Mal.
Das Identitätsprinzip enthält mehr als Identität.

Widerspruch ist die Wurzel allen Lebens. Aus ihm heraus bewegt sich das Leben. Leben besteht als durchbrochene Einheit.
Der Widerspruch des Lebens ist der zwischen der Identität eines Lebewesens und seiner Sterblichkeit.[2]

Ein Basaltblock entsteht, besteht eine Zeit lang und vergeht. Solange er besteht, ist er zwar dem Wandel unterworfen, bleibt aber ein Basaltblock oder eine Abwandlung davon. Seine Identität ist die der metaphysischen Welt: Unveränderlichkeit, wenn auch auf Zeit.

Wenn etwas als seine Wiederholung besteht, hat sich Identität auf eine andere Weise gezeigt.

Das Denken der alten Mechanik ist von basaltener Art: Es setzt die Unveränderlichkeit kausaler Prozesse voraus.

> Die experimentell unmittelbar überprüfbaren Regelmäßigkeiten ändern sich nicht. Selbstverständlich wäre es denkbar, logisch möglich, daß sie sich ändern; das spielt aber für die empirische Wissenschaft und ihre Methodik keine Rolle; im Gegenteil: Die wissenschaftliche Methode setzt eine *Konstanz der Naturvorgänge* voraus.[3]

Unter dieser Voraussetzung ist die gebrochene Identität des Lebens nicht zu verstehen. Unbegreiflich bleibt auch, inwiefern die belebte Natur aus der unbelebten hervorgegangen ist und ein Bestandteil von ihr bleibt.
Wenn das der Fall ist, dann ist die unbelebte Natur *nicht* einförmig.

Seit der Neuzeit wird das menschliche Leben durch die replikative Identität gezeichnet. Die basaltene Identität der Metaphysik zieht sich zurück. Zwischen beiden Seinsweisen wütet ein Kampf, in dem die basaltene Identität nach und nach an Boden verliert.

Unter der Herrschaft der replikativen Identität erscheint die Identität des *Lebens* innerhalb einer gewandelten Mechanik: als Vervielfältigung.
Auch Sprachen und Artefakte bestehen als Vervielfältigung. Sie leben.
Die Aussage »A = A« kann nur gemacht werden, weil der Buchstabe A als Vervielfältigung besteht.

Wie unterscheidet sich der Kristallisationsprozess einer Flüssigkeit von der Vervielfältigung eines Gens? Das ist nicht leicht zu beantworten. Schon deshalb nicht, weil es endlos viele Zwischenstufen gibt, durch die der Unterschied verwischt.

Wichtiger jedoch: Die Frage betrifft nicht das Leben und Nicht-Leben, sondern ausschließlich den *Zugang* dazu. Es geht um die Semantik, die heute sowohl das Sprechen beherrscht als auch die Art, wie die Dinge im Sprechen und ihm gegenüber sich zeigen.

Lehmkristalle können sich kopieren. Sie können durch ihre Umgebung beeinflusst werden. Sogar »Fehler« können in ihnen entstehen, vielleicht auch neue Varianten.
Aber darüber *sprichst* du anders.
Dawkins spricht folgendermaßen über Kristallisation: Die interne Atomstruktur eines Kristalls wird endlos wiederholt.[4]
Über einen Vervielfältiger wie das Gen spricht er anders: Der Replikator hat die bizarre Eigenschaft, Kopien seiner selbst herstellen zu können.[5]
Der Unterschied ist, grammatikalisch gesehen, der zwischen einem passiven und einem aktiv-reflexiven Satz. Dem Replikator wird zugestanden, etwas erzeugen zu können, was mit ihm selbst zu tun hat.

Es ist Teil der großen Reduktion, Leben nicht aus einem Drang oder Willen zu erklären. Jedenfalls: Drang und Wille werden neu formuliert – als Vervielfältigung. Ihre Innerlichkeit ist überflüssig.

Ein Replikator ist in sich widersprüchlich. Das heißt: Wenn er ist, dann ist er *noch nicht*. Erst bei seiner nächsten Verwirklichung *ist* er – aber auch dann *noch nicht*, denn seine Identität besteht *in* seiner Vervielfältigung, in der nicht endenden Aufhebung seiner Unvollständigkeit.
Beachte: Dies sind grammatische Bemerkungen.

Früher, im Zeitalter der Metaphysik, wurde das Vielfältige durch die Einheit der *idea* vereinigt.
Die *idea* ist verschwunden.
In jener Eoche war ein Ding ein selbstständiger Träger von Eigenschaften. Das ist die Grammatik von Subjekt und Eigenschaften, die sich in der Grammatik selbst – in der von Subjekt und Prädikat – wiederholt.
In der Seinsweise der Vervielfältigung vervielfältigt sich das Vielfältige selbst. Es gibt kein zugrundeliegendes *sub-jectum*, das die Einheit des Dinges ausmacht. Nur in der Vervielfältigung kommt seine Einheit auf – eine veränderliche, gebrochene Einheit.

Dawkins ist durch diesen Umschlag im Identitätsprinzip gezeichnet, auch wenn er nichts davon weiß.
Die gewandelte Identität steuert sein Sprechen: Ein Gen lässt sich als eine Einheit betrachten, die durch eine große Anzahl aufeinanderfolgender Körper hindurch überlebt.[6]
Offenbar haben sich das Eine und die Einheit gewandelt. Replikative Einheit *ist als* Sukzession. Das ist ihr Einheitscharakter *(unit)*.

Bei der Kristallisation sagst du: Da ist ein Kristall, und schau, da entstehen weitere. Zuerst ist der Kristall da, und dann vervielfältigt er sich.
So betrachtest du einen Replikator *nicht*. Bei der Replikation sagst du: Solange X sich vervielfältigt, ist X. X ist nicht zuerst da und beginnt anschließend sich zu vervielfältigen, sondern X besteht *als* seine Vervielfältigung.

> Was ist das egoistische Gen? Nicht nur ein einzelnes physisches Stück DNA […]. Es ist alle Kopien eines bestimmten Stücks DNA, über die ganze Welt verteilt.[7]

Das ist der Punkt: Das Gen ist nur Gen, solange es sich vervielfältigt.
Einmal ist keinmal.

Was als Vervielfältigung besteht, bezieht seine Stabilität nicht aus basaltener Festigkeit, sondern aus seiner fortlaufenden Replikation.
Fällt die Vervielfältigung weg, schlägt das auf die Natur des Replikators zurück.
Was lebt, befindet sich in der Zukunft. Fällt die weg, ist es *tot*.

Von Kristallen sagst du nicht, dass sie sterben oder aussterben. Das sagst du nur von dem, was sich vervielfältigt.
Organismen sterben. Arten sterben aus. Sprachen können tot sein. Firmen stehen vor dem Ruin.

Eine eigenartige Identität. Du bist kaum in der Lage, in ihrem Licht zu sprechen: Die *Identität* deiner Sprache ist zwar replikativ, aber ihre *Logik* ist basalten. Du sprichst in Kategorien von Subjekt und Prädikat.

Du musst begreifen lernen, dass die replikative Identität von Nichtigkeit durchtränkt ist.
Was ist, das ist zur selben Zeit *nicht.*
Was sich repliziert, ist sterblich, zu jeder Zeit in seiner Identität gefährdet. Der Basaltblock hingegen gibt am Ende den Löffel ab.
Lebewesen und Wörter sind nicht am Ende sterblich, sondern *in jedem Moment.*

In der replikativen Identität liegt daher die Möglichkeit von Fehlern und Misserfolgen beschlossen.
Überall vervielfältigt sich das Selbe – das bleibt, trotz Scheitern und Sterben. Die *idea* hingegen bleibt rein, unberührt von der Inadäquatheit ihrer irdischen Verwirklichungen.
Die Identität eines Replikators *bleibt* Identität, ist aber als solche durchbrochen und getrübt.
Es ist wie mit Verkehrsregeln: Die gelten auch dann, wenn sie ab und zu übertreten werden. Sie lassen Verstöße zu – so lange, bis sie völlig unbrauchbar sind.

Das ist das Wunderbare an der replikativen Identität.
A = A – das zweite A unterscheidet sich allein schon *als* das zweite vom ersten A.
Replikation lässt *Variation* zu. Trotzdem sprichst du immer noch vom *Selben.* In der platonischen Gedankenwelt ist das nicht möglich.
Seit dem Einbruch der Vervielfältigung ist klar, dass Anblicke oder *Spezies* einen *Ursprung* haben, das heißt, dem Wandel der Zeit unterworfen sind.
The Origin of Species.

Was ein Pferd ist, das variiert. Aber du sprichst immer noch von einem Pferd.
Betrachte den Gebrauch von Sprache. Obwohl die Bedeutung eines Wortes im Lauf der Replikation variiert, bleibt die Rede vom selben Wort oder derselben Spezies, auch ohne eine zugrundeliegende Beständigkeit.
Ähnlichkeiten, zusammengehalten durch ein Wort, nennt Wittgenstein *Familienähnlichkeiten.*
Wie sich bei Darwin zeigte, sind die Verwandtschaften in der Familie des Lebens aus Unterscheidungen hervorgegangen, die innerhalb des Selben aufkommen. Darum kann Wittgenstein von Familienähnlichkeiten sprechen.
Die Spezies *Pferd* ist in sich widersprüchlich und lässt Veränderungen in sich selbst zu. Nicht nur Pferde variieren – auch das, was ein Pferd ist.

Die Nichtigkeit ermöglicht die Variation des Selben und lässt nicht nur Varianten innerhalb der Arten, sondern auch Abwandlungen alter Wörtern entstehen.
Die Wortverschiebungen gehen jenseits des menschlichen Denkens vonstatten. Manchmal werde ich unversehens damit konfrontiert, so wie mit den Wendungen *des Selben.*

Die Semantik der menschlichen Einheit und Zerrissenheit, im Angesicht der Sterblichkeit, ist bestimmend für Platons *Symposion.* Aber das Selbe, das Platon wie auch mich angeht, kann ich nicht umfassen: Platons Identität bleibt mir fremd.
Innerhalb des Selben herrschen Unüberbrückbarkeiten.

Die Rede des Aristophanes enthält einen Hinweis auf die Art der Identität in Platons Epoche:
Ein Mensch ist allenfalls ein halbes Zeichen *(symbolon)* eines Menschen. Er wurde in der Mitte gespalten, und aus einem wurden zwei – zwei plattfischartige Hälften.
Die ursprüngliche Natur des Menschen war die eines Ganzen *(holoi)*: Die Menschen waren eins. Der Name *Erôs* betrifft die Sehnsucht nach diesem verlorenen Ganzen.[8]

Wie sich im Beitrag von Diotima zeigt, ist die zerrissene menschliche Identität weniger eine Sache der Strafe als vielmehr der Sterblichkeit. Das Göttliche, das bleibt immer und überall das Selbe *(pantapasi to auto aei einai)*.
Einem Sterblichen ist das verwehrt. Und doch sehnt er sich nach Unsterblichkeit. Er erreicht sie durch eine List *(mêchanê)*: Was alt ist und vergeht, wird durch etwas Neues ersetzt, das *wie* das Alte ist *(hoion auto)*. Das Neue ist nicht dasselbe wie das Alte, sondern ähnelt ihm nur. Eine Als-ob-Identität.
Das ist der Kern der Replikation: Ein Ding wird durch sein Substitut ersetzt, während das Wort dasselbe bleibt.[9]

Die sterbliche Natur, wie Platon sie antrifft, will möglichst unsterblich sein. Das erreicht sie nur, indem sie sich fortpflanzt. Dadurch lässt sie immer etwas anderes, etwas Neues anstelle des Alten zurück.
Menschen erreichen eine scheinbar basaltene Einheit, indem sie sich fortpflanzen, aber auch indem sie Ruhm durch Taten und Schriften ernten – sich geistig reproduzieren.
Es bleibt so, dass der philosophische Mensch möglichst das Unveränderliche und Durchsichtige verkörpern soll: die eigentliche Identität – die platonische, die basaltene.

In der Wende zur Neuzeit hat sich die Identität, die zu Platons Zeiten herrschte, unversehens gewandelt.
Schau, wie ein Text von Hobbes dadurch gezeichnet ist.
Schau, wie sie Abschied nimmt, die ersehnte Unsterblichkeit, die basaltene Einheit. Nicht dank Hobbes, sondern umgekehrt: Dank diesem Abschied konnte Hobbes schreiben – als ein Spross der Neuzeit.

Galilei sah die neue Identität der Bewegung: Sie dauerte an, solange keine Hindernisse auftraten. So erschien nun auch die menschliche Existenz, als Hobbes nach Florenz zu Galilei pilgerte.
Universelle Beweglichkeit der Natur *und* des Menschseins: Die menschliche Identität ist keine feststehende Substanzialität, sondern Bewegung mechanischer Art.
Ein ganz und gar unbewegtes Leben – bei den antiken Philosophen das Ideal des glücklichen Lebens –, das ist tot.
Das menschliche Leben hat kein Ziel. Findet es den Tod, wird es unsterblich, und sein Sinn ist verschwunden.

> Ich behaupte eine allgemeine Tendenz der ganzen Menschheit: ein ständiges und rastloses Verlangen nach Macht und immer mehr Macht, das erst mit dem Tod aufhört. Und der Grund hierfür ist nicht immer, dass ein Mensch auf einen intensiveren Genuss hofft, als er schon hat, oder dass er sich mit einer mäßigen Macht nicht zufrieden gibt, sondern weil er die Macht und die Mittel für ein gutes Leben, welche er gegenwärtig besitzt, nicht sichern kann, ohne mehr zu erwerben.[10]

Die menschliche Identität findet ihr Ziel nicht mehr in der Unveränderlichkeit, in der eigenen Vollendung. Sie besteht vielmehr in der sich selbst beschleunigenden Bewegung, der Vervielfältigung: *a perpetuall and restlesse desire of Power after power.*
Diese sich selbst potenzierende Beweglichkeit ist unerlässlich. Im Stillstand geht die menschliche Identität verloren.
Keine Sicherheit ohne ständige Bewegung. Unbeweglichkeit ist Tod.

Herodot und Aristoteles fragten nach einem vollendeten Leben – sie standen im Bann der metaphysischen Illusion von Unbeweglichkeit.
Menschliches Leben kennt keine Vollendung, sondern ist Selbstvervielfältigung.
Glück, so zeigt sich bei Hobbes, ist ständiger Erfolg *(continuall successe)* beim Erlangen dessen, wonach man stets aufs Neue verlangt. Es gibt keine permanente Seelenruhe. Das endliche Leben kennt weder ein *finis ultimus* noch ein *summum bonum.*
Wer aufhört zu verlangen, der hört auf zu leben.
Die Rede von einem menschlichen Leben oder einer Lebenszeit *im Ganzen* ist sinnlos geworden. Es ist weder möglich noch sinnvoll, sich um ein solches Ganzes zu sorgen.[11]

Der Tod bleibt als vernichtendes Gespenst – nicht die basaltene Unsterblichkeit vernichtend, sondern die Beweglichkeit des Lebens.

> Jeder Mensch scheut den Tod, und zwar durch einen bestimmten natürlichen Antrieb, der nicht geringer ist als der, durch den sich ein Stein nach unten bewegt.[12]

Bei Hobbes erscheint die Beweglichkeit des Lebens mitsamt ihrer Potenzierung.

Damit ist die Schwelle zur replikativen Identität erreicht, nicht jedoch überschritten.
Überschritten wird sie im Darwinismus: Lebewesen bestehen *als* Vervielfältigungsketten.

Was ist die *wunderbare* Vermehrung?
Dass es zwischen den Vervielfältigern einen *Zusammenhang* gibt, durch den sie denselben Namen bekommen können – ohne eine einheitsstiftende *idea*.
Dieser Zusammenhang ist ein *Erhalt*, der zwischen den verschiedenen Instanzen waltet, die denselben Namen tragen. Bliebe nichts von A im folgenden A erhalten, dann ließe sich das Identitätsprinzip nicht aussagen.
Dieser Erhalt manifestiert sich in der Sammlung von Informationen im Erbgut.

Wittgenstein weist darauf hin: Eine Regel kannst du nicht *einmal* anwenden. Um einer Regel zu folgen, bedarf es einer Gewohnheit, Regelmäßigkeit.
Darum sind die Wörter *Regel* und *das Selbe* miteinander verwandt.[13]

Während die Vervielfältigung ihren Lauf nimmt, bleibt das erhalten, wodurch die Einzelfälle das Selbe heißen können.
Die Wiederholung und die Identität, die in der Wiederholung aufkommt, sind nicht aus dem gleichen Holz geschnitzt. Aus einer Abfolge von Bäumen folgt nicht das, *was* da aufeinander folgt: das, was unter dem Nenner Eiche oder Tanne zusammengehört.

Ist mein philosophisches Sprechen imstande, diesem Erhalt denjenigen Platz einzuräumen, den er in meinem Sprechen hat: den eines fremden Einschlusses?

In der Vervielfältigung bleibt das Gewesene in dem erhalten, was jetzt ist. Unterdessen verändert sich seine Bedeutung.
Eine Unebenheit an der Schulter kann der Vorläufer des Federkleides sein.
Ein Federkleid, anfangs vor Kälte schützend, kann später als Vorläufer des Flügels, dann als künftiger sexueller Prunk verstanden werden.
So spielt die Zukunft in das Heute hinein.

In der Vervielfältigung walten Zeit und Identität.
Das kann mich nachdenklich stimmen.
Wie könnte ich, derart von Zeit und Identität gestimmt, nach philosophischer Anerkennung verlangen, nach Vervielfältigung oder Unsterblichkeit?
Dann bin ich der Seinsweise der Vervielfältigung *ausgeliefert. Publish or perish*. Nachdenkend bei ihr zu verweilen ist ausgeschlossen.

Die kleinen Wörter wandeln indessen still auf ihrer eigenen Bahn.

5.2 *Organismen*

A Körper und Maschine

Die pragmatische Reduktion geht weit, kommt aber vor der menschlichen und organischen Lebenswelt zum Stehen.

Wie sich bei Descartes zeigt, verschwand der Sinn der grammatikalischen Dreiteilung in unbelebte, belebte und menschliche Natur. Das Leben zerfiel in *Mechanik*, die nun auch die unbelebte Natur umfasste, und in *Rationalität*, die dem unkörperlichen Denken zugerechnet wurde.
Das Leben wurde mechanisch reduziert.

Descartes sagt in seinen *Meditationen*, die Macht der Gewohnheit lasse dich glauben, von deinem Fenster aus sähest du *Menschen* über die Straße gehen. Sehe ich etwas anderes, fragt Descartes, als Jacken und Hüte, unter denen sich Automaten verstecken könnten? Ich *sehe* nicht, dass es Menschen sind – ich *urteile* nur so aufgrund einer Gewohnheit.[14]

Wittgenstein hat *pragmatisch* auf diese Reduktion des menschlichen Lebens geantwortet: Wenn du dir vorstellst, die Menschen um dich herum seien nichts als Automaten, dann befindest du dich in einer philosophischen Trance. Versuche einmal im Alltag am Gedanken festzuhalten, Kinder seien nur spielende Automaten. Das sind nichtssagende Worte, sie geben dir allenfalls ein unheimliches Gefühl, ändern jedoch nichts an deinem tatsächlichen Verhältnis zu Kindern.[15]

Wittgenstein: Mit dem, was lebt, gehen wir anders um als mit dem, was wie ein Stein tot oder leblos ist.
Nur von dem, was sich wie ein Mensch verhält, kannst du sagen, es habe Schmerzen.
Der menschliche Körper mag der Seinsweise einer Maschine nahekommen, aber eine Maschine kann weder denken noch Schmerz empfinden.
Ein Wort wie »lesen« ist frei von jeglichem Mechanismus.
Pragmatik ist noch etwas anderes als mechanische Reduktion.

In der Epoche von Descartes war die Grammatik der Mechanik eine unerhörte Zumutung. Doch als die Seinsweise der Vervielfältigung in die menschliche Lebenswelt einbrach, veränderte sich auch die *Art* dessen, was Maschine *heißen* konnte.
Der Pragmatismus sah nicht die gewandelte Bedeutung des Maschinellen im menschlichen Leben. Seine Grammatik ließ ein maschinelles Vermögen zu lesen oder auf Schmerz zu reagieren noch nicht zu.

Im Pragmatismus blieb Raum für eine aparte Alltagswelt neben der Welt der Mechanik.
Wittgenstein glaubte zwei Städte zu bewohnen: Hier das gemütliche Alltagsstädtchen voller verwinkelter Straßen, dort die umliegende mathematisch aufgebaute Stadt mit ihren einförmigen Häuserblöcken.

> Unsere Sprache kann man ansehen als eine alte Stadt: Ein Gewinkel von Gäßchen und Plätzen, alten und neuen Häusern, und Häusern mit Zubauten aus verschiedenen Zeiten; und dies umgeben von einer Menge neuer Vororte mit geraden und regelmäßigen Straßen und mit einförmigen Häusern.[16]

Die Zerrissenheit von Wissenschaft und Alltäglichkeit, Mechanik und Leben konnte nicht hingenommen werden. Infolge großer Wendungen in der Grammatik der Maschine ist das gemütliche Städtchen inzwischen in Utopia eingegliedert.
Jede Form von Leben oder Geist ist das Produkt mechanischer Ursachen: Alles ist durch mechanische Kräne aufgerichtet, von unten nach oben.
Geistige Ursachen, die von oben kommen, sind unmöglich: Das sind Himmelshaken *(skyhooks)*, die nirgends eingehängt sind.

Wittgensteins Pragmatismus ist ein Ausläufer der Lebensphilosophie. Wie Romantik, Geisteswissenschaften, Historie und Erlebniskunst hat die Lebensphilosophie ihre Wurzeln im Widerstand gegen die große Reduktion. Dieser Widerstand, der mit dem ehemaligen deutschen Denken und Dichten zusammenhing, ist erst seit Deutschlands Niederlage im Zweiten Weltkrieg endgültig ausgelöscht.

Nietzsche schließt den Mechanismus aus.
Er sei Ausdruck einer niedrigeren Stufe, die entgeistigtste Form des Affekts, des »Willens zur Macht«.[17]
Eine Kraft, die wir uns nicht vorstellen könnten, wie die rein mechanische Anziehungs- und Abstoßungskraft, das sei nur ein leeres Wort und dürfe kein Bürgerrecht in der Wissenschaft haben.[18]

> Der Mechanismus ist nur reine Zeichensprache für die interne Thatsachen-Welt kämpfender und überwindender Willens-Quanta.[19]

Heute ist die Grammatik des Willens auf die der Replikation reduziert. Die Innerlichkeit des Willens ist ebenso bedeutungslos wie die Innerlichkeit einer Naturkraft. Aber die Reduktion ist nicht gierig: Der Wille bleibt bestehen, befreit von seinem romantischen Beigeschmack.

Wie viele Versuche hat man nicht unternommen, den mechanischen Körper zu unterscheiden vom Leib, von *le corps vécu*, vom Instinktiven, vom Fleischlichen?
Aber noch nie konnten Hermeneuten und Phänomenologen einen Lebensbegriff vorweisen, der die Mechanik des Körpers in Verlegenheit brächte.
Das wundert nicht, denn es bleibt unklar, worin die phänomenologische *Methode* besteht.

Erst nach dem Krieg erkennt Heidegger, dass der Unterschied zwischen Automaten und Lebewesen in der heutigen kybernetischen Welt verschwunden ist, neutralisiert zum indifferenten Geschehen der Informatisierung.

In der Tat, eine Eidechse hat einen sinnvollen Bezug zu dem Stein, auf dem sie sich sonnt. Aber diese Semantik ist mechanisch: Die Eidechse tankt Energie für die nächste Verfolgungsjagd, die ein *clash* der Überlebensstrategien ist.

Und doch war der Widerstand lange Zeit sinnvoll, den deutsche Denker und Dichter der Mechanisierung des Körpers entgegensetzten.
Körper ließen sich zwar erfolgreich auf Automaten reduzieren, aber damit war noch nicht klar, wie sie auf die Erde gekommen waren und sich vervielfältigten – ohne einen Architekten göttlicher oder gottähnlicher Natur.

Die Seinsweise der Vervielfältigung hatte das menschliche Denken noch nicht erobert.
Das änderte sich mit dem Aufkommen des Darwinismus, nicht nur in Bezug auf die Biologie, sondern in Bezug auf alles, was lebt und somit auf Erden existiert.

B Replikator und Vehikel

Was als Vervielfältigung besteht, wird sich selbst vervielfältigen, bis es auf eine Grenze stößt.
Grenzen können durch Konkurrenz oder durch andere Gegebenheiten der eingeschränkt bewohnbaren Erde gebildet werden.

Was als Vervielfältigung besteht, das variiert.
Das zeigt der Wiederholungscharakter der Identität, die hier im Spiel ist.
Wenn A sich wiederholt, dann ist das nächste A eine Variante.

Wenn sich unterschiedliche Varianten nebeneinander vermehren, dann werden sie jeweils anders auf ihre Grenzen stoßen. Die eine Variante wird sich schneller oder üppiger vermehren als die andere, auch *auf Kosten* der anderen.

Kannst du sagen, ein wütendes Feuer oder eine Kettenreaktion wie bei der Kernspaltung sei replikativ?
Nein. Mechanisch gesehen hat es Sinn, dass Nietzsche das Leben als Wille *zur* Macht versteht.

In diesem *Zu* befindet sich eine Kluft zwischen einer Handlung und dem Maß für diese Handlung.
Diesen Unterschied musst du beanspruchen, wenn du vom *Leben* sprechen möchtest. Nur so wird verständlich, dass sich ein Lebewesen auf eine eigene Weise in seiner Umwelt befindet, nämlich *in Konfrontation.*

Lebewesen sind replikativ, daher ist jedes Verhältnis zu ihrer Umwelt eine Konfrontation. Die Replikation kann gefördert oder durchbrochen werden. Es ist also, wenn auch noch so rudimentär, die Rede von *Erfahrungen* und einer *vernünftigen Antwort* darauf.

Wittgensteins Unterschied zwischen Begründungen und dem Leben, auf dem jene letztlich gründen, fällt zusammen: Das Leben selbst ist pragmatisch rational. Daher sehen Lebewesen aus, als wären sie gestaltet.[20]

In *The Blind Watchmaker* spricht Dawkins genau wie Nietzsche von der *Macht* eines Lebewesens.
Macht ist allerdings nicht innerlich, wie Nietzsche glaubt, sondern mechanisch reduziert.
Macht ist Replikation, aber auch Wille *zur* Macht. Das *Zu* wird reduziert und bedeutet: mit der Umwelt konfrontiert werden und darauf via *Rückkopplungsmechanismus* reagieren.

Weil Replikatoren in ihrer Vervielfältigung notgedrungen mit ihren Grenzen konfrontiert werden, überlebt der eine Replikator *besser* als der andere. Indem Replikatoren differenziell überleben, beeinflussen sie ihr eigenes Vermögen, sich zu vervielfältigen. Die eine Eigenschaft fördert die Replikation in Konfrontation mit Umwelt und Konkurrenz *mehr* als die andere.

Der Konfrontationscharakter des Lebens und das differenzielle Überleben zwischen Varianten sind der Ursprung von Information, Einsicht und Rationalität mechanischer Art.

Wo eine bestimmte Eigenschaft in der Vervielfältigung besser erhalten bleibt als eine andere, da hat ein Replikator offenbar *eine rationale Entscheidung getroffen.*

Das musst du sagen, denn dank Variation hatte der Organismus diesen oder jenen Weg einschlagen können. Er hat einen gewissen freien Spielraum.
Seine »Entschlüsse« sind vernünftig oder nicht.
So *müssen* wir reden.

Die Konfrontation mit der Umwelt zeigt: Ein Replikator ist mächtig, aber in seiner Macht vom Aussterben bedroht.
Sein freier Spielraum macht ihn »selbstständig« und zugleich verwundbar, gefährdet.
Ein Replikator wird durch den Widerstand gegen diese Gefahr gekennzeichnet.

Ein Lebewesen ist gekennzeichnet durch dieses »Gegen« in Bezug auf seine Umwelt. Es richtet sich gegen das, was jedes geschlossene System kennzeichnet: dass es dazu tendiert, in Chaos zu zerfallen. Leben ist Widerstand gegen das Gesetz der Entropie.

Wie geht das vonstatten? Lebewesen sind nicht isoliert, sondern porös. Sie müssen Energie aus ihrer Umwelt aufnehmen, sie brauchen durchlässige Grenzen und einen Stoffwechsel.
Gleichzeitig müssen sie ihre Abwehr instand halten, entlang derselben Grenzen.

Lebewesen können daher nicht ausschließlich aus Replikatoren bestehen. Sie brauchen eine poröse und zugleich schützende Vorrichtung, eine Membran: einen Körper.

Ein Lebewesen befindet sich nicht auf dieselbe Weise an einem Ort, wie ein Stein in einem Eiszeitsediment steckt.
Du könntest sagen: Ein Lebewesen *verhält* sich zu seiner Umgebung. Es ist »selbstständiger«. Deswegen kann es durch seine Umwelt gefördert oder bedroht werden – und darauf reagieren, oder scheitern.
Die geschlossene Körpergrenze muss zugleich porös sein, damit Energie zugeführt und Abfall entsorgt werden kann. Diese Seinsweise heißt *Positionalität* (Plessner).

In meiner Jugend erfuhr ich die Spannung bei der weidgerechten Jagd auf das Reh. Als die Bauchhöhle des geschossenen Wilds aufgeschlitzt wurde, sah ich:
Die Haut des Rehs ist keine feste und dichte Hülle wie eine Dose oder Flasche. Sie ist porös, was nicht heißt, dass das Reh durch seine Haut hindurch nach außen träte. Die Haut lässt das Reh vielmehr immer schon draußen sein – und nicht, denn sie ist zugleich Verteidigungslinie.
Das Reh lebte außerhalb seiner selbst und war darum seiner Art nach der bedrohlichen Welt ausgesetzt. Gleichzeitig war es in seiner Expansion auf sich selbst konzentriert: exponiert, nie bei sich selbst und doch nicht ohne sich selbst.
Außerhalb seiner selbst stehen und gleichzeitig auf sich selbst zurückgeworfen sein, das heißt *exzentrisch* sein.
Was hier gesagt wird, betrifft nicht Informationen über Lebewesen, sondern ihren Namen – ihre Identität.

Replikatoren haben einen doppelten Sinn: Zum einen vervielfältigen sie sich, zum anderen beherrschen und instruieren sie eine Eiweißhülse, die für sie die Konfrontation mit der Außenwelt auffängt.
Das Verhältnis zwischen Replikator und Vehikel ist eine Rückkopplung.
Die Weise, wie ein Replikator sein Vehikel organisiert, kann variieren. Die eine Organisierung fördert die Replikation besser als die andere, was entsprechend auf die Überlebenskraft des Replikators rückkoppelt – differenziell, *daher informativ*.
Das Vehikel fördert die Replikation seines Meisters, des Gens, indem es mehr oder weniger geeignet ist, in einer Umwelt zu überleben. Diese Eignung siehst du dem Vehikel an. Du kannst sagen: Das Vehikel hat eine bestimmte *Gestalt*, ein bestimmtes Design, durch das es mehr oder weniger geeignet ist, der Replikation seines Herrn in der Konfrontation mit der Außenwelt zu dienen.

Daher musst du sagen, dass die Gestalt eines Organismus ein Quasi-Ziel hat: Ein Flügel ist *zum* Fliegen da, dazu ist er geeignet.
Wenn du fliegen willst, ist es rational, einen derart konstruierten Flügel zu haben – und fliegen, ja, das willst du, denn das fördert die Replikation bestimmter Gene.[21]

Replikatoren überleben nur mithilfe der Überlebensmaschinen, die sie um sich herum bauen: Sie gebrauchen diese Wegwerfroboter als Mittel oder Fahrzeug, um sich selbst zu vermehren.

Die Organismen sind keineswegs selbst die Vervielfältiger, auch wenn man das lange Zeit glaubte. Menschen brauchen diesen Glauben: Ungern sähen sie sich als Vehikel eines nichtmenschlichen Meisters.
Aber so bleibt unbegreiflich, weshalb sich Eltern für ihren Nachwuchs aufopfern.
Und das tun sie.
Warum? Nicht um der Art willen, nicht für den *Genius der Gattung*. Das ist Metaphysik, die reduziert werden muss. Niemals wird sich ein Organismus um ein Ganzes oder um eine Spezies kümmern.
Eltern opfern sich auf, weil sie Vehikel für ihr Genom sind, das sich via Nachkommen vermehrt – auch dann, wenn der Elternorganismus den Löffel abgibt.

Lebewesen glauben, sich durch Nachkommen reproduzieren zu können. Aber wie sich in der replikativen Seinsweise zeigt, sind Organismen nicht stabil genug, um als Einheit natürlicher Selektion zu fungieren. Sexuelle Reproduktion ist keine echte Replikation. Die Früchte ähneln zu wenig ihren Eltern, sie können nicht als Kopien des Selben gelten.
Individuelle Organismen sind wie Wolken am Himmel: zeitliche Aggregate, zu sterblich, um als Replikator zu fungieren.

Ein Mensch ist ein Überlebensvehikel seines Genoms.
Ein Mensch ist niemals ein Zweck an sich selbst, immer nur ein Mittel.
In der replikativen Seinsweise ist die kantische Ethik auf den Egoismus der Replikatoren reduziert. Die Vehikel werden dermaßen von ihren Meistern berauscht, dass sie glauben, ein Zweck an sich selbst zu sein, während sie in der Praxis Werkzeuge der Gene bleiben.

Vehikel sind indessen nicht nur Vehikel, sondern müssen sich zugunsten ihrer Herrscher auch selbst fortpflanzen.
Sie werden durch das Genom ferngesteuert. Zwischen Vehikel und Genom befindet sich eine Kluft von Nichtigkeit: Der Replikator greift nicht direkt in das Vehikel ein, er beeinflusst nur indirekt seine eigenen

Überlebenschancen in der Konfrontation mit der Außenwelt *(struggle for existence)*.
Der Organismus als relativ selbstständiges Wesen wird unmittelbar konfrontiert. Mittels Perzeption und einer eigenständigen Kalkulation kann er bis zu einem gewissen Grad eigene Ziele verfolgen.

Diese Nichtigkeit lässt ein Lebewesen das sein, was es ist: eine Gespaltenheit zwischen den Interessen der Replikatoren und denen der relativ selbstständigen Vehikel.

> Eine unbehagliche Spannung stört den Kern der Theorie vom egoistischen Gen. Es ist die Spannung zwischen dem Gen und dem individuellen Körper als dem fundamentalen Agens des Lebens. Einerseits haben wir das betörende Bild von unabhängigen DNA-Replikatoren, die wie Gämsen frei und ungehindert durch die Generationen springen, vorübergehend in Wegwerf-Überlebensmaschinen zusammengebracht, unsterbliche Spiralen, die eine endlose Abfolge von Sterblichen von sich abstreifen, während sie ihren verschiedenen Ewigkeiten die Bahn ebnen. Andererseits sehen wir die individuellen Körper selbst, und ein jeder ist offenbar eine kohärente, integrierte, ungeheuer komplizierte Maschine mit einer unverkennbaren Zielstrebigkeit. [...] Der Körper sieht aus und verhält sich wie ein eindrucksvolles selbständiges Agens.[22]

C Darwinismus und Erkenntnis

Die Reduktion von Leben auf Mechanik reißt mich mit.
Mitten in ihrem Sog versuche ich, einen Funken von der Umwälzung in der Sprache zu erblicken, durch die sie gezeichnet ist.

Aber nirgends ist die Überflüssigkeit der Philosophie offensichtlicher als im Darwinismus. Der Darwinismus ist seine eigene Philosophie. Er betrifft *alles*, was sich vervielfältigt – *auch* die darwinistische Wissenschaft *selbst*.
Der Darwinismus ist die erste Wissenschaft, die sich in ihren eigenen Schwanz beißt. Der Darwinist ist ein Produkt der Evolution, die er beschreibt.
Wissenschaftliche Wahrheit ist eine Variante in der Evolution des Lebens.

Die Seinsweise von Variation und Selektion beschränkt sich nicht auf Organismen. Auch die Wissenschaften sind konkurrierende Organismen. Ständig entstehen neue Varianten, Hypothesen genannt. Sie kämpfen um den knappen Raum wissenschaftlicher und gesellschaftlicher Anerkennung: Die tauglichste *(fittest)* Theorie siegt, indem sie sich auf Kosten der anderen vervielfältigt.
Fitness ist nicht zu verstehen im Sinn von *to fit* als *passen* (der metaphysischen Wahrheit als *adaequatio rei et intellectus*). *Fitness* ist das Maß, in dem eine Theorie für den Kampf ums Dasein geeignet ist, die Macht einer Theorie.

Dass die Wissenschaften selbst darwinistischer Natur sind, ist im zwanzigsten Jahrhundert bis zur Wissenschaftsphilosophie durchgedrungen – als Popper sich zur darwinistischen Terminologie bekannte. Wie Popper zeigte, sind wissenschaftliche Theorien der Gefahr, also der Selektion ausgesetzt. Nur die Theorien, die in diesem Kampf bestehen, haben Lebenskraft. Popper selbst spricht in diesem Zusammenhang von *survival of the fittest.*

> Hier können wir nun auch die Frage beantworten, in welcher Weise die jeweils bevorzugte Theorie ausgezeichnet wird.
> Diese Auszeichnung erfolgt nicht durch eine Begründung der Sätze dieser Theorie, nicht durch logische Zurückführung auf die Erfahrung: Jene Theorie ist bevorzugt, die sich im Wettbewerb, in der Auslese der Theorien am besten behauptet, die am strengsten überprüft werden kann und den bisherigen strengen Prüfungen auch standgehalten hat. Die Theorie ist ein Werkzeug, das wir durch Anwendungen erproben und über dessen Zweckmäßigkeit wir in Zusammenhang mit seiner Anwendung entscheiden.[23]

Die mechanischen Konsequenzen aus seiner darwinistischen Terminologie akzeptiert Popper *nicht.* Er versucht, der Philosophie eine besondere Aufgabe zu reservieren. Philosophen würden nicht historisch beschreiben, sondern logisch rekonstruieren: den wissenschaftlichen Fortschritt rational beurteilen. Indessen hat die Evolutionslehre gezeigt, dass Fortschritt überempirische Maße, Zweckursachen, kurzum *Metaphysik* voraussetzt.
Der Darwinismus hat die Rationalität jedoch nicht verbannt, sondern mechanisiert, wie sich noch zeigen wird.

Und so steht es um meine Existenz: Ich muss mich selbst vervielfältigen, auch durch meine Schriften. *Publish or perish.*
Worauf sollte ich mich besinnen, wenn ich nirgends stehenzubleiben brauche – und Stillstand lieber vermeide?
Was kann ein Vehikel anderes tun, als sein Leben möglichst lange zu fristen?

D Nichtigkeit

Und doch sehe ich etwas anderes auftauchen, es ist kaum erkennbar.
Nur hin und wieder, wenn es mir gelingt, mich der *Sprache* zuwenden zu lassen, auf die der Darwinismus antwortet.
Es ist die Sprache der Vervielfältigung und des Unterschiedes zwischen Replikator und Vehikel.
In ihr verbirgt sich das Eigenartige der Seinsweise, die sie gedeihen lässt: dass sie von Nichtigkeit kündet.

Nichtigkeit ist doppeldeutig.

Der Sinn eines Wesens, das als Vervielfältigung besteht, ist immer zukünftig, immer noch kommend. Darum ist dieses Wesen nicht nur verwundbar für das *Risiko*, dass die Kette abbricht – das ist sogar *gewiss.* Was als Vervielfältigung besteht, ist so nichtig, dass es *sterblich* heißen muss. Die Seinsweise der Vervielfältigung ist die Geburt einer Widersprüchlichkeit: Leben ist Überleben, doch als solches sterblich.
Das Leben wendet sich gegen seine eigene Art.
Wo nur möglich wird die Sterblichkeit im Überleben verhüllt bleiben.
Was überlebt, muss sich gegen das richten, was es ist: dem Tode geweiht.

Einerseits ist Nichtigkeit ein Mangel, ein Defekt gegenüber der verlangten Perfektion. Andererseits ist dieselbe Nichtigkeit keineswegs privativ.
Sie ist ein Hinweis auf die unmenschliche Sprache.
Dank der Nichtigkeit *gibt es* Vervielfältigung. Zwischen den verschiedenen Instanzen eines Vervielfältigers waltet Nichtigkeit, dadurch kann die Vervielfältigung in Gang kommen und weiterlaufen. Dem

Basaltblock bleibt es in seiner Abgeschlossenheit verwehrt, sich zu vervielfältigen.
Nichtigkeit ist »Bedingung der Möglichkeit« für Vervielfältigung.

Mehr noch: Die Nichtigkeit in der Vervielfältigung lässt *Variation* zu. Der Variation entspringt die innere Widersprüchlichkeit der sich vervielfältigenden Identität, damit aber auch die blühende Vielfalt des Lebens.
Ohne Nichtigkeit keine betörend reiche Fülle verwirklichter Lebensmöglichkeiten.

Ist die Nichtigkeit ein Wink in die *Sprache* mit ihren ungeahnten Möglichkeiten?
Diese Vermutung liegt nahe, wenn du bedenkst, dass ein Lebewesen zugleich offen und geschlossen ist. Seine poröse Selbstständigkeit ist doppeldeutig: Sie verweist auf die Negativität der sterblichen Existenz *und* auf die Möglichkeit, dass sich überhaupt etwas als Organismus von seiner Umgebung abhebt.

Vielleicht weist mir die Nichtigkeit den Weg zu einer Sprache, die mein philosophisches Nachdenken begünstigt. Was in der Vervielfältigung eigenartig ist: Spätere Varianten haben Einfluss auf die Bedeutung früherer. Die Zukunft entscheidet jedes Mal aufs Neue darüber, was ein Replikator jetzt ist.
Das zu durchdenken fällt mir schwer. Und doch ist es eine alltägliche Sache. Als der Ständeaufstand in Böhmen begann, wusste niemand, was das war. Erst 1648 wurde klar, dass es sich um den Anfang des Dreißigjährigen Krieges handelte.

Was ein replikatives Geschehen bedeutet, ist nie in dem Moment zu sehen, wo es gerade abläuft. Seine Bedeutung ist sogar derart zerrissen – *nichtig*, dass sie sich im Lauf der Geschichte oder Evolution fortwährend verändert.

In der Hermeneutik ist das ein alter Hut. Da wird darauf hingewiesen, dass *Oedipus Tyrannus* sich durch die Jahrhunderte hindurch ständig in seiner Identität verwandelt hat und *dadurch* derselbe geblieben ist.

Dennett sagt: *Give me order and deep time and I'll give you design.* Die »tiefe Zeit« ist einerseits die Vernichtung jeglicher Replikation, andererseits ermöglicht sie als Nichtigkeit das Geben von Bedeutung, die sich dem Strom der Zeit widersetzt.[24]

Es gibt Milliarden von Varianten, aber nur *einen* Vorfahren späterer Erfolgsmodelle – nur *eine* mitochondriale Eva.
Den Vorfahren kennst du immer erst hinterher. Du weißt also nie, was A bedeutet und warum.

Variation heißt nicht nur, dass auf den Vorgang X der Vorgang Y folgt, sondern dass sich konstant verändert, was X und Y *qua Bedeutung* sind. Das ist die Kraft des Darwinismus: Früher galt das, was etwas *ist,* die Idee oder Spezies, als *das* Vorbild für das Unveränderliche. Die platonische Idee einer Schnecke, das war die Schnecke aller Schnecken, die dem Untergang enthoben war.
Darwin hat gezeigt: Die Identität oder Spezies eines Lebewesens ist *in sich selbst veränderlich.* Zwischen den Arten verlaufen keine festen Grenzen. *Wir* haben ein adaptives Bedürfnis, feste Linien, also Ideen zu sehen. Dieses Bedürfnis schwindet jedoch, seit Menschen in die replikative Seinsweise aufgenommen sind.

Der Gedanke, Nichtigkeit sei ausschließlich Privation, wurzelt in der Ontologie der beständigen Anwesenheit.
In der replikativen Seinsweise kann Nichtigkeit nicht mehr nur privativ verstanden werden: Fehler und Mängel sind zugleich der Quell von Emergenz, von *physis* im eigentlichen Sinn: dem Aufblühen von Bedeutung.

Der *struggle* ***for*** *existence* ist von Natur aus ein Kampf *gegen* den Tod. Überleben kann scheitern und ist gegen das Scheitern gerichtet.
Das *Für* und das *Gegen* sind gezeichnet durch die Semantik des Willens.
Die Eichen in der Veluwe wehren sich mit ihrem Blätterdach gegen den drohenden Nahrungsmangel. Sie lassen ihre Blätter fallen, wenn der Winter naht – gegen die Gefahr, umzustürzen während der Winterstürme, die schon seit Jahrtausenden die Veluwe heimsuchen. Sie führen einen Titanenkampf gegen ihren Untergang.

Der Kampf gegen den Tod kündet von einer Nichtigkeit. Du bist gegen das gerichtet, was nichtsdestoweniger *ist*.
In diesem Widerwillen gegen das, was ist, blüht die Bedeutung des Lebens auf.
Tod: Gegenstand des Widerwillens und darin Bedeutungsgeber.

Nachdenken zur Zeit der großen Reduktion ist das Verweilen beim Verhältnis zwischen Nichtigkeit als Defekt und Nichtigkeit als Emergenz, unmenschlicher.

5.3 *Information und Rückkopplung*

Die Nichtigkeit des Lebens bleibt ein erstaunliches Phänomen, sofern sich dir die Gelegenheit bietet, sie zu bemerken.
Nichtigkeit zeichnet das Verhältnis zwischen einem Replikator und seinem Vehikel. Jener kann dieses nicht auf kausale Weise formieren, da zwischen beiden eine Kluft ist, ein Spielraum.
Daher ist in diesem Fall das Formieren ein In-formieren. Der Replikator versucht das relativ selbstständige Vehikel zu manipulieren und muss abwarten, ob es darauf anspricht oder nicht. Das Vehikel ist »frei«. Das Verhältnis zwischen Replikator und Vehikel ist informativ.
Das Informieren kann im Gegensatz zum Formieren scheitern, weil das Vehikel einen freien Spielraum hat.

Dieser Spielraum wird noch deutlicher im Verhältnis zwischen dem Ganzen von Gen und Vehikel und der selektierenden Außenwelt (und Innenwelt, wenn du an Parasiten denkst).
Ein Organismus und seine Umwelt verhalten sich positional, also nichtig zueinander.
Auch ein Lebewesen kann seine Umwelt nicht ohne Weiteres manipulieren. Es muss abwarten, ob und wie die autonom bleibende Umwelt auf seine Manipulationsversuche reagiert.
Dieser nichtige Zwischenspielraum und die Variation von Replikatoren und Vehikeln sind der Ursprung von Information.

Die replikative Seinsweise ruft eine große Umwälzung hervor: Information – in Descartes' Epoche noch dem Bereich des Nichtnatürlichen, Geistigen, Rationalen zugehörig – lässt sich auf Mechanik reduzieren.

Wie? Replikatoren vervielfältigen sich nicht nur, sie programmieren auch ihre Vehikel. Das Verhältnis zwischen einem Programm und seiner Ausführung ist, kausal betrachtet, nichtig. Der Ausführende verfügt über eine gewisse Selbstständigkeit. Er kann die Anweisung missverstehen oder missachten.

Darum musst du die Terminologie der Kausalität verlassen und quasihuman sprechen. Ein Programm gibt *Instruktionen* oder *Befehle,* die der Ausführende *liest* und anschließend *ausführt* oder *verweigert.*
Die Nichtigkeit zwischen Programm und Vehikel sowie zwischen Organismus und Umwelt ist der Ursprung von differenziellem Überleben.
Diese Differenzen sind das, worauf Information reduziert werden kann. Replikator A bringt mit Vehikel B mehr Kopien seiner selbst hervor als Replikator A′ mit Vehikel B′, weil B und B′ verschieden sind – *das ist, was Information bedeutet.*

Eine replikative Maschine ist wegen ihrer Nichtigkeit zweiteilig. Sie besteht aus einem Replikator und einem Vehikel – und einer Kluft zwischen beiden. *Dadurch* ist sie eine informationsverarbeitende Rückkopplungsmaschine. Was das Vehikel zuwege bringt, beeinflusst die Macht des Replikators.

Wenn du einen Automaten sinnvoll beschreiben möchtest, musst du eine quasi-anthropomorphe Terminologie verwenden. Ein Rückkopplungssystem kannst du nur dann verstehen, wenn du die Grammatik der Kausalität verlässt. Du musst über Regeln und Regelfolgen sprechen, über Instruieren und Lesen, über Wahrheit und Unwahrheit.

Ein einfaches Beispiel für eine rein mechanische Informationsmaschine ist die Zentralheizung: Hier wird Perzeption manipuliert und rational (oder auch nicht) via Gehirn nachgedacht, denn Heizung und Thermostat sind durch Nichtigkeit voneinander getrennt und trotzdem aufeinander bezogen – durch Information.

Der selbstständige Thermostat perzipiert. Er lässt sich durch Reize von außen manipulieren, die für ihn relevant sind oder nicht. Er ist ein Informationsverarbeiter, weil er einen gewissen Reaktionsspielraum hat. Einfach gesagt: Seine Reaktion kann scheitern.

Auf Basis seiner Perzeption instruiert das Programm den Heizkessel. Der zündet und heizt solange, bis die vorgegebene Temperatur erreicht ist.
Sobald der Thermostat diese neue Information gelesen hat, befiehlt er, die Maschine abzuschalten.

Warum beschreibe ich hier nicht einfach Schaltkreise nach einem Kausalitätsmodell?
Der Kern der Sache ist, dass *Fehler* gemacht werden können und gemacht werden.
Ich kann einen Thermostat nicht verstehen, wenn ich nicht sehe, dass er die Temperatur anhand eines Maßes überwacht. Es gibt Grenzen, zwischen denen sich die Temperatur bewegen darf. Tut sie das nicht, dann überschreitet sie ihr Maß – wie die Sonne Heraklits.

Du kannst einen Automaten nicht beschreiben, ohne den Maßcharakter der platonischen *idea* zu beanspruchen.
Die Rückkopplungsmaschine korrigiert Temperaturschwankungen, um den idealen Zustand zu erreichen.
Keine Rückkopplungsmaschine ohne den Unterschied zwischen Maß und Gemessenem – und damit zwischen gut und schlecht, vernünftig und unvernünftig, wertvoll und wertlos.

Das liegt nicht daran, dass eine Zentralheizungsanlage von Menschenhand und auf Basis eines intelligenten Entwurfs hergestellt wird.
Es ist umgekehrt. Der menschliche Körper setzt sich aus Zentralheizungsanlagen zusammen.
Wenn deine Körpertemperatur steigt, fängst du an zu schwitzen. Die Information über deine Körperwärme ist in einem Thermostaten gespeichert. Der befiehlt: abkühlen bis zur Wiederherstellung der idealen Temperatur.
Entscheidend ist, dass all das misslingen kann. Dann wird ein Fehler gemacht, den du mit Krankheit oder Tod büßen musst.

Ähneln Zentralheizungen nicht eher Basaltblöcken als Lebewesen, weil sie sich nicht vervielfältigen?
Du träumst wohl. Solche Anlagen sind Vehikel für die Replikation. Werden sie nicht verkauft, sterben sie aus. Sie sind also in einen Kampf ums Dasein verwickelt. Ständig werden neue Modelle in die Schlacht

geworfen. Sie werden geprüft. Sie überleben oder sterben aus. Das ist die Evolution der Zentralheizung.

Dem müsste ich nachdenken, sofern mir das Nachdenken überhaupt möglich ist.
Was ist geschehen, dass sich die Kluft zwischen Menschen, Organismen und Maschinen geschlossen hat – ohne menschliches Zutun? Gerade das machte einst das Menschliche aus: dass ein Mensch Herr über seine Sprache war, dass er eine eigene menschliche Identität hatte.
Wer glaubt, dass es so etwas gibt, für den ist der Zug der Zeit abgefahren.

> Die hin- und herlaufende Regelung der Vorgänge in ihrer Wechselbeziehung vollzieht sich demnach in einer Kreisbewegung. Darum gilt als der Grundzug der kybernetisch entworfenen Welt der Regelkreis. Auf ihm beruht die Möglichkeit der Selbstregelung, die Automation eines Bewegungssystems. In der kybernetisch vorgestellten Welt verschwindet der Unterschied zwischen den automatischen Maschinen und den Lebewesen. Er wird neutralisiert auf den unterschiedslosen Vorgang der Information. Der kybernetische Weltentwurf, »der Sieg der Methode über die Wissenschaft«, ermöglicht eine durchgängig gleichförmige und in diesem Sinn universale Berechenbarkeit, d. h. Beherrschbarkeit der leblosen und der lebendigen Welt. In diese Einförmigkeit der kybernetischen Welt wird auch der Mensch eingewiesen.[25]

Nebenbei bemerkt: Hiermit muss das Nachgehen von Heideggers Denkweg beginnen.
Kein Nachdenken, das einen Bogen macht um die Indifferenz von Maschine, Lebewesen und Mensch, kann jemals echt, das heißt treu sein – treu nicht Heidegger, sondern dem Epochalen, das in sein Denken hineinspielt. Gibt es heute ein solches Nachgehen? Oder ist die ganze Heidegger-Literatur bis heute *Literatur*, genau wie der Rest philosophischer Interpretationen?

Während die Vielfalt an Lebensformen wächst und deren Identität nichtig wird, breitet sich eine Indifferenz über dem Menschenschlag aus: eine Unterschiedslosigkeit in Bezug auf die menschliche Art. Ein Menschliches Wesen kannst du kaum von einem Artefakt oder einem Lebewesen unterscheiden. Und warum solltest du?

Von woher schicken sich Identität und Differenz zu, von woher entziehen sie sich?

5.4 *Ökonomische Rationalität*

A Eine kalkulierende Schnecke

Rationalität – das war von jeher das Merkmal des Menschen. Ein Mensch konnte denken, weil er eigens *einzusehen* vermochte, dass er rational war, mithilfe derselben Rationalität.
Was vernünftig ist, kann laut Descartes jeder Mensch, aber kein anderes Wesen einsehen.
Vernünftigkeit war ein allgemeiner menschlicher Zug und zugleich als solcher allgemein zugänglich.
Die Vernunft war von Natur aus für alle Menschen gleich *(égale)*.[26]
Wie kam es zu dieser Identität als Gleichheit, zur Gleichheit als totalen Nichtidentität mit anderen Lebewesen? Wie kam es zur Wende in dieser Welt von Wörtern?

Die vormenschliche Sprache hat sich gewandelt. Es gelingt kaum, Menschen als Menschen zu betrachten und nicht als etwas anderes – Maschinen oder Organismen. Gleichzeitig müssen Maschinen als human betrachtet werden.
Unterschiedslosigkeit hat sich über die Welt gelegt.

Das zeigt sich nirgends deutlicher als in der Sprache der Rationalität. Das Wort *ratio* bleibt bestehen, spricht aber nicht mehr auf dieselbe Weise wie in der Neuzeit, die sich jetzt vollendet.
Von jeher bedeutet *ratio* neben *Vernunft* auch *Verhältnis, Proportion*. *Diese* Bedeutung beherrscht die heutige Welt, einförmig. Sie umfasst Organismen, Menschen, Maschinen, Organisationen und die ganze Welt.

Ein Lebewesen, das du siehst, das ist ein Ganzes aus Rückkopplungsmechanismen.
In was für Wörtern wird dies deutlich?
Jedenfalls nicht in einer kausal-mechanischen Terminologie.
Das Erscheinen der replikativen Seinsweise ermöglicht eine neue Wen-

de in der großen Reduktion, eine neue mechanische Identität. Der Sinn der neuen Mechanik besteht darin, humane Wörter *neu zu formulieren* – und *nicht gierig wegzureduzieren*, wie es in der ersten mechanischen Revolution geschehen war.

Ein Organismus ist – und das ist wesentlich, um ihn zu verstehen – wie das Wort sagt: ein Ganzes aus *organa*, Werkzeugen, das gleichsam von einem vernünftigen Arbeiter, einem Ingenieur, zu einem bestimmten Zweck gebraucht wird.
Die Sprache, die ich hier verwende, ist ihrer Art nach eine Als-ob-Sprache.

Im Botanischen Garten in Leiden wächst eine Titanenwurz *(Amorphophallus titanum)* – eine Pflanze, die einen Aasgeruch absondert. Oft befinden sich Fliegen in ihrer Umgebung.
In was für einer Beschreibung wird dies begreiflich? Nur in einer quasihumanen Sprache. Du musst es so sagen: Die Pflanze versucht, Fliegen anzulocken und an der Nase herumzuführen, indem sie einen Fäulnisgeruch verbreitet. Wie verpackt sie diesen Schwindel? Durch ihren Scheingeruch: Sie gaukelt den Fliegen vor, sie hätten es mit verwesendem Fleisch zu tun. Mithilfe des Betrugs sendet sie die Fliegen mit ihren Pollen aus. Sie benutzt diese berauschten Vehikel, um ihre eigene Vervielfältigung zu fördern.[27]

Die Pflanze wird als ein rationaler Ingenieur, Ökonom und Betrüger beschrieben.
Zugleich ist diese Beschreibung mechanisch reduziert.
Die neue Mechanik sich selbst vervielfältigender Rückkopplungsmechanismen begreift das Geschehen, das sie beschreibt, als ökonomische Kalkulation im Dienst des Überlebens. Das ist der neue Sinn von Rationalität.

Organismen, die unterschiedlich aussehen oder sich verhalten, erfahren jeweils verschiedene Wirkungen aus ihrer Umwelt.
Diese Wirkungen lassen die Eigenschaften der Organismen, die an sich rein zufällig entstanden sind, semantisch sinnvoll erscheinen – als Semantik eines Ingenieurs: Wenn du unter den Umständen X überleben willst, dann ist es klug und rational, dir die Eigenschaft Y zu beschaf-

fen. Das leuchtet ein, denn die anders strukturierte Konkurrenz geht zugrunde.
So erscheinen Organismen und ihre Organe als semantisch: als Mittel für oder gegen etwas.
Dieses Semantische ist ihre Gestalt oder ihr *Design*.

So wie du einen Korkenzieher nur von seinem Zweck des Entkorkens her verstehst, so verstehst du einen Flügel mit seiner aerodynamischen Form nur vom Fliegen her.

Die Semantik von Organismen ist die eines *wirtschaftlich* arbeitenden Ingenieurs.
Ein Lebewesen braucht nichts zu denken, nichts zu erwägen, kein Bewusstsein zu haben. Es muss handeln, *als ob* es ein Ingenieur wäre.
Der Organismus braucht insbesondere keine Ziele. *Wenn* er ein »Ziel« hat, dann ist es seine Selbstvervielfältigung zugunsten des echten Replikators. Das ist seine Seinsweise.
Aus diesem Quasiziel folgt der Rest mechanisch: Die ökonomische Kalkulation umfasst alles, was zweckrational ist, das heißt, was dem herrschenden Replikator hilft, sich zu vermehren.

Diese Kalkulation ist ihrer Art nach ökonomisch. Sie besteht in der Abwägung von Kosten und Nutzen.
Solange ein Replikator lebt, investiert er – und riskiert, auszusterben. Wer nicht wagt, der nicht gewinnt.
Die Kalkulation ist eine Risikoabwägung zwischen Vermehrung und Schutz. Ungeschützte Vermehrung ist ebenso tödlich wie maximaler Schutz.
In dieser Risikoabschätzung werden Kosten und Nutzen einander gegenübergestellt.
Die Beschaffenheit eines Organs oder eines Verhaltens ist das Produkt einer Kalkulation, in der die Kosten minimiert und die Erträge maximiert werden.

Eine Schnecke baut ein Haus, um sich zu schützen. Die Energie, die sie dazu benötigt, darf jedoch nicht zulasten ihres Fortpflanzungsvermögens gehen. Das Schneckenhaus, das du siehst, ist ein austarierter Kompromiss zwischen verschiedenen Formen von ökonomischem Zwang.

Die Rationalität, die in der Vervielfältigung den Organismen zugesprochen wird, ist zugleich eine Reduktion der menschlichen Ratio. Es gibt keinen Anlass, Menschen mit ihrem Denkvermögen aus dieser allgemeinen organischen Seinsweise auszuschließen.

Heute stellt sich heraus: Die cartesische *mathesis* dient jener Rationalität als *Proportionalität* – der zwischen Kosten und Nutzen für das Überleben.

Rechnen ist kein gesondertes intellektuelles Phänomen a priori. Es basiert auf dem *Verrechnen*: gemäß der Ratio *mit* Umständen *rechnen* (Kosten, Knappheit auf dem Weltmarkt), damit *auf* Resultate *gerechnet* werden kann (Nutzen). Das Rechnen gehört zur Mechanik von Gewinn und Verlust im Kampf um den Besitz und Gebrauch knapper Güter.

Die große Reduktion, die alles und jeden trifft, ist eine ökonomisch erzwungene Einschränkung, eine Maßnahme zur Steigerung der Effizienz.

Nichts hat die Philosophie seit Anfang des zwanzigsten Jahrhunderts so energisch bekämpft wie den Psychologismus und Biologismus, denen zufolge es tatsächlich-wissenschaftliche Gründe gab für logische und mathematische Einsichten a priori. Das Tatsächliche, das von der Erfahrung abhängig war, konnte niemals das Fundament einer logischen Struktur sein.

Die Zahl 7 konnte nicht von einem mechanischen Algorithmus abhängig sein.

Dass Ideen und Axiome *a priori* sind, heißt lediglich: Du lässt nicht zu, dass sie umgestürzt werden. Das hat der Pragmatismus gezeigt. Aber wie kommst du zu etwas, das a priori ist? Wie kommst du zur Zahl 7? Indem du dich an vorgeburtliches Wissen erinnerst, wie Platon sagt?

Platons Einsicht in den Erinnerungscharakter des Apriori bewahrheitet sich in einem anderen Sinn. In der Tat, ich erinnere mich an die Zahl 7 als an etwas, was es vor meiner Geburt gab. Wie?

Darwin formuliert die platonische *anamnesis* neu: *Read monkeys for pre-existence.* Der Aprioricharakter der Mathematik und Logik ist im Lauf der Evolution mechanisch gewachsen und in deinem Erbgut gespeichert, als Resultat eines Milliarden Jahre dauernden Prozesses von Variation und Selektion.

Der Dualismus von Mechanik und Vernunft – und somit auch von Natur und Kunst – ist metaphysisch und darum mechanisch reduziert.
Der Dualismus von Empirie und Logik, von Materie und Geist, gehört seit Darwin der Vergangenheit an.

In der basaltenen Epoche von Descartes war die mechanische Natur *dumm*. Im Zeitalter der Vervielfältigung zeigt sich, dass sie rational auf Überlebensprobleme antwortet. Das menschliche Rechnen ist eine solche Antwort.

Wenn eine Schnecke ihr Gehäuse baut, folgt sie einer komplizierten mathematischen Formel. Menschen stellen komplizierte mathematische Formeln in Büchern dar.
Der Unterschied besteht nicht darin, dass Menschen denken und Schnecken nicht.

B Die Schale des Exekias

Augenschale des Exekias,
Staatliche Antikensammlungen München, Fotograf: Matthias Kabel

Du siehst hier eine griechische Schale von der Hand des Exekias.
In der ökonomischen Reduktion erscheint sie uns als *Kunst,* als musealer Gegenstand. Als solcher gehört sie einerseits zum Erleben als Erholung von der Arbeit und andererseits zur Erlebnis*ökonomie* – der industriellen Produktion und Reproduktion, dem An- und Verkauf, der Organisation von Besucherströmen.

Beim Anblick dieser Schale kannst du vermuten, was sich in der Reduktion ereignet hat. Dass sie aus einer anderen Zeit stammt, merkst du an einer gewissen Unzugänglichkeit.
Die Schale stellt eine Geschichte dar: Dionysos, gefangen auf einem Schiff, befreit sich, indem er die Mannschaft in Delfine und den Mast in einen Weinstock verwandelt.
Ist diese Schale die Illustration einer Geschichte, eines Mythos?

Aus der Ferne vermutest du: Die Schale bildet nichts ab und erzählt nichts, sondern ist Ausdruck der Sorge um das Ganze der damaligen Bedeutungswelt. Die Schale »handelt von« großen »kosmologischen« oder »kategorialen« Unterscheidungen. Menschliche Fertigung und natürliches Wachstum (Natur und Kunst) sind auf der Schale ineinander verwoben.
Der Mast ist gefertigt, aber er ist zugleich eine natürlich gewachsene Weinranke.
Das Schiff ist von Menschenhand geschaffen, ist aber auch ein Tier, ein Delfin.
Die Welt von Göttern, Menschen und Tieren kommt ins Spiel. Sie ist voller Ambivalenz: Der Gott Dionysos ist zugleich ein Mensch. Die Tiere rings um das Schiff sind auch Seeleute.

In der ökonomischen Reduktion ist diese Sorge um ein Weltganzes und um die Identität der Dinge weggefallen. Wie Hegel sagt: *Die Kunst ist tot.*

Indessen kannst du ahnen, dass die Schale nicht bloß produziert wurde.
Die Produktion der Schale war ein *pro-ducere,* also ein Hervorbringen.
Was wurde hervorgebracht? Das Schalenhafte, das Wesen dessen, was Schale heißen konnte.
In der Schale verkörperte sich und trat hervor der Anblick *Schale,* das Schalen*hafte.*

> Griechisch gedacht, ist das Werk nicht Werk im Sinne der Leistung eines angestrengten Machens, auch nicht Ergebnis und Erfolg; es ist Werk im Sinne dessen, was in das Unverborgene seines Aussehens ausgestellt ist und als so Stehendes oder Liegendes verweilt.[28]

In der metaphysischen Welt erklärte sich ein Ding aus dem Ganzen seiner Veranlassungen – einer Bedeutungswelt. Dieses Veranlassungsganze brachte das Wesen zu seiner Verkörperung im Ding.
In diesem Zusammenhang spricht man von der aristotelischen Vierursachenlehre.
Die Schale des Exekias war von einem Hersteller gefertigt (»Wirkursache«), der eine bestimmte Umgrenzung der Schale vor Augen hatte, als er sie hervorbrachte – das Aussehen der vollendeten Schale (»Zielursache«).
Die Schale musste aus geeigneten Rohmaterialien gefertigt sein (»Stoffursache«), konnte aber nur dann zustande kommen, wenn ihr Anblick, *eidos* oder *idea,* sich in ihr verkörperte (»Formursache«).

Die Metaphysik der Fertigung spricht von einer Vollendung, einem Hersteller, einer Materie und einem Anblick.

Fertigen als das Her-vor-bringen eines Anblicks ist, wie Heidegger bemerkt, nicht das, was heute Produktion heißt. Auch die Rede von Ursachen ist hier unangebracht.

Wie wird nun die Schale des Exekias und damit das aristotelische Schema ökonomisch reduziert?

Die darwinistische Säure hat das Veranlassungsganze angegriffen. Der Darwinismus sagt: Du brauchst nichts als mechanische Ursachen und Materie – *welche* Materie, das ist vollkommen egal, sie muss keineswegs aus lebendigem Protoplasma bestehen.
Daraus erklärt sich das Ganze der Lebensformen, auch die Schale des Exekias. Es muss weder eine erste Ursache noch ein Ziel geben. Die Identitäten oder Gestalten existieren, aber sie sind Nebenprodukte mechanischer Verursachung und spielen innerhalb der Mechanik keine Rolle. Die Onto-Theologie der aristotelischen Quasi-Ursachen ist überflüssig geworden.

Bedenke: In der mechanischen Reduktion wird das aristotelische Schema nicht gierig abgewimmelt, sondern behalten und neu formuliert. Der Darwinismus versteht sowohl den Möwenflügel als auch die Schale des Exekias auf aristotelische Weise – allerdings ökonomisch reduziert. Dabei bringt er etwas ans Licht, was im aristotelischen Gedankengang wegblieb.

Weder Aristoteles noch die nachfolgende Metaphysik haben gezeigt, wie die vier verschiedenen »Ursachen« *aufeinander bezogen sind.* Was hält sie zusammen? Auf den ersten Blick nichts.

Die Reduktion zeigt: Das Zusammenspiel der vier »Faktoren« besteht in einer ökonomischen Kalkulation. Das Metaphysische an ihnen verschwindet. Sie sind alle mechanisch.
Die Schale des Exekias sieht so und nicht anders aus, weil sie ein labiles Gleichgewicht zwischen Kosten und Nutzen ist, ein listiges Überlebensprodukt.

Wie wird die Zielursache reduziert? Bei der Produktion der Schale oder des Möwenflügels hatte scheinbar jemand ein Konzept vor Augen. Doch das ist nicht nötig.
Wenn ein solches Konzept relevant ist, dann nicht als Ziel, sondern als Mittel. Die aristotelische Metaphysik ist ätherisch und darum die Patin der musealen Kunst. Sie erwähnt mit keinem Wort das einzig wahre »Ziel« bei der Produktion der Schale: *die Produktion weiterer Schalen.* Exekias dient dieser Vervielfältigung, nicht umgekehrt. Ohne fortlaufende Schalenproduktion kein Exekias!

Aus der Schalenreplikation wird klar, wie die aristotelischen Ursachen zusammenhängen.
Der Hersteller der Schale muss mit den Begrenzungen seiner Materialien haushalten. Nicht alles ist vorrätig. Nicht alles ist bezahlbar. Die Materialien müssen dauerhaft sein, aber nicht so teuer, dass die Verkäuflichkeit gefährdet wird. Die ökonomische Ratio bestimmt die Wahl des Materials.

Die Form der Schale ist keine selbstständige Ursache, sondern ein Nebenprodukt der ökonomischen Kalkulation. Nicht die Formgebung bestimmt die Kalkulation, sondern umgekehrt: Die Formgebung wird bestimmt durch das verwendete Material, unter Berücksichtigung der Verkäuflichkeit.

Der Hersteller ist natürlich unentbehrlich. Er ist kein kreatives Genie, sondern ein Kalkulator, ein Programm für ökonomische Berechnungen.
Der Hersteller des Möwenflügels ist das Genom. Der Hersteller der Schale befindet sich außerhalb des Endprodukts: im Genom und in den Fähigkeiten der Rechenmaschine Exekias.

Wo die künstlerische Formgebung neu- oder einzigartig ist, da muss Variation verstanden werden als ein Mittel, um einen Vorsprung gegenüber der Konkurrenz zu gewinnen.

Die Fiktion der einzigartigen Schale beruht auf der Ontologie des Basaltblocks.

Die Philosophie als Metaphysik war wie die Schale des Exekias: Sorge um die Bedeutungswelt und um das Hervorbringen des Anblick der Dinge im philosophischen Sprechen und Schreiben. Die Philosophie schrieb selbst im Schema der vier »Ursachen«.

Die Philosophie hat diesem Schema gemäß stets nach der *ratio* ihrer selbst und ihrer Welt gesucht.
Heute ist die *ratio* ein ökonomisches Verhältnis.
Kommt die Philosophie darin noch vor?
Es gibt keine Welt, für die Sorge getragen, keinen Anblick, der hervorgebracht werden müsste.

Seitdem die replikative Seinsweise die basaltene in der menschlichen Welt verdrängt hat, schwindet das *telos*, sodass die Vervielfältigung ungehemmt weitergehen kann. Bedenke die Konsequenzen.

Für Aristoteles, ebenso für Heidegger, jedenfalls bis zum Zweiten Weltkrieg, ist es selbstverständlich, dass menschlicher Heilkunst eine Grenze gesetzt ist – ihr *telos* ist die Gesundheit.
Das *Ziel* der Heilung, die Gesundheit, war durch Heilkunde nicht zu erreichen. Es gab einen Unterschied zwischen dem Gesund*machen* und dessen Sinn, der Gesund*heit*.

Auf dieser Grundlage konnte Heidegger damals unterscheiden zwischen der sinnlosen Lebensverlängerung (dem »Überlebenwollen der Beliebigsten«) und dem Erreichen eines wahrhaft gesunden Lebens. Krankheit, glaubte Heidegger damals, ist abhängig vom Wesen der Gesundheit. Bei den Griechen hieß gesund zu sein, im Interesse des Staates zu handeln vermögen. Wer dieses Kriterium nicht erfüllte, bekam keine medizinische Behandlung.[29]
Nach dem Krieg sieht Heidegger die Möglichkeit auftauchen, dass die Technik nicht mehr zur Gesundheit *beiträgt*, sondern sie als ein technologisches Produkt *bewerkstelligt*.[30]

Inzwischen ist das selbstverständlich. Das Gesundheitswesen als Vehikel für Replikation darf nicht durch irgendein begrenzendes *telos* gedrosselt werden. Im Gegenteil: Es wird immer neue Krankheiten samt den dazugehörigen Heilverfahren entwerfen, um sich in ihrem Konkurrenzkampf immer wieder selbst zu übertreffen.

Vielleicht erblicke ich hier einen Funken von meinem eigenen Nihilismus?
Ich kann nicht fragen, zu welchem Zweck die Milliarden Menschenleben, die es heute gibt, erhalten werden müssten. Muss ich ohne weitere Bedeutung mitvegetieren – ein Betagter, der seine Existenz durch Weltreisen vor der Langeweile rettet?
Gesundheitskult, Lebensverlängerung um jeden Preis, Nihilismus – das ist dreimal das Selbe.

C Die Ratio einer Teerose

◆: Seitdem Rationalität Überlebenskalkulation ist, erscheint ein althergebrachtes Prinzip, das die Neuzeit markierte – Leibniz' Satz vom zureichenden Grund –, in einem neuen Licht.
Leibniz sah in diesem Prinzip einen Aufruf oder Anspruch, so lange Gründe zu geben, bis etwas Festes, Prinzipielles gefunden ist. Er glaubte, auf diese Weise *müsse* Rechenschaft gegeben werden – über die Dinge durch Kausalität, über das Wissen durch Rationalität.
Heute, in der replikativen Seinsweise, erweist sich dieses *Müssen* als konditional: Wer über seine Kosten nicht Rechenschaft geben kann,

der überlebt nicht. Rechenschaft und Überlebenskalkulation sind zweimal das Selbe.
Leibniz dachte: Während Gott rechnet *(dum Deus calculat)*, entsteht Welt *(fit mundus)*.
Jetzt zeigt sich: Nicht Gott rechnet, sondern rings um die Replikatoren wird gerechnet.
□: Das Geben von Gründen hat selbst *keinen* Grund. Der Satz vom zureichenden Grund ist darum auch kein Prinzip. Er selbst hat weder ein Prinzip noch einen Anfang.
Diese Grundlosigkeit ist nicht nichts, sondern das, wogegen das Leben in seinem Überlebenswillen gerichtet ist.
Die rationalen Kalkulationen von Bäumen, Tieren und Menschen sind gegen die Bodenlosigkeit gerichtet.
Die kannst du hin und wieder erblicken – aber nicht in deine Kalkulationen aufnehmen.
Nun kannst du denken: Ich gehe den Weg meiner Vervielfältigung weiter, die Bodenlosigkeit meines Denkens kümmert mich nicht. Das Ganze meiner Welt lässt mich kalt.
Du kannst auch denken: Obwohl ich weiß, dass meine Begründungen unbegründet sind, kann ich nicht aufhören zu begründen. Ich bin der Macht des Grundlosen offenbar nicht gewachsen. Ich bin zu endlich, um mein eigenes bodenloses Wesen zu mir zulassen zu können. Das liegt an der Bodenlosigkeit selbst.
Was ich auch tue oder lasse, immer beherrscht das Wort *ratio* all das, was ist und was ich denke.
Dieses Wort gibt zu denken, ob ich ihm nachdenke oder nicht. Es bleibt jedoch eine Kluft zwischen meiner Rationalität und dem mir unzugänglichen Wort *ratio*.
◆: Es hat keinen Sinn, von einer Entwurzelung oder Bodenlosigkeit des heutigen Zeitalters zu sprechen. Das sind Klagen aus der Metaphysik des Basaltblocks. *Ratio* ist Kalkulation im Dienst des Überlebens.
□: In meinem Überleben bin ich gegen etwas gerichtet, was zu mir gehört und dennoch niemals um mich bekümmert ist. Das ist das Wort, das mir Leben gibt und Tod.
In seiner Erörterung von Leibniz' *Satz vom Grund* kommt Heidegger auf die Erscheinungsweise eines Lebewesens zu sprechen. Laut Angelus Silesius, einem Mystiker aus dem siebzehnten Jahrhundert, fällt sie nicht unter den Satz vom zureichenden Grund – nicht wegen einer Lücke in der Kausalität, sondern weil ein Lebewesen ein Hinweis auf die

Bedeutung der Grundlosigkeit ist. Diese Grundlosigkeit braucht keine Gründe und ist dennoch tragend für jeden Grund und jedes Fundament. Von einer Rose sagt Silesius:

> Die Ros ist ohn' Warum; sie blühet, weil sie blühet.
> Sie acht nicht ihrer selbst, fragt nicht, ob man sie siehet.[31]

◆: Ich möchte dir deine mystische Verwunderung nicht nehmen, aber auf diesem Weg wirst du der Ökonomie nicht entkommen. Was Angelus Silesius behauptet, ist unhaltbar. Du kannst Rosen nicht von der ökonomischen Rationalität ausschließen.
Eine Rose hat durchaus ein Warum. Sie ist das Produkt von Variation und Selektion, zunächst in der ökologischen Welt und ferner auf dem internationalen Schnittblumenmarkt. Wie du weißt, hat die Nachfrage der Konsumenten jene Züchtung geformt, die heute unter dem Namen *Rose* bekannt ist.
Auch wenn die Rose nicht mit lauter Stimme fragt, ob man sie sieht, ist sie das Produkt von Perzeption, von der Weise, wie Insekten und andere Konsumenten sie wahrnehmen. Sie fragt sehr wohl, wie sie perzipiert wird. Sie wird ihre Sichtbarkeit und Attraktivität ständig verbessern. Die Rose setzt ihre Farben, Formen und Düfte ein, um sich mithilfe von Bestäuberinsekten und Rosenkäufern zu vervielfältigen. Sie achtet dabei durchaus ihrer selbst, insofern sie Teil eines sich selbst korrigierenden Rückkopplungsmechanismus ist.
Bedenke, dass die Rose keineswegs blüht, weil sie blüht. Sie ist Gebrauchsgegenstand für einen Replikationsmechanismus. Der benutzt die Blüte, um sich selbst zu vermehren.
□: Worum geht es bei Angelus Silesius? Darum, dass der *Mensch* eine Rose ist, ohne Warum. Das deutet auf die Möglichkeit hin, eine philosophische Erfahrung in der Epoche der Ökonomie zu machen.
Die Replikation hat kein Ziel außer sich selbst. Die Ökonomie selbst ist ohne Warum. Das ist kein Anlass, ein nihilistisches Klagelied anzustimmen, sondern ein Wink in die Bedeutungswelt, in der die Replikation stattfindet.
Blühen dient dem Überleben. Zugleich ist dieses Blühen selbst im Spiel: Es hat Bedeutung, ist aber ohne Grund.
◆: Was soll dieser Hinweis? Neue Bedeutungen überleben nur dann, wenn sie Nahrung für ökonomische Algorithmen sind. Du befindest dich in einem ästhetischen Anhängsel der Pragmatik.

□: Das englische Wort für knapp, *scarce,* stammt aus dem Lateinischen. *Ex-carpus* bedeutet: ausgepflückt. Damit verwandt ist das Wort *Herbst,* die Saison, in der das Pflücken vorbei ist. Knappheit, *scarceness,* ist Kargheit, Mangel: Es fehlt etwas.
Im *Symposion* beschreibt Sokrates *Erôs.* Der ist Grund nicht nur der Fortpflanzung, sondern auch der Philosophie. *Erôs* ist der Nachkomme von *Poros* und *Penia,* von Vermögen und Armut. Er befindet sich immer in einem Mangelzustand: ohne Schuhe, ohne Haus, erpicht auf Unsterblichkeit, Reichtum und Verstand. *Erôs* ist ein Jäger, der Listen ersinnt, um sich überall durchzuschlagen.
Die Erfahrung von Knappheit ist nicht die letzte oder einzige. Knappheit wird erfahren und bekämpft in einer grundlosen Bedeutungswelt – in derjenigen der Natur. Die Natur ist nicht um dich bekümmert, gleichwohl trägt sie dich, indem sie dich Knappheit *erfahren* lässt. Dein Wille, Knappheit wettzumachen, übertönt das, was schon früher da und frei von dir und deinem Denken ist.
Die Bedeutung der Natur ist unantastbar. Sie lässt sich nicht durch die organische Semantik von Knappheit und Überfluss besetzen.
◆: Wie, glaubst du, sollten sich deine Gedanken jemals verbreiten, wenn du so sprichst? Du ziehst dich in ein Niemandsland zurück, wohin dir niemand folgen kann.
□: Du behauptest, die Reduktion, in die wir einbegriffen sind, sei nicht gierig, sondern vernünftig und somit harmlos. Aber stimmt das?
Du sagst, dass du zwar einen Erklärungs-, aber keinen Beschreibungsreduktionismus betreibst: Die mechanischen Beschreibungen bleiben anthropomorph.
Kann ich die Beschreibungen frei wählen, solange die mechanische Erklärbarkeit garantiert ist? Kann ich den Gesang einer Nachtigall außer als Imponierverhalten oder Reviermarkierung auch als Jubel- oder Trauergesang, Liebesgesang oder Totengeläut bezeichnen? Kann ich glauben, der Gesang eines sterbenden Schwans drücke eine Befreiung aus?
◆: Du weißt es ebenso gut wie ich: Nur diejenigen Beschreibungen werden überleben, die eine ökonomische Erklärung zulassen. Eine jauchzende Nachtigall überlebt vielleicht in der Poesie, einem Asylantenheim für Halbstarke.
□: Dann ist dein Beschreiben schon vorher durch die Art deines Erklärens bestimmt. Nur das besteht, was in einer Mangelsituation überlebt.

◆: Über den Rest brauchst du dir keine Gedanken zu machen. Der gibt von selbst den Löffel ab.
□: Was auch immer von deinen mechanischen *Erklärungen* zu halten ist – deine *Beschreibungen* sind letztlich anthropomorph. Du neigst zum Humanisieren.
◆: Ich gebrauche diese quasihumanen Beschreibungen nur der Einfachheit halber. Sie könnten vollkommen mechanisch und ohne Bezüge zum Humanen ausformuliert werden.
□: Warum *tust* du das dann nicht?

5.5 *Sehen-Als und Emergenz*

□: Auch wenn Arten und Ideen mechanisch gewachsen sind, bleibt eine unüberbrückbare Kluft zwischen tierischen und menschlichen Maschinen bestehen. Menschen haben ein anderes Verhältnis zu Bedeutung: Sie verhalten sich zu ihrer Umgebung *selbst* – und sehen daher die Dinge *als* dieses oder jenes.
Mit dem Hasen dort kannst du nicht das tun, was wir gerade auf dieser Retrobank machen: Du kannst mit ihm kein Brötchen essen.
Der Hase beißt zu, trotz Fütterungsverbot – aber er isst kein Brötchen. Das Vermögen, Dinge als solche zu erkennen, fehlt jedem anderen Lebewesen, auch den Bonobos, denen du beibringen kannst, ihre Vorliebe für eine bestimmte Bananensorte durch das Drücken farbiger Knöpfe kenntlich zu machen.
Wenn du sagst, ein Eichhörnchen betrachte seine gesammelten Nüsse als Wintervorrat, dann ist das ein *Als-ob*, das du verwenden kannst, *weil* du dich in einem *Als* befindest.
◆: Wie die Qualle anders ist als ein Apfelbaum, so ist der Mensch eine Transformation gegenüber allen anderen Organismen. So auch das *Als*.
□. Meine Frage ist nicht, ob sich das menschliche Dasein durch seine *Überlegenheit* vom Rest der natürlichen Welt unterscheidet, sondern ob es sich durch eine *Erfahrung* auszeichnet. Menschen sind diejenigen Maschinen, die sich zu ihrem Bedeutungsganzen verhalten, in dem sie sich befinden – zu ihrer Welt. Diese Welt ist das Haus ihrer Sprache. Was du tust oder erfährst, verdankst du der Sprache und ihrem *Als*. Darum musst du sagen, dass Affen Greifwerkzeuge haben und keine Hände. Nur wer in der Sprache lebt, hat eine Hand und kann geben oder gestikulieren.

◆: Zwischen den Organismen liegen keine Abgründe, sondern zahllose Zwischendinge – *auch* zwischen Affenhänden und denjenigen, mit denen Menschen glauben, ein Brötchen *als solches* zu essen.
Die Übergänge sind fließend. Aß ein Neandertaler Brötchen? Was ist mit einem *homo habilis*? Und ein *Paranthropus boisei*?
Haben Bonobos nur Greiforgane? Begrüßen sie sich damit nicht? Drücken sie nicht auf ihre Weise mit ihren Händen Unterwerfung oder Kummer aus?
□: Leben sie in der Sprache so, wie eine Schnecke in ihrem Haus lebt?
◆: In einer Variante davon. Ein Bonobo hat eine eigene Sprache, in der er andere warnt, wenn Gefahr droht: Er zeigt an, dass er nicht als Mahlzeit enden will.
□: Heidegger würde sagen: Der Hase dort knabbert, aber er isst nicht, weil er das Brötchen nicht *als* Brötchen sehen kann.
◆: Wenn du Mordshunger hast und dir ein Brötchen schnappst, siehst du es dann *als* Brötchen? Ein Polarhase unterscheidet mühelos eine Wurzel von einer Semmel.
Es gibt Varianten vom *Sehen-Als*. Die menschliche ist eine davon. Die Titanenwurz kann ihren Betrug nur dadurch zuwege bringen, dass Fliegen die Pflanze *als Leiche* ansehen.
Befänden sie sich nicht in einem *Sehen-Als*, könnten sie auch nicht durch ein *Als-ob* an der Nase herum geführt werden, wie du selbst sagst.
Heidegger *kann* sich nicht vom Hasen in sich selbst befreien und seine Mahlzeit in humaner Einsamkeit einnehmen – auch wenn er nichts lieber täte.
□: Im Zentrum deiner beschreibenden und erklärenden Mechanik stehst *du*. Die Quasi-Vernünftigkeit und Quasi-Intentionalität der lebenden Natur kulminieren in der menschlichen Vernunft. Dass der scheinbar physiomorphe Darwinismus doch anthropomorph ist, zeigt sich in dem, was unmittelbar aus ihm hervorgeht: in den menschlichen Möglichkeiten der Genmanipulation. Das Ingenieurwesen der Natur vollendet sich in dem des Menschen: *Quasi* und *pseudo* werden eins.
Was ereignet sich zwischen der Titanenwurz, der Fliege und uns? Wir begegnen uns in einem »Als« und »Als-ob«, das von keinem von uns abhängig ist.
Diesen vorprädikativen Bereich zwischen Erscheinen und Gesehenwerden können wir nicht unmittelbar in den Blick bekommen.
Wir sehen Bedeutungen und sehen, wie sie aufkommen und vergehen.

Aber das *Gebiet,* aus dem sie auftauchen, den Emergenzraum, sehen wir nicht.

◆: Der cartesianischen Mechanik ist es nie gelungen, die Subjektposition einzukalkulieren. Sogar die Optik behandelte das Auge als Objekt und nicht als schauendes Subjekt. Die Wahrheit der Optik konnte *innerhalb* der Optik nicht zur Sprache kommen und blieb Sache eines cartesianischen Subjekts, das sich als *extraterrestrisches* Etwas draußen befand.

So entsteht der Spuk einer philosophischen Semantik, die das Zwischengebiet zwischen Subjekt und Objekt durchgründen soll – ein hoffnungsloses Unterfangen.

Seit der darwinistischen Wende beißt sich die mechanische Schlange in ihren eigenen Schwanz. Sie hat das Subjekt der Wissenschaft in sich aufgenommen. Der Darwinist ist Produkt der Evolution, die er beschreibt.

□: Laut Heidegger hat der Darwinismus etwas vergessen: dass er sich schon in einer Offenheit befindet und erst aus ihr heraus dem Leben begegnen kann.

Der primäre Bezug eines Lebewesens zu seiner Umgebung, dem Offenen, fällt nicht in den Bereich des Darwinismus.

Menschen befinden sich in einer Welt voll humanisierter Bedeutung. Deine Vertrautheit mit dieser Welt kann brüchig werden, wenn du erkennst, dass es Wesen gibt, nämlich Pflanzen und Tiere, die der Welt auf eine bestimmte, für Menschen unzugängliche Weise offenstehen.

Eine unaufhebbare Fremdheit innerhalb der vertrauten Welt.

Diese Fremdheit wird im Darwinismus wegretuschiert: Vervielfältigung und Ökonomie machen das Leben vollkommen zugänglich.

◆: Darwins Mechanik umfasst die Semantik dessen, was du »das Offene« nennst, und damit auch die frühere Subjektposition.

Diese Mechanik sieht *nicht* zuerst einen Organismus und setzt ihn anschließend in seine Umwelt. Im Gegenteil: Die Gestalt eines Organismus lässt sich nur als erstarrte Semantik ökonomischer Art begreifen, hervorgegangen aus der langen Geschichte von Wechselwirkungen zwischen seinen Vorgängern und ihrer Umwelt.

Das Design ist nicht bloß effizient – es ist an eine bestimmte Umwelt *angepasst,* das heißt: Es antwortet ökonomisch sinnvoll auf ein Ingenieurproblem. Darin liegt die Wahrheit eines Organismus.

Dieses primäre semantische Verhältnis, aus dem der Organismus erst

hervorgeht, kannst du meinetwegen *Offenheit* nennen, wenn du damit nichts Tiefsinniges meinst.
Heidegger sagt, nicht der Mensch spreche, sondern die Sprache, und der Mensch entspreche ihr. Das lässt sich von jedem Organismus sagen: Er entspricht dem, was von ihm verlangt wird, und bezieht seine Bedeutung nicht aus sich selbst.
Auch vom Menschen musst du sagen: Nicht er spricht, denn er ist das Sprachrohr seines Genoms.
Die Gensprache ist eine Syntax.
Für sich genommen ist sie, wie jede Syntax, bedeutungslos. Sie steht jedoch nicht für sich selbst, sondern bestimmt das, was schon seit Milliarden Jahren wächst: ein *semantisches* Verhältnis zwischen Lebewesen (Fleischrobotern) und ihrer Umwelt. Darum sagen wir: Gen X ist ein Gen *für* dieses oder jenes. Dieses semantische *Für* verdankt sich dem Erhaltungsvermögen der Mechanik, nicht einer rätselhaften Offenheit.
□: Wo ist eigentlich der Ort der Identität innerhalb der Seinsweise der Replikation – der Ort dessen, was einst *idea* oder *Spezies* hieß?
Darwins Buch trägt den Titel: *The Origin of Species*. Die Arten haben zwar einen Ursprung und sind somit zeitlich. Aber Darwin spricht weiterhin von Arten. Was sind das für Dinge? Wie verhalten sie sich zu den mechanischen Algorithmen, wenn die Formursache auf eine Begleiterscheinung reduziert ist?
◆: Auf einem Bauernhof werden Jahr für Jahr Rinder nach ihrer Milchleistung selektiert. Im Lauf der Generationen entstehen Kühe, die immer mehr Milch produzieren. Gleichzeitig verändern sich die Kühe in ihrem Aspekt oder Anblick, ohne dass es jemand beabsichtigt. Ein neues »Als« kommt auf. Verschiedene Rassen entstehen, ohne jegliche Formursache. Fleischkühe haben Hinterteile und keine Euter, Milchkühe sind Euterhalter.
Indem sie voneinander isoliert werden, entwickeln sie sich allmählich zu verschiedenen Spezies, die sich nicht mehr untereinander fortpflanzen können.
Während der Vervielfältigung treten unvorhersehbare Variationen auf – in der Syntax. Hin und wieder bringen sie eine neue Semantik hervor: einen lebensfähigen Phänotyp.
□: Wie kommt es zu diesen neuen Möglichkeiten?
◆: Sie entspringen einem immensen Raum, dem *design space*, wie Dennett ihn nennt. Einige der Formen, die er enthält, verwirklichen

sich, andere nicht. Diesem Raum ist zu verdanken, dass unterschiedliche Arten ähnliche Lösungen für ähnliche Probleme finden. So haben Douglasien, Insekten, Reptilien, Vögel und Säugetiere den Flügel jeweils neu erfunden.

□: Jetzt zeigt sich: Der Darwinismus ist immer noch ein Platonismus, zwar nicht auf der Erklärungsebene, wohl aber auf der Beschreibungsebene.

Es *gibt* keine Aspekte oder Möglichkeiten, die irgendwo bereitlägen. Du betrachtest Möglichkeit als eine Schattenwirklichkeit, aber die gibt es nicht.

Der Flügelsamen der Douglasie ist nicht schattenhaft in einer Borges'schen Bibliothek anwesend.

Eine solche Bibliothek ist ebenso imaginär wie Platons Ideenwelt.

Sie *ist* diese Welt.

◆: Neue Spezies sind nicht mirakulös. Die Spezies sind durch Ketten von vielgestaltigen Zwischenstufen miteinander verbunden.

Das »Als« ist eine mechanische Begleiterscheinung. Die Aktivitäten der Denker – der Identität der Dinge nachspüren, in der Hoffnung, neue Epochen vorherzusehen – hinken dem eigenständigen Geschehen hinterher. Die Evolution ist ihrer Art nach blind, auch dann, wenn sie das menschliche Dasein durchlaufen hat.

Nietzsche sieht, dass Bedeutung aus fortlaufender Vervielfältigung entsteht. Nur aus quantitativer Zunahme können, unversehens, qualitative Umschläge hervorgehen. Das Maschinenzeitalter ist seiner Art nach eine Begleiterscheinung replikativer Mächte wie Druckerpresse, Eisenbahn und Telegraf.

Heidegger fragt, wie *das* Prämissen sein könnten. Emergente Bedeutung mit Bevölkerungswachstum zu erklären, das hält er für so oberflächlich, dass es keiner Erwähnung wert ist.

Er denkt, das Aufkeimen von Bedeutung gehe den tatsächlichen Entwicklungen voraus, und das menschliche Denken sei unentbehrlich bei der Präfiguration der Wirklichkeit durch die semantischen Möglichkeiten.

Aber es ist umgekehrt: kein Aufkeimen von Bedeutung ohne Bevölkerungswachstum und Selektionsdruck.

Denken ist ein Wurmfortsatz autonomen Geschehens, aus dem Bedeutungen hervorgehen können.

Adam Smith hat es gesagt: Denkweisen sind Produkte der Arbeitsteilung und nicht umgekehrt.

Genius is more the effect of the division of labour than the latter is of it.[32]

Wie sollte es auch anders sein? In den Hunderttausenden von Jahren, in denen der Mensch als Jäger und Sammler lebte, hat nie irgendjemand ein Rad gebraucht, Vieh in eine Umzäunung gesetzt oder ein Gesetzbuch geschrieben.
Das geschah erst, als eine kritische Grenze im Bevölkerungswachstum überschritten wurde.
Wer meint, er könne eine Umwälzung der Zeiten denkend vorbereiten, der leidet an Subjekthypertrophie.
□: Ein wesensfremder Parasit hat sich in die replikative Seinsweise eingenistet. So klein auch die Schritte sind, so gering der menschliche Beitrag ist – Lebensbedeutungen *tauchen auf*. Woher kommen sie? Was ist das, was im Darwinismus *Emergenz* heißt, jedoch ein *asylum ignorantiae* bleibt?
◆: Ich brauche keine platonische Welt. Die Evolution ist ein experimentierender Ingenieur. Der muss, wenn er unterwegs auf Probleme stößt, den erlösenden Zug machen, der es ihm ermöglicht, weiterzugehen.
So finden sich ähnliche Lösungen für ähnliche Probleme.
□: Aber wie kommt der Tüftler auf die Lösung seiner Probleme? Er hat sie nicht in der Hand, sie fallen ihm vielmehr in die Hände.
Das Wort *design* ist mit *signum* und *designatio* verwandt. Es betrifft Zeichen, die sich niemand ausgedacht hat, wie der Darwinismus zeigt. Bedeutungen nennt ihr emergent. Eurer Wahlspruch lautet wie derjenige der niederländischen Provinz Zeeland: *Luctor et emergo*, ich kämpfe und komme empor. Bedeutung kann nur dann emporkommen, wenn ein bedeutungsgebender Horizont das Leben umgibt.
Das ist es, worum es in der Verwandlung des philosophischen Nachdenkens geht.
Die darwinistische Mechanik ist ein Houdini-Akt. Sie muss, zugunsten der wissenschaftlichen Reduktion auf Elemente, an der Einförmigkeit des Erklärens festhalten. Dieselbe Mechanik muss zugleich die gigantische Vielfalt an Lebensformen umfassen. Das Rätsel des Auftauchens von Bedeutung verschwindet zugunsten der Erklär- und Beherrschbarkeit.
◆: Du hebst einen Horizont hervor, der die Ökonomie des Lebens und des Wissens umgibt. Falls dieser Horizont relevant ist, so ist er in dieselbe Ökonomie aufgenommen.

Was du der ökonomischen Ratio entgegensetzt, ist und bleibt Bestandteil dieser Ratio.

□: Offenbar sind Denken und Sein von der großen Ökonomie umringt, dem *nomos* des *oikos*. Wie auch gelebt oder gedacht wird, immer geht es um eine Entfremdung (das Eingehen eines Risikos) mit dem Ziel heimzukehren, sodass wieder neue Eroberungszüge möglich werden.

Die Welt, in der dies stattfindet, ist ihrer Art nach eine Ausfallbasis und ein Zuhause. Sie ist bereits eingerichtet für die Fahrten des Lebens oder Wissens.

Das Leben als Odyssee, die Welt als Schiffbarkeit.

Diese Ökonomie bestimmt jedes Verhältnis zwischen Entwurf und Anwendung, zwischen Theorie und Experiment, zwischen Denken und Anschauen.

Die einzige Erfahrung, die du in der Ökonomie machen kannst, ist die der Knappheit, die beseitigt werden muss, damit die Vervielfältigung weitergeht.

◆: Dieser Gedanke ist jedenfalls so alt wie die Philosophie selbst: *Erôs*, von dem wir bereits gesprochen haben, ist der Nachkomme von *Penia* und *Poros*.

Leben und Wissen sind Teil dieser erotischen Konstellation.

□: Was du sagst, verdankst du Wörtern, die nicht *deine* sind. Sie haben ihren Ursprung in dem, was du Emergenz nennst. Mit deinem mechanischen *Erôs* – nichts als Wille zur Macht – überfällst du die Emergenz mit etwas, was sekundär ist und sich ihr erst verdankt.

Wenn wir uns umschauen, sehen wir eine Welt, die human eingerichtet ist, unseren Bedürfnissen entsprechend. Auch du weißt, dass du Möglichkeiten und Unmöglichkeiten der Durchfahrt einer Bedeutung verdankst, die nicht deine ist.

◆: Nun tischst du ein philosophisches Scheinproblem auf. Die menschliche Bedeutungswelt ist nicht vom Himmel gefallen, sondern Teil der Naturgeschichte, der Evolution des Lebens. Variation und Selektion haben zur Angepasstheit des menschlichen Wahrnehmungsvermögens geführt. Denk an die Fähigkeit, Entfernungen zwischen den Alpen zu schätzen.

Der Gedanke einer unmenschlichen Bedeutungswelt versetzt den Menschen an einen Ort außerhalb der Natur – ohne die er keinen Augenblick fortbestehen könnte.

Der Idealismus, der sagt, die Natur könne nur in einer menschlichen

Perspektive erscheinen, vergisst, dass diese Perspektive aus der Naturgeschichte oder Evolution hervorgegangen ist.

5.6 Nichtigkeit und das Exzentrische

Wo Leben ist, tritt Nichtigkeit auf.
Leben besteht als Vervielfältigung. Die replikative Identität ist ihrer Art nach durchbrochen. Dadurch bringt sie Varianten und letztlich die Vielfalt an Organismen hervor.
Wenn die Replikation aufhört, ist der Replikator gescheitert. Das Sterben beginnt. Sterben und Aussterben sind unvermeidlich, und doch ist jedes Lebewesen dagegen gerichtet.
Replikator und Vehikel sind gegeneinander gerichtet.
Ein Organismus ist kein bloßes Ding. Er nimmt eine bestimmte Position, einen Platz, gegenüber seiner Umwelt ein. Er befindet sich in seiner Umgebung nicht so, wie sich ein Stein in einer eiszeitlichen Moräne befindet. Die Umwelt ist knapp. Knappheit treibt das Leben an.
Ein Lebewesen ist auf vielerlei Weisen durch sein *Gegen* gekennzeichnet. Es wehrt sich seiner Art nach gegen die Nichtigkeit, die sein Leben ermöglicht und zugleich bedroht.
Nichtigkeit heißt im Darwinismus *Knappheit*. Wo Knappheit herrscht, ist das Überleben in Gefahr, und das Leben wendet sich gegen diese Gefährdung.

Auch ich richte mich als organisches Lebewesen gegen die Nichtigkeit, die gleichwohl meine Bedeutungswelt stiftet.

Das *Gegen* ist kennzeichnend für das darwinistisch verstandene Leben. Wenn Philosophie Sinn hat, dann nicht als der Versuch, dieses *Gegen* aufzuheben. Sinn hat sie nur, indem sie bei seiner Bedeutung verweilt – das *Gegen* herrschen lässt.
Ist so etwas überhaupt möglich in einer mechanisch-replikativen Welt? Vernichtest du nicht deine Vervielfältigungsmöglichkeiten, wenn du so sprichst?

Ein Organismus ist seiner Art nach exzentrisch. Er befindet sich außerhalb seiner selbst, und zwar in einem doppelten Sinn. Außerhalb seiner selbst zu sein, das gibt Anlass, zu sich selbst zu kommen – aber auch das

Gebiet zu erahnen, in dem ein Organismus außerhalb *und* innerhalb seiner selbst sein kann.
Das Exzentrische kann größer oder geringer sein.
Ich vermute: Wo die Evolution den Weg der Komplexität einschlägt, da wird eine entsprechend größere Exzentrizität sein.

Es gibt Giftkröten und Giftschlangen.
Eine Kröte deckt sich mit ihrer Giftigkeit. Sie wird gefressen oder nicht. Es gibt keinen Abstand zwischen ihr und ihrem Gift. Sie dient ihrem Genom. Das ist ihre Bedeutung.

Nicht so die Giftschlange: Sie hat qua Giftigkeit einen größeren Abstand zu ihrer Umwelt. Darum kann sie ihr Gift wahlweise einsetzen, und zwar auf Basis der Wahrnehmung. Sie ist dezentriert, sowohl gegenüber ihrem Genom als auch gegenüber ihrer Umwelt. Sie ist exzentrischer als die Kröte.

Menschen sind so exzentrisch, dass sie imstande sind, eine Schlange als Quell nichtiger Sterblichkeit und menschlicher Verfehlungen anzusehen.

Säugetiere versorgen ihren Nachwuchs, im Gegensatz zu vielen Reptilien. Daher rufen die Jungen nach der Mutter, wenn sie von ihr verlassen sind.
Säugetiere haben eine eigene Lebensstrategie entdeckt. Sie zeugen wenige Nachkommen, aber für diese wenigen sorgen sie gut. Auf solche, wenn auch komplexe Weise wird überlebt.
Der heutige Mensch ist ein noch weiter entfernter Punkt auf dieser Linie. Er bekommt sehr wenige Kinder, packt sie in Watte und sorgt für eine sehr geringe Mortalität.

Diese Strategie lebt allerdings von ihrer exzentrischen Kehrseite. Säugetiere stehen fremder in ihrer Welt, sie werden auf neue Weisen bedroht. Und das merken sie. Sie leben in einer Welt voller neuer Stimmungen. Sie kennen zum Beispiel *Trennungsangst.* In dieser Angst taucht das Exzentrische selbst auf – der Bedeutungshorizont.

Schmerz zu erfahren ist natürlich Teil der Überlebensökonomie. Schmerz ist ein Warnhinweis, zur Schadenverhütung. Du weißt, wie die Gliedmaßen von Leprapatienten aussehen.

In den Wäldern der Veluwe hörst du manchmal ein klagendes Pfeifen, das regelmäßig wiederkehrt. Ein Vogel, denkst du. Aber es ist ein Rehkitz, das von seiner Mutter verlassen ist. Sein Ruf ist so eigenartig, weil es nicht nur nach seiner Mutter ruft, sondern gleichzeitig seine Position in seiner Umwelt bekannt gibt.

Natürlich, der Sinn des Trennungsrufs besteht darin, die Mutter zu manipulieren.
Jäger gebrauchen Pfeifen, um das Fiepen eines Rehs zu imitieren. Die Mutter eilt heran und – peng!
Der Trennungsruf ist ein angepasstes ökonomisches Verhalten. Das Risiko, einen Jäger anzulocken, wird mit dem Vorteil verrechnet, dass die Mutter auftaucht.

Aber die Anpassung ist nur möglich innerhalb eines neuen Bedeutungsganzen: Das Reh befindet sich in einer Welt, in der es auf eine neue Weise nicht zuhause ist. Einem Reptil bleibt diese Erfahrung verwehrt.
Es liegt in der Natur der Sache, dass sie so schnell wie möglich aufgehoben wird, doch ganz auszulöschen ist sie nicht.

Ein Mensch ist eine weitere Variante in der Evolution der Exzentrizität. Menschen werden, ob sie wollen oder nicht, mit der Nichtigkeit ihrer Existenz konfrontiert. Es gelingt ihnen nicht, das Exzentrische *vollständig* durch ihre Ökonomie zu verbannen, also durch eine sichere Heimkehr, in der die Fremdheit ihrer exzentrischen Welt aufgehoben wird.

Zehntausende Jahre lang bewohnten menschliche und vormenschliche Wesen die Gegend von *Les Eyzies* im französischen *Périgord*.
Im Museum oberhalb des Städtchens sind zwei tote Kinder ausgestellt: ein Neandertaler und ein moderner Mensch. Die Reste des Neandertalers blieben nach seinem Ableben unverändert. Das Menschenskelett hingegen wurde bearbeitet, in eine bestimmte Haltung gelegt und mit Ketten und Grabbeigaben ausgestattet.

Das ist Ausdruck der Erfahrung des Exzentrischen und der Sorge um es: die Sterblichkeit als Bestimmung des menschlichen Lebens im Ganzen.

Vielleicht gelingt es der Technik, die Kluft des Exzentrischen zu schließen. Dann stürzt die Sorge um das Ganze der Welt ein. Die Heroik der Geschichte verschwindet. Das Humane obsiegt, es siegt im Kampf ums Dasein, unbekümmert um dessen Sterblichkeit.

Das ist es, was Jünger vermutet, wenn er von der Rückkehr des Goldenen Zeitalters spricht.

> Ganz unbestreitbar aber ist, daß in unserem Handeln die humanen Ideale länger hielten als die heroischen. Das rührt nicht daher, daß sie jünger, moderner, fortschrittlicher, sondern daher, daß sie älter sind, auf tieferen Bestand zurückgreifend. Er gibt die Substanz des Fortschritts, der an sich reine Bewegung ist. Das Humane siegt deshalb ob, weil es dem Kern des Menschengeschlechts näher ist als das Heroische. Es liegt dichter am Goldenen Zeitalter.[33]

Vielleicht ist es nicht mehr notwendig, ein Sterblicher zu sein, das heißt: jemand, der zu Lebzeiten durch den Horizont des Todes gezeichnet ist, von dem er umgeben ist.
Vielleicht ist *das* von Anbeginn der verborgene Sinn der Philosophie: die Welt als Aporie zu erfahren mit dem Ziel der Heimkehr, und zwar einer so endgültigen, dass die Unbewohnbarkeit und Fremdheit des Hauses vergessen werden können – weil das Haus so bewohnbar geworden ist, dass der Mensch zum Inventar gehört.

Ich gehe durch einen Wald und merke, dass die Bäume ihre eigene Lebenszeit haben, die mit meiner nichts zu tun hat. Ich gehe dort entlang, aber bin für einen Augenblick nicht zuhause. Ich höre das sanfte Knarren der Stämme, aber es ist nicht für meine Ohren bestimmt. Das Geräusch stammt aus einer Zeit vor meiner Zeit.
Das Knarren ist ein Hinweis darauf, dass die Sprache, in der ich höre und spreche, nicht meine ist.
Meine Sprache und ich verhalten sich exzentrisch zueinander. Ich stehe außerhalb von ihr und bin ihr dennoch ausgesetzt.

Ich muss *gegen* diese Fremdheit sein, und doch ist dieses *Gegen* auch ein *Entgegen*: Für einen Moment ahne ich, dass dieses Fremde mein Verhältnis zu ihm trägt.
Es ist nicht möglich, empirisch in einer Welt zu leben, die ausschließlich gekennzeichnet wird durch Knappheit und den Versuch, die Entfremdung aufzuheben.

Was ist das Gesetz der Heimkehr, die *Oiko-nomie*?
Der Entwurf eines Organismus, der seine Umwelt derart bewohnbar macht, dass sie ihre Fremdheit verliert.
Ein Biber verbibert das Stromgebiet eines Flusses. Er kehrt in seinen erweiterten Phänotyp heim – dem er sich seinerseits schon angepasst hatte.
Ein Mensch humanisiert seine Welt und wird gleichzeitig naturalisiert.

Das Finden von Wahrheit ist abhängig vom Aufwerfen eines Weltentwurfes.
Eine Arbeitserfahrung.
Wahrheit finden, das ist nicht: feststellen, was nun einmal ist, sondern: die Wirklichkeit an den Entwurf anpassen.
Physik führt zu Brückenbau, Biologie zu Genmanipulation und Geländeplanierung für den Ackerbau.
Wahrheit ist weniger wahr*nehmen* als vielmehr wahr *machen*.
Wahr machen ist nicht beliebig, sondern davon abhängig, ob ein Entwurf lebensfähig ist oder nicht, ob die Natur ihn trägt oder nicht.

Wie riskant und neuartig ein Entwurf auch sein mag – er ist letztendlich auf das Überleben eines Vervielfältigers ausgerichtet.
Damit ein Entwurf gelingt, ist jedenfalls zweierlei notwendig: die Einförmigkeit von Vehikel wie Umgebung *und* die Harmonie zwischen beidem.
Wo der Replikator sich zu vervielfältigen trachtet, da muss sein Vehikel beständig und einförmig sein.

Der Sinn von Identität ist hier: Einförmigkeit und Harmonie.

Kant sagt, die reine Vernunft grenze eine Insel der Wahrheit ab, die von der Natur selbst in unveränderlichen Grenzen eingeschlossen sei. Sie sei umgeben von einem stürmischen Ozean des Scheins, wo der

Seefahrer unaufhörlich mit leeren Hoffnungen getäuscht und in Abenteuer verflochten werde, die er niemals aufgeben und doch niemals zu Ende bringen könne.[34]

Kants Reinigung der Vernunft hat einen Hintergedanken: den unbewohnbaren Ozean des Scheins abschirmen und ein beschütztes Gebiet mit festem und fruchtbarem Boden zu behalten, das für Menschen urbar gemacht ist. Das Motiv für das Verlangen nach der Reinheit der Vernunft ist die Bedrohung des Heimischen. Der reinen Vernunft *wohnt* eine Unreinheit *inne*: Die Vernunft wird angespornt durch das humanisierende Verlangen nach Sicherheit – nach Bewohnbarkeit.
Kants Motiv ist das eines neolithischen Bauern. Das Umherziehen kann er auf den Tod nicht leiden. Zu Beginn der *Kritik der reinen Vernunft* macht er seine Abneigung gegen Skeptiker kenntlich: Sie seien Nomaden, die allen beständigen Anbau des Bodens verabscheuten.
Hier herrscht das Exzentrische – der Ozean –, aber so, dass es als Defekt oder Unbewohnbarkeit erfahren wird.
Aufzuheben ist es jedoch nicht.

5.7 Einförmigkeit

Hegel sah: Leben ist Zerrissenheit, Nichtigkeit. Weil es sich vervielfältigt, hat es mit dem Tod zu tun. Hierin sah Hegel das Exzentrische: Leben ist nicht nur Überleben, nicht nur das Leben, das den Tod scheut. Das wahre Leben *des Geistes* schließt den Tod nicht aus, sondern erträgt ihn und hält sich in ihm auf. Sein Sinn ist eine Entfremdung, die zur Heimkehr drängt. Das Leben bekommt Wahrheit nur, indem es sich selbst in der absoluten Zerrissenheit findet.[35]

Wie sieht das menschliche Leben in der Zerrissenheit aus? Es ist Arbeit, eine Erfahrung von Fremdheit und Unheimlichkeit – der Reiz, von der Entfremdung weg, hin zu einer Harmonie von Mensch und Welt zu gehen. Mensch und Natur, anfangs entgegengesetzt, werden harmonisiert.

Das hat einen Preis.
Vervielfältiger tun nichts anderes als sich zu vervielfältigen. Egal wie.
Sie tendieren nicht zur Einförmigkeit.

Trotzdem werden Menschen und ihre technisch eingerichtete Wirklichkeit einförmiger.
Das leuchtet ein, denn Menschen sind keine Replikatoren, sondern Vehikel. Ihre technisch eingerichtete Umwelt ist ein erweiterter Phänotyp ihrer Replikatoren.

Wo spielt sich mein Leben ab? In den Empfangsräumen von Behörden und Firmen. Die Stimmung ist sachlich, aber nicht kalt. Von einer Decke fließt Wasser sanft rauschend ein kunstvoll verflochtenes Fasernetz herab in ein pflanzenumsäumtes Becken. Alles ist in ein angenehmes Halbdunkel getaucht. Man spricht mit gedämpfter Stimme. Die Beamten oder Angestellten sind sich der Wichtigkeit ihrer Funktion bewusst, aber sie spielen sich nicht auf. In Seminaren und Fortbildungen haben sie kundengerechtes und kommunikatives Verhalten erworben. Ein junger Mitarbeiter stiefelt mit einem umfangreichen Dossier unter dem Arm vorbei. Ihm ist anzusehen, dass er sich seine Altersvorsorge gesichert hat. Er hat nichts zu tun mit der Verzweiflung zermürbter Frührentner, die sich in Van der Valk Hotels an Esstische mit Schalen voller Bratkartoffeln setzen.

Früher schien der Darwinismus einen rücksichtslosen Kampf ums Dasein zu bedeuten. Der Kampf erweist sich jedoch als ökonomisch: Die Risiken für die Replikatoren werden nach Möglichkeit dadurch abgedeckt, dass die Vehikel einförmiger werden.
Damit Replikation wirtschaftlich vertretbar ist, müssen Produkte und Kunden austauschbar und gleichförmig werden. Die Replikation fordert einen berechenbaren, regelmäßigen, vorhersagbaren Menschen in einer ebenso gearteten Welt.

Wir leben, wie Nietzsche erwähnt, in der *Wirtschaftsgesamtverwaltung* der Erde – und sind gezeichnet durch Anpassung, Abflachung, höheres Chinesentum, Instinkt-Bescheidenheit und Zufriedenheit des verkleinerten Menschen.

Der Mensch ist auf seine Umwelt abgerichtet, die ihrerseits für den Menschen eingerichtet ist. Widerspricht das nicht der Vielfalt menschlicher Möglichkeiten?
Münzt nicht die Wissensgesellschaft das Vielartige und Unzählbare ins Gleiche, Ähnliche, Abzählbare um? Beruht sie nicht auf Gleichheit?

Setzt sie nicht voraus: gleichzustellen und gleichzumachen – einzuverleiben, zu verarbeiten, Unterschiede zu vernichten?

Nietzsche sagt: Früher war es rational, Ausnahmen zugunsten der Regel zu ruinieren und feste Maßstäbe zu verlangen. Und das lag an der Knappheit. Aber gibt es die noch? Wäre es in der heutigen Überflussgesellschaft nicht möglich, einer *Treibhauskultur* die Bahn zu ebnen – einer verschwenderischen Kultur mit einer reichen Vielfalt an individuellen Unterschieden, Ausnahmen, Versuchen, Gefahren und Nuancen?

Nietzsches Gedanke *ist* darwinistisch. Selektion auf phänotypischer Ebene kann nicht stattfinden ohne vorhergehende Variation. Darwinistisch gesehen ist das Leben nicht, wie Nietzsche dachte, Angepasstheit, sondern ein endloses Aufwerfen von Entwürfen, von denen nur wenige gelingen. Das Treibhaus ist immer da gewesen.
Wie hoch die Überschüsse auch sein mögen, die Vervielfältigung holt sie allezeit ein. Knappheit ist auch unter den luxuriösesten Umständen unvermeidlich, es sei denn, die Vervielfältigung hielte sich selbst im Zaum. Aber wie sollte sie?

Letztendlich ist der Sinn jeder noch so exotischen Variante: Replikatoren zu vermehren. Das gelingt nur, wenn ein sicheres Heim für sie besteht – eine Oiko-nomie. Sie besteht als Aufrechterhaltung der Harmonie zwischen Organismus und Umwelt, als ein Haus, das die Replikation fördert – ein sicherer Hafen und eine Ausfallbasis.

6 Verkehr und Gegenseitigkeit

Menschen sind nicht nur menschlich – sie sind auch mitmenschlich. Von jeher wird dagegen protestiert, Menschen wie Möbel oder Fahrradklingeln zu behandeln.

Tiere und die Natur werden nicht nur *genutzt*, das heißt technisch gebraucht. Es wird auch *mit* ihnen *verkehrt*. Die Ausbeutung der Natur stößt auf Widerstand. Wale und Landschaften stehen unter Schutz.

Letztendlich betrifft alle technische Beherrschung die von Menschen bewohnte *Erde*. Die Erde lässt sich weder herstellen noch beherrschen, denn sie wird die Technik immer umgeben. Mit ihr *muss* verkehrt werden. Darin ist der Wissenschaft eine Grenze gesetzt.

Ich befinde mich in einer bestimmten Einheit oder Harmonie mit dem, womit ich verkehre. Ich nutze etwas, im *Akkusativ*. Ich verkehre *mit* etwas, im *Dativ*.
Im Verkehr gibt es ein Verhältnis von Geben und Empfangen.
Zwischen dir und einem Gebrauchsgegenstand besteht eine andere Einheit als zwischen dir und einem Mitmenschen oder einer bedrohten Tierart.
Ich verkehre mit meinem Gegenüber, wenn wir gewissermaßen zusammengehören und uns in einer bestimmten Harmonie befinden und gleichzeitig selbstständig bleiben.

Wird die darwinistischen Reduktion nicht unmittelbar dadurch entkräftet, dass es Verkehr gibt?
Wird nicht auch der Totalitätsanspruch des Pragmatismus oder der Technik hinfällig?
Beruht der Verkehr auf einem nichtmechanischen Novum wie Hobbes' Gesellschaftsvertrag oder Rousseaus Mitleid *(pitié)*?

Hobbes bezeichnet als Natur*recht* jedes Menschen: über alles verfügen zu können. Darin sind Menschen *gleich*. Durch diese Gleichheit entsteht auf der endlichen Welt notwendig ein Kampf aller gegen alle – totale Ungleichheit, Chaos.
Hobbes nennt das den *Naturzustand*. Gleichwohl ist dieser Zustand unnatürlich, denn er lässt nicht zu: *living out the time, which Nature ordinarily alloweth men to live*.[36] Der Mensch lebt im Naturzustand *unnatürlich* kurz.
Daher tritt ein Natur*gesetz* in Kraft: das Gesetz der Gegenseitigkeit mit dem Mitmenschen. Der Mensch legt sein Recht auf alles ab und gibt sich mit so viel Freiheit gegenüber anderen zufrieden, wie er anderen gegenüber sich selbst zugestehen würde.[37]
Dieses Gesetz anzuerkennen ist eine freie Tat.
Sie ist künstlichen, nicht natürlichen Ursprungs.
Hobbes lebt in der Grammatik von *Nature and Art*.
Ist diese Konvention *(art)* nicht ein *Himmelshaken*?

Ist es darwinistisch gesehen überhaupt sinnvoll, am metaphysischen Unterschied zwischen Natur und Kunst festzuhalten?
Ist das nicht auch philosophisch gesehen unmöglich?[38]

Ist die Entstehung sozialen Verhaltens mechanisch gesehen *möglich*, oder hat Hobbes dem Darwinismus, kaum dass dieser geboren war, den Todesstoß versetzt?

Rousseau geht noch einen Schritt weiter und fragt, ob der Naturzustand denn ein Zustand des Streits aller gegen alle sei.
Ist es nicht natürlich, über das Leid anderer zu erschrecken und sie zu bemitleiden? Zügeln Menschen nicht von Natur aus ihren eigenen Willen zur Macht?

Laut Rousseau hat Hobbes übersehen, dass es neben der Wildheit der Eigenliebe noch ein ganz anderes natürliches Prinzip gibt, das diese Wildheit mäßigt, und zwar *durch einen angeborenen Widerwillen, seinesgleichen leiden zu sehen*. Rousseau nennt dieses Prinzip *Mitleid*: eine Neigung, die solchen Wesen geziemt, die so schwach und so vielen Übeln unterworfen sind, wie es der Mensch ist.[39]

Der Darwinist wird fragen: Wie konnte eine Eigenschaft wie Mitleid, die der eigenen Vervielfältigung schadet, im Kampf ums Dasein überleben?

In diesem Kapitel wird sich zeigen: Es gelingt nicht, Verkehr gierig auf Nutzung zu reduzieren.
Und doch lässt sich dieser neue Spross am Stamm von Replikation und Selektion mechanisch reduzieren – auf eine nicht-gierige Weise.

Aus welchem Umschlag in der Identität – in der Bedeutung *des Selben* – ist der Unterschied zwischen Verkehr und Nutzung hervorgegangen?
Welcher Bedeutungshorizont spielt hier seine stille Rolle?
Was ist mit der Identität geschehen, dass sie als *harmonische Gegenseitigkeit* erscheint?

Die Seinsweise des Verkehrs und die Einheit, durch die sie gezeichnet ist, bestimmen das menschliche Sprechen – auch das der Philosophie.
Ist der Gebrauch von Sprache nicht seiner Art nach kommunikativ, das

heißt, zielt er nicht auf eine bestimmte zwischenmenschliche Harmonie ab – auf einen gemeinsamen Kommunikationsinhalt?
Wie sollte ich anders sprechen als im Verkehr mit anderen, im gegenseitigen Austausch von Informationen?
Wie reimt sich das mit der Art von Philosophie, der Sorge um das Ganze und um die Identität?

Viele Formen von sozialem Verhalten können leicht gierig-mechanisch reduziert werden auf Formen von Nutzung seitens einer anderen Instanz.
Wie wir bereits gesehen haben, opfern sich manche Organismen für ihre Verwandten auf, weil die Verwandten selbst keine Vervielfältiger sind, sondern Vehikel für die Selbstsucht des Replikators.
Im menschlichen Verkehr heißt das *Vetternwirtschaft* – die übrigens in der zunehmenden Einförmigkeit des Handelsverkehrs einen immer geringeren Platz einnimmt.[40]

Die Natur ist voller Harmonien – Ökologien. Ein Bussard, der am Himmel kreist, ist Teil einer Nahrungskette, wird nicht von seinen Parasiten ausgebeutet, lebt nur in einer bestimmten Vegetation.
Dieses »natürliche Gleichgewicht« ist nichts als ein Patt zwischen Mächten, die jeweils für sich selbst arbeiten: Zwei oder mehrere Organismen halten einander im Gleichgewicht, denn würde der eine zu erfolgreich auf Kosten des anderen, dann wäre das sein eigener Untergang. Parasiten, die ihren Wirt auffressen, und Raubtiere, die ihre Beute ausrotten, sind Beispiele für überlebensunfähige Disharmonien. Die Harmonie zwischen Raubtier und Beute ist eine emergente Begleiterscheinung. Hier findet kein Verkehr statt.
Die Harmonie, die hier im Spiel ist, ist ein *Schweinezyklus*, immer schwankend: Zuerst gewinnt die eine Seite die Oberhand auf Kosten der anderen, bis sie diese so sehr ausgedünnt hat, dass sie selbst beeinträchtigt wird und der anderen Seite die Herrschaft überlassen muss – und so weiter.
Die Mechanik von Replikation und Selektion genügt, um solche Harmonien zu begreifen.

Es gibt auch Quasizusammenarbeit zwischen Instanzen, die nur auf ihren eigenen Vorteil aus sind, beispielsweise innerhalb eines Organismus. Ein bekanntes Beispiel von Dawkins lautet: Ruderer, die nach dem

Zufallsprinzip auf Boote verteilt werden, arbeiten besser zusammen, wenn sie dieselbe Sprache sprechen. Es gibt also mehr einsprachige als polyglotte Boote. Die gemeinsame Sprache scheint der harmonisierende Faktor zu sein. Aber das täuscht. Sie ist eine Begleiterscheinung in der Mechanik von Vervielfältigung und Selektion.
Ebenso kann es den Anschein haben, Replikatoren würden innerhalb eines Organismus zusammenarbeiten, um ein höheres Ziel zu erreichen.[41]

Solche Formen von Verkehr lassen sich leicht auf Nutzung reduzieren.

Schwieriger zu verstehen ist die nicht genetisch bestimmte *Gegenseitigkeit*. Gegenseitigkeit ist kein Altruismus, im Gegenteil: Einer gönnt dem anderen etwas, um selbst davon zu profitieren – auch ohne mit ihm verwandt zu sein.
Im Gegensatz zur ausbeutenden Nutzung lebt der gegenseitige Verkehr vom Gedanken, dass die eine Hand die andere wäscht, in einer Win-Win-Situation.
Kann Gegenseitigkeit bestehen bleiben? Wird sie nicht von der Reduktion weggerissen?
Die mühsam erworbene Gegenseitigkeit, wie sie zwischen Warenlieferung und -bezahlung oder Dienst und Gegendienst in der Ehe herrscht – wird sie bald verschwinden, wenn sich der Käufer die Ware schnappt, ohne zu zahlen, oder der Verkäufer sich bezahlen lässt, ohne mit dem Zeug herauszurücken?

Wenn etwas wie Gegenseitigkeit mechanisch möglich ist, handelt es sich dann um echten Verkehr – oder nur um eine Variante der Nutzung, reduzierbar auf die einfache Mechanik von Variation und Selektion?

Oder bleibt der Verkehr auch dann ein Teil der Mechanik, wenn er nicht auf Nutzung zu reduzieren ist?
Genau das ist der Fall, wie sich zeigen wird. Verkehr kann sich für beide Teilnehmer lohnen.
Zuerst muss der Verkehr auf Gegenseitigkeit reduziert werden: Beide Parteien müssen eine Wechselbeziehung auf der Basis von Gleichheit eingehen (Geben und Nehmen), aus der beide Nutzen ziehen können.

Wenn sich Verkehr mechanisch auf Gegenseitigkeit reduzieren lässt – bleibt dann noch etwas übrig von Hobbes' Gesellschaftsvertrag, Rousseaus *pitié* und von der kantischen Moral?

6.1 Gegenseitigkeit mechanisch reduziert

In der Gegenseitigkeit handelt jeder Teilnehmer zu seinem eigenen Vorteil. Gegenseitigkeit ist derjenige Verkehr, der sich in der Ratio einer *bestimmten* Ökonomie befindet: der des Handelsabkommens.
Die Ökonomie der Gegenseitigkeit unterscheidet sich von der Ökonomie zwischen Bäumen in einem Wald. Die Bäume befinden sich zwar in einer Ökonomie, aber nicht in einer Gegenseitigkeit. Die Bedeutung der ökonomischen Verhältnisse ist umgeschlagen. In welchem Sinn?

Bäume in einem Wald beobachten sich argwöhnisch in ihren Kalkulationen. Sie versuchen, der Konkurrenz voraus zu sein. Wer nicht rechtzeitig seinen Stamm aufbaut, geht im Kampf um Raum und Licht zugrunde.
Aus Sicht der Ökonomie der Gegenseitigkeit handeln die Bäume pathetisch. Sie verschwenden ihre Energie, weil sie nicht verhandeln. Sie sind einem kräftezehrenden Wettrüsten ausgeliefert.
Lebten die Bäume in Gegenseitigkeit, indem jeder seinen Replikationstrieb mäßigte, könnten sie das verschwenderische Stammwachstum aufgeben und kurzstämmig den optimalen Nutzen aus ihrem Leben ziehen. Alle Bäume würden davon profitieren.

Gegenseitigkeit ist harmonisch, beruht aber auf Egoismus.
Das ist die menschliche Ökonomie: die Gegenseitigkeit, die zu Replikationsvorteilen führt.
Laut Adam Smith ist der *Handel* das, was Menschen von Tieren unterscheidet. Handel findet niemals aus Wohlwollen oder Mitleid statt, wie Rousseau glaubt, sondern immer aus wohlverstandenem Eigeninteresse. Das gilt auch für das Mitleid selbst.[42]

In der Ökonomie der Gegenseitigkeit herrscht das Verhältnis zwischen Aufwand und Ertrag auf eine eigene Weise. Hier lautet die Regel: *Do ut des.*

Aus Sicht der Seinsweise der Vervielfältigung ist zu erwarten, dass die Ökonomie der Gegenseitigkeit jeglichen Verkehr beherrscht, von Liebe bis Freundschaft, von Ethik bis Gewalt.
Lévi-Strauss sah die Allgegenwart des ökonomischen Austausches – der Gegenseitigkeit – im menschlichen Leben: Ausgetauscht werden Güter, Frauen und Wörter.

Denk an folgende Worte:

- Lex talionis;
- do ut des;
- there is no such thing as a free lunch;
- was du nicht willst, das man dir tu, das füg auch keinem andern zu;
- umsonst ist nur der Tod, und der kostet noch das Leben;
- wie man in den Wald hineinruft, so schallt es heraus;
- wo aber Gefahr ist / wächst das Rettende auch.

Beachte: Gegenseitiger Egoismus ist an sich schon eine Reduktion des Scheins von Mitleid, der den menschlichen Verkehr umgibt. Wenn ich dir etwas Gutes tue, dann bleibt es nicht dabei. Ich erwarte eine Gegenleistung, und sei es nur die, dass du weißt: Du schuldest mir etwas.

Freundschaft fällt unter gegenseitigen Egoismus: Nimm dreimal die Hilfe deines Freundes in Anspruch und lasse ihn links liegen, wenn er dich seinerseits um Hilfe bittet – dann bist du ihn los.
Liebesbande bestehen nicht ohne Gegenseitigkeit.
Recht und Gesetz beruhen darauf: Die Rache des Staates am Rechtsbrecher ist gestillt, sobald der seine Strafe abgesessen hat.

In *The Wealth of Nations* zeigt Adam Smith: Individuen streben nach nichts als Eigennutz, und trotzdem entsteht eine harmonische (kapitalistische) Gesellschaft. Während jeder nach seinem langfristigen Vorteil trachtet, erhebt sich eine *unsichtbare Hand* aus dem Aufschub der kurzfristigen Ziele. Sie sorgt dafür, dass die egozentrischen Individuen wider Willen einem Gemeinschaftsinteresse dienen: der Steigerung des Wohlstandes durch Marktordnung und Arbeitsteilung.
Diese unsichtbare Hand ist nichts anderes als die Emergenz der Propor-

tionalität, die im Kampf ums Dasein vorteilhaft sein kann – vorausgesetzt, sie wird durch die Angst vor Rache aufrechterhalten.

Kann Gegenseitigkeit aus der darwinistischen Mechanik entstehen? Oder ist hier der mechanischen Reduktion eine Grenze gesetzt? Hobbes sagt: Das menschliche Streben nach Macht und Anerkennung ist mechanisch. Gegenseitigkeit jedoch *nicht*. Die Mechanik kann nicht den Moment erklären, wo der eine seine Vervielfältigung dem anderen zuliebe einschränkt, damit der Krieg aller gegen alle aufhört.
Daher ist ein Gesellschaftsvertrag notwendig – mechanisch gesehen ein *Himmelshaken*.

Adam Smith und Hobbes haben Unrecht. Gegenseitigkeit ist kein Privileg des Menschen. Sie ist Teil des »Naturzustandes« von Menschen und Tieren, unabhängig von Vereinbarungen oder Abkommen.
Vampirfledermäuse verfügen über ein System zur gegenseitigen Hilfe: Sie können geraubtes Blut an fremdgenetische Artgenossen abgeben (wenn du mir heute Abend Blut gibst, weil ich kein Opfer finde, werde ich dasselbe morgen für dich tun).
Raubfische lassen ihre Mäuler von gut erkennbaren kleinen Fischen pflegen, sogenannten Putzerfischen. Die kleinen Fische aufzufressen hätte einen kurzfristigen Vorteil, der geringer ist als der langfristige Vorteil eines gesunden Gebisses.
Raubfische und Putzerfische arbeiten zusammen, ohne einen Vertrag unterzeichnet zu haben.
Der Kern der Zusammenarbeit ist, dass alle Teilnehmer profitieren.
Sie verkehren in der Harmonie der Gegenseitigkeit, der Symbiose – einer Naturerscheinung.
Vampirfledermäuse, Raubfische und Putzerfische sind allesamt Vehikel, die in ihrem harmonischen Verhältnis den Replikatoren dienen.

Wie kam es auf mechanische Weise zur Semantik der Gegenseitigkeit – zu diesem neuen Spross am Stamm der Identität?

In der Literatur spricht man vom *Gefangenendilemma*. Wie sollte einer jemals in einer ökonomischen Gegenseitigkeit mit einem anderen leben, wenn er nicht darauf vertrauen könnte, dass der andere dieselben harmonischen Absichten hat – und nicht gewalttätig wird? Misstrauen würde jede Zusammenarbeit im Keim ersticken.

Rousseau macht das Dilemma anschaulich: Hirsche lassen sich nur durch Zusammenarbeit erlegen. Eine Gruppe von Jägern muss bereit sein, das Tier zu umzingeln und den Kreis geschlossen zu halten.
Die Wahrscheinlichkeit, dass dies geschieht, ist gleich null. Die Zusammenarbeit wird nicht in Gang kommen. Der Ausgang der Jagd ist aus der Sicht jedes einzelnen Teilnehmers ungewiss und abhängig von der Mitarbeit derjenigen Gruppenmitglieder, die sich früher als unzuverlässig erwiesen haben. Jeder schnappt sich lieber die sichere Beute eines vorbeilaufenden Hasen, als den Kreis der Hirschjagd womöglich vergebens geschlossen zu halten.
Und doch machten die Jäger und Sammler Jagd auf das größte Wild.

Die Lösung des Dilemmas, an der Darwinisten des zwanzigsten Jahrhunderts jahrzehntelang gearbeitet haben, ist auch bei Rousseau zu finden. Desertieren lohnt sich nur dann, wenn die Jagd *einmalig* ist. Findet die Jagd *regelmäßig* statt, fällt sie also unter die Seinsweise der Vervielfältigung, dann haben die übrigen Teilnehmer die Gelegenheit, sich beim nächsten Mal am Abtrünnigen zu rächen.[43]

Hier blitzt ein Funke der Semantik auf, die über die ökonomische Gegenseitigkeit und ihre Harmonie herrscht. Diese Harmonie beruht auf einer bestimmten Gleichheit, nämlich der von *Geben und Nehmen*. Sie wird geschützt, indem mit *Verbannung und Rache* gedroht wird, wo das ökonomische Gleichgewicht in Gefahr ist.

Ohne den Terror von Verbannung und Rache keine harmonische Einheit der Gegenseitigkeit. Jäger bleiben nicht auf ihrem Posten, weil sie einen Gesellschaftsvertrag unterschrieben haben. Sie kennen lediglich den Unterschied zwischen kurz- und langfristigem Vorteil, die Möglichkeit einkalkulierend, dass sich die Gruppe rächt.

Zusammenarbeit im ökonomischen Rahmen und darwinistische Mechanik schließen sich nicht aus. Unter iterativen Verhältnissen kann es rational sein, zusammenzuarbeiten – auf Basis von Angst vor Rache und Verbannung.

Du brauchst nicht mit Hobbes das Natur*recht* auf Selbstvervielfältigung durch ein Natur*gesetz* zu ergänzen, dem sich die Vervielfältiger

unterwerfen müssen – das Gesetz, dass jeder sich selbst zugunsten anderer zu beschränken hat.
Ein solches Gesetz ist unnötig, denn die Selbstbeschränkung ist vorübergehend und dient einem replikativen Zweck. Sie ist ökonomisch-rational.

Wie kann gegenseitige Selbstbeschränkung doch zu einem Replikationsvorteil führen?
Wie bereits dargelegt, kann Gleichförmigkeit die Macht von Replikatoren steigern.
Im gesellschaftlichen Verkehr entsteht eine neue Identität. Die neue Gleichförmigkeit von Geben und Nehmen ist die Ratio von Leistung und Gegenleistung.
Die Rationalität der Gegenseitigkeit (die Verrechenbarkeit) macht verschiedene Formen von Aufwand miteinander *vergleichbar*. Dadurch wird es möglich, Aufgaben oder Arbeit vernünftig auf Vehikel zu verteilen, was Zeit spart und die Effizienz steigert. Die Vervielfältigungskapazitäten der Replikatoren erhöhen sich enorm.

Noch unbeantwortet ist die Frage, *wie* der Selektionsvorteil dadurch größer wird, dass die technische und gewaltsame Nutzung in Handelsverkehr umschlägt.
Die darwinistische Welt wird durch Knappheit und Konkurrenz beherrscht. Warum sollte die Gegenseitigkeit daran etwas im positiven Sinn ändern? Wie konnte sie zum Motor des menschlichen Fortschritts werden?

Nicht alle Formen von Verkehr sind *Nullsummenspiele* wie Schach oder Fußball, bei denen der Gewinn des einen den Verlust des anderen bedeutet. Sozialisten glaubten, Kapitalisten würden ihre Gewinne auf dem gekrümmten Rücken der Arbeiter erzielen.

Die Ökonomie ist ein *Nicht-Nullsummenspiel*: Im Handelsverkehr können *beide* Parteien gewinnen.

Winkt das *Schlaraffenland* dank der Ökonomie der Gegenseitigkeit und der dazugehörigen Arbeitsteilung?
Soll ökonomischer Gewinn möglich sein, muss (was bei der Behandlung des Gefangenendilemmas meist nicht betont wird) eine *dritte In-*

stanz vorausgesetzt werden, die von beiden Parteien genutzt und somit ausgebeutet wird. Diese Instanz geht scheinbar nicht zur Neige und liefert selbstlos ihren Beitrag zum Verkehr.
Bei *Monopoly* können zeitweilig alle Spieler Gewinn machen. Das ist möglich, weil die Bank nicht mitspielt und doch immer spendiert.
Die dritte Instanz, die die Lösung des Gefangenendilemmas spendiert, ist die ausgebeutete *Natur*. Im Handelsverkehr erscheint sie als *Riesentankstelle* – nicht als Mitspieler.

A Gruppenverkehr

Hat die Lösung des Gefangenendilemmas politische Konsequenzen? Laut Hobbes ist Staatsterror notwendig, um den Gesellschaftsvertrag zu schützen. Ist der Terror entbehrlich geworden, weil die Ökonomie sich selbst ausreichend reguliert (Thatcherismus)?

Jetzt, wo das Gefangenendilemma mechanisch gelöst ist, scheint die darwinistische Mechanik die Wiege aller Formen politischer Gegenseitigkeit zu sein: der liberalen Ökonomie, der Menschenrechte, der Demokratie.
Mit der Lösung des Gefangenendilemmas scheint die Gewaltsamkeit der Diktatur abgelöst durch die gewaltfreie Demokratie.
So scheint es.

Der Handelsverkehr, in dem das Dilemma gelöst ist, erfordert *Erinnerungsvermögen*: Ich kann den anderen, wenn ich ihn wiedersehe, erkennen und mich daran erinnern, was er das letzte Mal getan oder verbrochen hat.
Dieses Vermögen ist bei weitem nicht überall vorhanden. In der Tierwelt kommt nichtnepotistische Zusammenarbeit nur selten vor.

Bedenke: Sobald der Handelsverkehr in einer Gruppe stattfindet, die größer ist als ein Dorf, geht die Lösung des Gefangenendilemmas in die Binsen.
Das menschliche Gedächtnis ist begrenzt. In einer Gemeinschaft, die größer ist als ein Dorf, erkennen die Gruppenmitglieder einander nicht wieder. Die Rache, die nötig ist, um das System der Gegenseitigkeit instand zu halten, funktioniert nicht mehr.

Überall tauchen *Trittbrettfahrer* auf. Die können das System der Gegenseitigkeit für ihre eigenen Zwecke ausbeuten, weil sie nicht wiedererkannt werden. Das System bricht zusammen.

Ein Gesellschaftsvertrag wie der Hobbessche mag im »Naturzustand« des Lebens in kleinen Gruppen überflüssig sein, keineswegs aber in der Terrorherrschaft des Staates, die Hobbes vorhersieht.
Die Gegenseitigkeit muss nun geschützt werden durch eine Kaskade einander kontrollierender, regulierender und bestrafender Behörden. Verrat und Spionage sind unverzichtbare Mittel dazu.

Für Hobbes hängen die Namen *gerecht* und *ungerecht* von einer zwingenden Macht ab. Diese Macht erzwingt die Gleichheit der Menschen, indem sie jeden im gleichen Maß und in der gleichen Weise seinen Pflichten nachkommen lässt. Das ist nur durch den Terror einer Strafe möglich, die größer ist als der Vorteil, mit dem man rechnen kann, wenn man ein Abkommen verletzt.[44]

Das ist die Ratio des Staatsterrors.
Staatsterror ist keine willkürliche Machtausübung, sondern trägt den Namen *Recht*: Gewaltausübung zugunsten der Gleichheit untereinander. Gleichheit ist die notwendige Bedingung für ökonomische Gegenseitigkeit – die ihrerseits der Vervielfältigung dient.
Hier wird etwas von der Grammatik der gegenseitigen Identität sichtbar.
Die Verkehrsteilnehmer müssen so vereinheitlicht werden, dass sie in die ökonomische Gegenseitigkeit passen.
Die Gegenseitigkeit verdankt ihre Existenz einer bestimmten Reduktion des Menschseins: Im freien Handel *steht der Mensch seiner Art nach seinen Mitmenschen gleich*.
Wirtschaftsliberalismus und Gleichheit unter Menschen gehören zusammen.

Hobbes skizziert in seinem *fünften Naturgesetz*, wie sich jeder Mensch der Gleichheit mit jedem anderen anpassen muss, damit der Gesellschaftsvertrag aufrechterhalten bleibt. Menschen haben, wie Steine für den Häuserbau, eine natürliche Diversität. Steine, die für den Bau ungeeignet sind, werden weggeworfen.[45]

Menschen im Verkehr gleichzuschalten, das ist etwas ganz anderes als sie durch Gewaltausübung gleichzuschalten.
Die gegenseitige Gesellschaft wird reglementiert. Die menschliche Identität wird zu der eines Händlers: Der andere und ich müssen gleichgestellt werden, um einander in der ökonomischen Gegenseitigkeit gebrauchen zu können.
Konkurrenz lässt Hersteller qua Identität zueinander wachsen.
Da größere Gruppen identischer Kunden die Kosten verringern, wird die Kundenidentität zur gleichgeschalteten Verkehrsidentität.

Nietzsche sagt: Der Mensch hat, von 1789 an, seinen ganzen Besitz von sich, von seinen Gütern, von seinem Guten verloren. Der Staat hat die Rechte von jedem absorbiert.
Achte hier auf das Wort *absorbiert*. Der Staat hat nicht die Menschen und ihr Leben gewaltsam ausgetrieben, sondern vielmehr *ihre Identität* gleichgeschaltet. Diese Gleichschaltung braucht weder als Gewalt noch als Verlust erfahren zu werden. Wenn es keine Identität gibt, die gleichgeschaltet werden könnte, dann auch keinen Schmerz – das menschliche Leben geht indessen weiter.[46]

Nietzsche sagt: Der Staat übt die Despotie der französischen Bürokratie aus. Eine milde Despotie, eine *force tutélaire*, wie Tocqueville sie nennt.

Inwiefern kann und muss das menschliche Leben auf Handel reduziert werden, auf die Ökonomie von Geben und Nehmen?

Wo gehandelt wird, da entsteht Gleichheit: gleiche Werte, gleiche Chancen, gleiche Brüder, gleiche Kappen.
So, sagt Nietzsche, entstehe ein Stillstand im Niveau des Menschen.
Er spricht von der *unvermeidlich bevorstehenden Wirtschaftsgesamtverwaltung der Erde*. Wenn die das letzte Wort habe, dann könne die Menschheit als Maschinerie in deren Diensten ihren besten Sinn finden: als ein ungeheures Räderwerk von immer kleineren, immer feiner »angepassten« Rädern.[47]

Den Unterton des Bedauerns in Nietzsches Schreiben – die französische Bürokratie nennt er *teufelsmäßig* – kann ich nicht nachvollziehen. Wo Identität verschwindet, da verschwindet der Schmerz über ihren Verlust. Es bleibt kein Verlust zurück.

Aber der gewandelte Sinn von Gleichheit (Anpassung an die Ökonomie) gibt zu denken – als ein Bedeutungshorizont, der gerade *jetzt* auftaucht, jetzt, wo die ökonomische Gegenseitigkeit auf mechanischer Basis offenbar allgegenwärtig ist.

Es ist eigenartig. In dem Augenblick, wo die menschliche Identität hinter dem Gleichheitshorizont verschwindet, *zeigt sich* der Totalitätscharakter des Handels und damit dessen Horizont.

Für Adam Smith gehört der *philosopher* zur Ökonomie der Arbeitsteilung. Sein *business is to do nothing, but observe everything*. Aus solchen distanzierten Beobachtungen sind Dampfmaschinen, Wind- und Wassermühlen hervorgegangen. Das sind Erfindungen von Philosophen. Deren Geschick wird durch die Arbeitsteilung gesteigert. Der Philosoph wird dadurch getragen, dass andere seine Sachen für ihn tragen.

Hier ist die Philosophie, die die ökonomische Identität erkennen sollte, von derselben Ökonomie umgeben. Der Philosoph ist Teil der Arbeitsteilung.
Eine bestimmte Sprachlosigkeit macht sich bemerkbar.
Sie macht sich bemerkbar. Eine Möglichkeit nachzudenken kündigt sich an.

B Wer manipuliert wen?

Die replikative Seinsweise wurzelt im Unterschied zwischen Replikatoren und Vehikeln – die sich auf ihre eigene Weise vermehren. Nun lautet eine zentrale Frage: Wer manipuliert wen? Die Antworten sind nicht immer selbstverständlich. Manche klingen drollig, leuchten jedoch ein, wenn wir die *Reduktion des Menschseins* aus den darwinistischen Umkehrungen der Subjekt- und Objektposition verstehen.

Ein plattes Beispiel. Kühe und Schweine sind erfolgreiche Replikatoren. In Holland gibt es mehr Kühe und Schweine als Menschen. Menschen glauben, sie würden Vieh halten – aber ist es nicht umgekehrt? Kühe und Schweine vervielfältigen sich, indem sie Menschen manipulieren: Sie locken mit ihren Nährstoffen, drapieren sich lieblich auf der

Wiese und präsentieren sich nach ihrem Tod als Beefsteaks und Koteletts.
Einen Schritt weiter. *Gras* benutzt sowohl Kühe als auch Menschen, um sich zu vervielfältigen. Gras ist ein innovatives Gewächs, das, wenn es abgegrast wird, nicht wie die meisten anderen Gewächse eingeht, sondern sich vermehrt. Gras manipuliert das Rindvieh, aber auch die menschliche Wahrnehmung – indem es sich so reizvoll darbietet, dass Menschen immer mehr Weiden, Grasflächen und Sportanlagen aus dem Boden stampfen.

Hinter diesen lustigen Umkehrungen verbirgt sich ein weitreichender Gedanke: Menschen sind weder Subjekte noch Replikatoren. Sie sind quasireplikative Vehikel. Das wird immer deutlicher, jetzt, wo die replikative Seinsweise die metaphysische verdrängt.

Denk an Artefakte. Sie scheinen Produkte menschlicher Kreativität zu sein. Das beruhigt uns. Aber so einfach ist es nicht. Pfannen und Computer leben, solange sie sich in einem unablässigen Konkurrenzkampf zu vervielfältigen wissen. Menschen steuern diese reproduktive Ökonomie nicht. Sie sind deren Gebrauchsgegenstände.

Im Handelsverkehr haben Menschen die unausrottbare Neigung, sich als selbstständige Verkehrsteilnehmer zu betrachten.
Dieser Gedanke ist unhaltbar. Der ökonomisch-rationale Mensch ist einförmig – eine Eigenschaft, die dem Replikator gestohlen bleiben kann.
Der Mensch als Verkehrsteilnehmer ist niemals Subjekt, auch wenn viele Instanzen daran interessiert sind, dass Menschen sich als solches sehen. Wer sich als Subjekt betrachtet, der fühlt sich frei und neigt nicht dazu, seiner eigenen Position nachzudenken – denn das könnte seine Vehikelschaft gefährden.[48]

Nietzsche beschreibt die Seinsweise der ökonomischen Gegenseitigkeit: *Kein Hirt und eine Heerde. Jeder will das Gleiche, jeder ist gleich: Wer anders fühlt, geht freiwillig ins Irrenhaus.*
Nach Gleichförmigkeit verlangen kannst du in der Seinsweise der Vervielfältigung nur dann, wenn du durch andere Instanzen berauscht bist. Gleichförmigkeit kann niemals das »Ziel« eines Replikators sein – der

würde sonst aussterben. Nach Gleichheit verlangen berauschte Vehikel.
Eine Social-Marketing-Kampagne deutscher Unternehmen lautete: *Du bist Deutschland.*
Im Nationalsozialismus hieß es: *Du bist nichts, dein Volk ist alles.*

Auch wenn jemand auf eine eigene Weise am Verkehr teilzunehmen scheint, werden seine Handlungen im Verkehr eine Bedeutung bekommen, die niemand voraussieht oder überblickt.

Jemand beginnt ein Philosophiestudium. Schon bald, nach munterem Beginn, wird sich zeigen, dass er Bestandteil einer Replikationsmaschine ist, die anders funktioniert, als er glaubte. Das Studium ist gestrafft, der Lehrplan richtet sich nach der Verfügbarkeit von Dozenten und Seminarräumen, ECTS-Punkte müssen so und nicht anders gehamstert werden.
Die Replikatoren, die das System tragen, haben nur geringes Interesse an den Studenten. Sie erzeugen eine wachsende Bürokratie, von Direktoren bis hin zu Studienberatungen – die der Student sogar als Nachteil empfindet.
Der Student ist offenbar Material für die Selbstvervielfältigung der Universität.
Die Subjekte der Replikation sind weder die Menschen noch die Moloche, *sondern die iterativen Handlungen selbst.*

Handlungen erzeugen Regeln, und Regeln erzeugen neue Handlungen. Dieses System ist nicht zu stoppen.
Jeder weiß: Menschliche Versuche, den »Wald von Regeln« einzudämmen, sind vergeblich.

Die Nivellierung durch die Gegenseitigkeit beherrscht nicht nur den Verkehr zwischen Mensch und Mitmensch, sondern auch den zwischen Menschen und ihrer Umgebung.
Der Zwang zur Produktion, der nicht vom menschlichen Willen abhängig ist, drängt die Landwirtschaft zur ständigen Expansion.
Keine Expansion ohne die Nivellierung von Agrarlandschaften.
In der DDR sahst du die Vernichtung der bewohnbaren Erde: Die Landschaft wurde eingeebnet, Bauernhöfe aufgelöst und Kolchosen eingerichtet.

Heute sieht Europa nicht anders aus: rationalisierte Landschaften, geschmückt mit Natur.

Du siehst hier nicht bloß das Ende eines Zeitalters, sondern das Ende der neolithischen Seinsweise, unwiederbringlich vernichtet durch die des Handelsverkehrs – der Gegenseitigkeit.

Sobald ich in einer Organisation verkehre, erheben sich darin Replikatoren, die sich selbst durch diese Organisation vervielfältigen – aber nicht durch mich als Vehikel.
Natürlich bekomme ich zu hören, dass ich, gegen mein Interesse, den gemeinsamen Zielen zu dienen habe – wie es sich für ein gutes Vehikel geziemt. Die Drohung mit Rache und Verbannung ist nie weit.

Der menschliche Verkehr spielt sich in immer komplizierteren und weiter verzweigten Organisationen ab. Der Mensch scheint sich selbst aufzuopfern, *weil diese Organisationen es fordern*.

Heidegger sagt: Der Mensch als Vernunftwesen der Aufklärung ist nicht weniger Subjekt als der Mensch, der sich als *Nation* begreift, als *Volk* will, als *Rasse* züchtet und schließlich sich zum *Herrn des Erdkreises* ermächtigt.
Es scheint, als würden große Subjekte die Erde besetzen, Staaten, multinationale Unternehmen, Kontinente. Doch letztendlich ist dieses Geschehen nichts anderes als die organisierte und eingerichtete Gleichförmigkeit, in der Subjektivität und Objektivität zusammenwachsen.[49]

Dostojewski sieht London nicht nur als eine stürmische Flut von Eindrücken, er sieht auch eine *Macht* dahinter: Baal.
Jünger sagt: Dostojewski sieht mehr als diese Flut, er sieht eine thronende Macht inmitten des Gewimmels.
Muss eine solche überindividuelle Macht angenommen werden?

Dieser Schein wird immer wieder erzeugt werden, bleibt aber Schein. Organisationen sind zu flüchtig, um als Replikatoren zu fungieren. Replikativ gesehen sind sie die Wolken im Wind. Sie sind Vehikel für kleinere Replikatoren: für die iterativen Handlungen selbst, die Organismen wie auch Organisationen als Vehikel gebrauchen, um sich zu vervielfältigen. Organisationen sind *erweiterte Phänotypen*.[50]

Der Gedanke, Organisationen oder Staaten hätten ein Eigenleben und seien imstande, menschliche Vehikel zu vereinnahmen, ist eine Variante von der Metaphysik der Formursache. Diese Metaphysik manifestiert sich im Gedanken, Organismen könnten *im Interesse der Gattung* handeln.
Das ist ausgeschlossen, weil die Gattung kein Replikator ist und die Vervielfältigung nicht beeinflusst.
Der Gedanke an ein *Genius der Gattung* muss der reduktiven Säure ausgesetzt werden.
Die Gattung will nichts und hat keinen eigenständigen Einfluss.

Wahrzunehmen, was gut für die Gattung ist, kann für die menschliche Quasireplikation relevant sein. Diese Wahrnehmung ist ein Rausch, erzeugt durch einen Replikator, der an der verkehrsgerechten Einförmigkeit seiner Vehikel interessiert ist. Handelsware vervielfältigt sich durch einen einförmigen Kundenstamm.

Im Kern ist die ökonomische Gegenseitigkeit eine Abseitigkeit: Sie liegt abseits von der Notwendigkeit und Möglichkeit, ihr selbst nachzudenken.

Sprache als Kommunikation ist ein Verkehrsmittel.
Sonstiger Sprachgebrauch ist ein Kostenfaktor.
Nachdenken ist unökonomisch.
Oder gibt es Raum für mich, um *dabei* zu verweilen?

C Ökonomie und Geschichte

Julien Sorel strebte nach Anerkennung.
Hegel sah diesen Kampf. Es ist ein Kampf um Macht – nicht in Nutzung und Gewalt, sondern im Verkehr.
Menschen kämpfen für die Anerkennung ihrer eigenen Würde. Sie begegnen einander mit Stolz, Scham und Wut. Die Gegenseitigkeit des Verkehrs lässt sich zur Herr-Knecht-Beziehung ritualisieren.
Der Kampf um Anerkennung unterscheidet sich von dem um Macht und Besitz über die Natur. Er ist weder mechanischen noch biologischen Ursprungs. So Hegel.

Das Streben nach Anerkennung ist eine andere Handlungsweise als das technische Handeln. Aber an ihrer mechanischen Reduktion führt kein Weg vorbei.

Hobbes sah, dass dein Ansehen bei anderen, deine Würde oder Ehre, zur Machtausübung gehört. Diese Macht bekommst du dadurch, dass andere sie als solche wahrnehmen. *Honour consisteth onely in the opinion of Power.*[51]

Würde, das ist jemandes öffentlicher Wert, der Wert, den ihm seine Umwelt beimisst.
Würde oder Ehre ist diejenige Macht, die einer durch die Bereitschaft eines anderen bekommt, sie zu kaufen und für sie zu bezahlen. Die Würde eines Menschen ist der Preis, den ein anderer bezahlen möchte, um ihn zu gebrauchen. Anerkennung ist eine Variante der Macht.

Wenn von *Menschenwürde* die Rede ist, dann sind *Werte* im Spiel. Werte lassen sich ökonomisch verrechnen.

Die Ökonomie der Gegenseitigkeit wächst da, wo sich die replikative Seinsweise auf Kosten der basaltenen ausbreitet.
Die basaltene Seinsweise brauchte den Unterschied zwischen der *idea* und der Wirklichkeit, um ihren unveränderlichen Charakter zu wahren.
Dieser Unterschied kennzeichnete ihre Wörter. Der Kampf um Anerkennung war der Kampf zwischen *ideae* rings um das Menschsein.

Sogar metaphysisch stark aufgeladene Wörter bekommen einen anderen Sinn, jetzt, wo der Kampf um Anerkennung ökonomisch reduziert ist.
Nirgends wird das deutlicher als im Bereich der Geschichte.
Bei Herodot begann einst die Geschichtsschreibung mit ihrem nationalen, vaterländischen Wesen. Herodot wandte sich von der sogenannten »mythischen« Epoche ab.
Über Jahrhunderte hinweg, bis zum Zweiten Weltkrieg, war die Geschichtsschreibung das Vorbild für den menschlichen Verkehr in und zwischen Staaten. Dieses Vorbildliche betraf den Unterschied zwischen der tatsächlichen und der idealen Wirklichkeit – Grund des Historischen.

Inzwischen wird die Reduktion der Geschichte sichtbar. Sie ist nicht gierig, sie radiert die Geschichte nicht aus. Sie ist vernünftig und formuliert die Geschichte neu, in ökonomischen Begriffen.

Ein erstes Zeichen für die große Reduktion in der Geschichte: Die Geschichtsforschung räumt der Archäologie und dem Darwinismus immer mehr Bedeutung ein, wodurch sie allmählich den Status einer echten Wissenschaft erhält.
Gleichzeitig behauptet sich eine wissenschaftliche Geschichtsschreibung frei von Idealen und Vaterlandsliebe.

So wie die Geschichtsschreibung einen Anfang hatte, so geht sie nun ihrem Ende entgegen. Die Zeit selbst hat sich verändert seit dem Aufkommen der replikative Seinsweise mit ihrer reduzierenden Säure.[52]
Jünger sagt: Das, worin wir uns befinden, kann nicht mehr Geschichte heißen. Die metaphysischen Wörter der Geschichte haben Abschied genommen.

Wörter wie *Staat* und *Reich* büßen ihre ordnende Macht ein. Ihre Grammatik verflüchtigt sich.
Die Identität eines Staates war basalten: Sie bestand in einem labilen Gleichgewicht mit anderen Staaten, als feste Einheit, deren Grenzen, wo nur möglich, bewacht und beschützt wurden.
Sie war metaphysisch. Sie wurde als Verkörperung der *Idee* des Nationalen erfahren.
Die Grammatik des Staates und des Nationalen schließt die Möglichkeit ein, sich für Staat und Nation aufzuopfern.
Sterben hatte in der Epoche der Metaphysik einen Sinn, der zum Überlebenswillen gehörte, diesem jedoch eine eigentümliche Wendung gab: Selbstaufopferung für das Überleben zukünftiger Landsmänner in der verwirklichten Staatsutopie.

Es war möglich, für die Idee eines Staates – oder eine Idee der Menschlichkeit – zu kämpfen, solange ein Unterschied zwischen der Wirklichkeit des tatsächlichen und der *idea* des eigentlichen Menschen erfahren wurde, das heißt solange die Metaphysik über Welt und Denken herrschte.
Eine Handlung historisch verstehen hieß, sie aus dem Unterschied zwischen der Wirklichkeit und der Möglichkeit einer *idea* zu verstehen.

Ohne die Macht der *idea* keine Ideologie. Ohne Metaphysik kein Bolschewismus, kein Nationalsozialismus und keine Französische Revolution.

In der Verkehrsökonomie fällt zum einen der Unterschied zwischen Möglichkeit *(idea)* und Wirklichkeit weg. Die Ökonomie betrifft *immer* die Herausforderung neuer Möglichkeiten. Das macht ihre Wirklichkeit aus.
Zum anderen fällt die Notwendigkeit weg, dem nachzudenken, wovon die ökonomische Seinsweise eventuell umgeben ist – Sprachgebrauch ist Kommunikation, also gegenseitiger Verkehr.

Heidegger nennt die Allumfassendheit des Handelsverkehrs *Wüste* und *Verwüstung*. Was für einen Sinn hat das?
Verwüstung ist nicht Vernichtung oder Untergang, sondern das Wegfallen der Notwendigkeit, das zu durchdenken, was der ökonomischen Wirklichkeit ihre Möglichkeit gibt: ihren Horizont von Wörtern. Der ist in der Indifferenz von Wirklichkeit und Möglichkeit weggefallen.[53]

Die Gleichheit der Gegenseitigkeit rechtfertigt sich durch gesteigerte Replikation. Der metaphysische Unterschied zwischen der Wirklichkeit und einem jenseitigen Maß *(idea)* ist nicht nur unmöglich, sondern auch überflüssig. Ein Horizont von Wörtern, dem die Ökonomie ihre Existenz zu verdanken hat, ist in der Gleichgültigkeit weggefallen. Es ist auch gleichgültig, diese Gleichgültigkeit eine *Wüste* zu nennen.
Nicht leicht, sich auf Heideggers Wort einzulassen.

Die höchsten Menschheitsideale – der Fortschritt, die gleichmäßige Arbeitsgelegenheit für jedermann, die gleichförmige Wohlfahrt aller Arbeitenden – sind allesamt Folgen einer schon lange herrschenden Wüste – der des Wortes.[54]

Ist das alles verkappte Kulturkritik? Keineswegs.
Die Wüste ist nichts, was beurteilt, kritisiert oder verändert werden könnte. Dafür ist sie zu groß und unnahbar.
Ein Philosoph müsste vielmehr die Wüste in sein eigenes Nachdenken einlassen, um zu merken, dass sie stärker ist als das, was er über sie zu denken vermag, und dass sein Denken auf diese Weise von ihr gezeichnet wird.[55]

In der Epoche der Metaphysik stand nicht fest, wer oder was ein Mensch war. Der Mensch war das *noch nicht festgestellte Tier*. Kriege wurden im Namen der Heraufkunft des neuen Menschen geführt.

Der ökonomische und politische Liberalismus erhält seine Macht dadurch, dass er nicht mehr metaphysisch ist. Es gibt keinen Unterschied zwischen dem tatsächlichen Menschen und der *idea* Mensch. Einer Ideologie nachlaufen, das ist ein Kostenfaktor.
Jünger spricht der Demokratie eine höhere Leitfähigkeit zu.
Demokratie ist *Bestandteil* der Ökonomie der Gegenseitigkeit – ist nicht metaphysisch mit ihr verbunden.
Der Unterschied zwischen einem Menschen und seinem Wesen ist nivelliert. Die ökonomische Sicherheit genügt.[56]

Liberalismus betrifft die Freiheit des Denkens *(genitivus separativus)*. Er ist das Tor zur ungebremsten Entfaltung der Replikation (der Technik), umgeben vom Horizont der liberalen Gegenseitigkeit.
So beruht die Gegenseitigkeit auf einer Abseitigkeit – der Horizont der metaphysischen Bewohnbarkeit ist wie mit einem Schwamm weggewischt, sodass ein grenzenloses Gebiet auftaucht, das sich von Menschen ohne Umschweife urbar machen lässt.
Die Natur ist, wie bereits erwähnt, kein Verkehrsteilnehmer, sondern Energielieferant.
Sie steht außerhalb des menschlichen Verkehrs. Der menschliche Verkehr nutzt die Natur, bleibt aber ihrer Seinsweise gegenüber gleichgültig.

Das ist die Erfahrung, die in der Verwüstung verborgen liegt. Die Gleichgültigkeit ist vorrangig die der Natur gegenüber der menschlichen Existenz.
Wie eifrig wir Menschen die Welt auch einrichten, *sie* bleibt davon unberührt.
Worauf deutet das hin? Die Natur als die gleichgültige Mutter, die ihre Kinder aus dem Nest wirft, ist vielleicht das Umgebende für allen menschlichen Verkehr, während sie doch unnahbar bei sich selbst bleibt.
Die Verwüstung ist der Ort, wo nach der Vollendung der Metaphysik nachgedacht werden kann. Vielleicht der einzige.

Am Dam in Amsterdam siehst du den *erweiterten Phänotyp* der Macht der Gegenseitigkeit: die Schaufenster der Filialen, die Beweglichkeit der Börse, die Verzweigungen des Bankwesens.
Das Rathaus auf dem Dam verweist auf den Anfang von all dem: die Neuzeit.

Ist das Nationalmonument auf dem Dam noch etwas anderes als verwirklichte Ökonomie?
Menschen sind für eine Sache gestorben, die nicht ihre eigene war: für das Überleben ihrer Nation. Wer erkennt, dass dies nicht den eigenen Interessen dient, dessen Opferbereitschaft schwindet, wodurch der Staat untergraben wird.
Die Gegenseitigkeit zwischen Staat und Bürger droht zu brechen. Der Staat tilgt seine Schuld durch ein Angebot: ein Monument mit dazugehöriger Gedenkfeier.
Aber diese Konstellation von ökonomischer Macht und Opfergedenken ist vergangen.
Die Wörter, denen sie entsprechen musste, haben sich zurückgezogen.

Mit Kriegen ist es heute eigenartig bestellt. Es ist nicht leicht, inmitten der ökonomischen Gegenseitigkeit zwischen Krieg und Frieden zu unterscheiden.
Ein nationaler Krieg hatte ein Ziel und konnte nach dem Sieg (oder der Niederlage) aufhören.
Die heutigen ökonomisch gesteuerten Kriege sind Teil der Vervielfältigung. Ein Krieg endet, indem er mit anderen Mitteln fortgesetzt wird: als Friedensoffensive. Wenn Replikation kein Ziel hat – und das hat sie ihrer Art nach nicht –, dann können Kriege und Friedensoperationen weder begonnen noch beendet werden.[57]

Wer ist in einem heutigen Krieg der Sieger und wer Verlierer – angesichts der ökonomischen und propagandistischen Gegenseitigkeitsinteressen, die auf dem Spiel stehen?
Kriege dienen heute weniger nationalen Interessen als vielmehr der Reduktion des Nationalen durch Gleichschaltung, sodass die ökonomisch gelenkte, planetarische Replikation weitergehen kann.[58]

Die Französische Revolution wie auch spätere große Neuordnungen versuchten den neuen Menschen hervorzubringen – als Bewohner von Utopia oder als genetisch transformierten Übermenschen.
Ihre Zeit ist abgelaufen in der ökonomischen Gegenseitigkeit.
Der Kampf zwischen »dem Westen« (der planetarischen Ökonomie) und dem Islam ist ungleich. Der Islam ist metaphysisch. Er erfährt eine Gegensätzlichkeit zwischen Tatsachen und Ideal. Darum ist er nicht mehr zeitgemäß. Der Kampf gegen ihn ist schon gewonnen, weil seine Welt längst weggefallen ist.
Dieser ungleiche Kampf beherrschte schon den Zweiten Weltkrieg, der letztendlich ein Kampf zwischen der Metaphysik und ihrem Ende war.[59]

In der Neuen Kirche *(Nieuwe Kerk)* auf dem Dam kannst du durch einen Schacht hinunter in den Keller blicken, wo der Sarg des niederländischen Seehelden Michiel de Ruyter aufbewahrt ist.
Du denkst: De Ruyter konnte für eine Bedeutungswelt sterben, die weiter als sein eigenes Überleben reichte. Sein Tod hatte einen historischen Sinn.
De Ruyter vertraute auf göttliche Fügung. Daher konnte er für sein Vaterland leben und sterben.

Vor seiner letzten Seeschlacht gegen die Franzosen bei Stromboli ahnt er, dass er mit seiner heruntergekommenen Flotte dem Untergang geweiht ist. Er schreibt dem Ratspensionär, seine Flotte sei vollkommen machtlos gegen die Franzosen. Ohne einen Augenblick zu zweifeln verspricht er, dass er mit seiner geringen Macht versuchen werde, das Ziel des Staates zu erreichen. Nichts werde er dafür ungetan lassen. Er hoffe aber, dass Gottes Segen und Entschlüsse dies zulassen. Zuversichtlich werde er seine grauen Haare aufs Spiel setzen, aus Respekt vor der Flagge des Staates.

Welche Matrosengewerkschaft würde heute De Ruyters Arbeitsbedingungen akzeptieren?

Die Reduktion des Nationalen beginnt mit der Frage: Gehörte De Ruyters Verhalten nicht zu seiner eigenen Zeit, war er nicht umgeben von Metaphysik?
Sie fragt weiter: War seine Heroik *in seiner eigenen Zeit* mehr als nur

Selbstbetrug? Seine Welt stand im Zeichen der hereinbrechenden mechanischen Naturwissenschaft. Technik und Handel boomten. Die Kriege, in die De Ruyter verwickelt war, betrafen die Herrschaft über das Meer als Handelszone.
Ist seine Heroik mehr als nur ein Rausch, der ihn darüber hinwegsehen ließ, dass er sein Leben für den Umlauf von Handelsgütern aufs Spiel setzte?
Schließlich wird unsere Zeit das Heroische von De Ruyters Handeln mithilfe ökonomischer Begriffe reduzieren: Es diente offenbar seiner Selbstvervielfältigung und war somit kein echtes Opfer für das Vaterland.

De Ruyters moderner Biograf, Prud'homme van Reine, ist als Historiker von der ökonomischen Denkweise umgeben. Er weist auf die Möglichkeit hin, der Seeheld habe sich bei der Schlacht vor Palermo *absichtlich* töten lassen, auf der Grundlage einer ökonomischen Rechnung zugunsten seiner posthumen Vervielfältigung:

> Die Möglichkeit, im hohen Alter auf dem »Bett der Ehre« zu sterben, war keine unangenehme Aussicht. Wenn er zurückgekehrt wäre, hätten ihn höchstwahrscheinlich noch einige Jahre in schlechter Gesundheit erwartet und danach Vergessenheit. Sterben bedeutete eine ehrenhafte Vollendung einer glänzenden Karriere, ein Begräbnis auf Staatskosten und ein marmornes Grabmal in einer von Hollands vornehmsten Kirchen.[60]

Im vorigen Jahrhundert waren Philosophen gebannt durch den Kampf der Ideologien – den Kalten Krieg. Auf seine alten Tage rief Heidegger regelmäßig: *Die Russen kommen!*
Als damals die Sowjetideologie nach einigen Scharmützeln im Baltikum zusammenbrach, überkam mich eine Verwunderung, die kaum zu einer Erfahrung werden wollte. Das war keine Revolution, sondern die Implosion der Ideenwelt. Die große Gleichgültigkeit waltete über dem Zusammenbruch dieses Imperiums. Die Wüste kam zum Vorschein.

Was ist das – dieses Ausweichen der Wörter, die einen Unterschied markierten?
Was ist der Sinn dieses Weichens inmitten der gleichgültigen Gegen-

seitigkeit? Ist das, was ausweicht, endgültig verschwunden? Oder gibt gerade die Bewegung zu denken, in der Grundwörter sich darbieten und ausweichen?

D Gegenseitigkeit und Bürokratie

Wie weit reicht die Reduktion des Verkehrs auf ökonomische Gegenseitigkeit?
Wo die Replikation durch die Proportionalität im Verhältnis zwischen ihren Vehikeln gefördert wird, da entstehen eigenständige Regelsysteme. Regeln sorgen für die Gleichförmigkeit ihrer Anwendungen. Die Handlungen selbst sind die Instanzen, die sich vervielfältigen, dank der von ihnen entworfenen Regelwelt.
Zugunsten der Vervielfältigung entsteht die administrative Einförmigkeit der Vehikel: die Bürokratie, ein Produkt der ökonomisch erzwungenen Rationalisierung.

Wie *Max Weber* zeigte, ist Bürokratie die rationalste Form der Herrschaftsausübung, jetzt, wo sie doch unumgänglich ist.[61] Bürokratie ist regelgeleitet – ein Puffer gegen Willkür, Ausbeutung und Machtmissbrauch.

Bürokratie reduziert die Blutsbande, den *Nepotismus* des Persönlichen und die individuelle Vorzugsbehandlung. Sie reduziert Möglichkeiten für Vehikel, die Vervielfältigung ihrer Replikatoren zu vereiteln. Bürokratische Rationalität herrscht *ohne Ansehen der Person*, sowohl gegenüber dem Beamten als auch dem Klienten: Die Gegenstände der Macht sind *neutra*, Funktionsgelenke einer Technik der Gleichschaltung.[62]
In der bürokratischen Rationalität ist Macht reduziert: Sie liegt nicht in der Hand eines Machthabers, sondern ist eine offene Funktion, die stets durch neue Funktionäre erfüllt werden kann.
Bürokratische Rationalität reduziert vor allem jegliches Pathos, das Lenker und Gelenkte miteinander verbinden könnte. Pathos bringt sofort die Gefahr von Bevorzugung, Vetternwirtschaft oder Diskriminierung mit sich.
Die reduzierte, bürokratische Verkehrswirklichkeit ist *sine ira et studio*.[63]

Der Schwund des philosophischen Pathos mündet in der bürokratischen, anti-nepotistischen Indifferenz.

Die bürokratische Reduktion entspringt dem Wandel der Ökonomie hin zum gegenseitigen Verkehr in größeren Gruppen.
Die kantische Grammatik unterscheidet zwischen dem Umgang mit Sachen und dem mit Personen, die nie ausschließlich als Mittel, sondern immer auch als Zweck gebraucht werden. Diese Grammatik hat Abschied genommen.
In der Bürokratie kann ein Mensch niemals ein Zweck sein. Das hieße Korruption.

Hannah Arendt weist auf die gewandelte Art der bürokratischen Grammatik hin: Es gibt keine Zwecke und zweckdienliche Mittel mehr, sondern nur die grundsätzliche Überflüssigkeit aller Funktionäre.[64]

Diese grundsätzliche Überflüssigkeit aller Funktionäre – der Machthaber ebenso wie der Unterworfenen – wird von niemandem gemacht oder verhängt.
Sie entspringt dem Bedeutungshorizont der Vervielfältigung und ist darum niemals direkt zu bekämpfen – falls das überhaupt eine sinnvolle Geste ist.
Dieser Bedeutungshorizont ist derjenige der Identität als Einförmigkeit.

Der gegenseitige Verkehr verdankt seine Existenz dieser Neutralisierung der Zwischenmenschlichkeit.
Wohin die Neutralisierung führen wird, weiß niemand. Manchmal mündet sie in Mord und Genozid, wie im Nationalsozialismus, manchmal ist sie die Mundtotmachung all dessen, was nicht unter die ökonomische Rationalität fällt, manchmal lassen sich hohe Gewinne mit ihr verbuchen.
Die Überflüssigmachung von Menschen nennt Arendt das *radikal Böse*.[65]
Wenn diese Charakterisierung etwas zu sagen hat, dann Folgendes: Das »Böse« gehört zur Welt, wie sie ist. Es gibt keine Alternative.
Diese »Bösartigkeit« ist ein wesentlicher Bestandteil dessen, was heute das *Gute* heißt: Fortschritt, Glücksgüter, Menschenrechte, bürgerliche Ordnung, ungestörtes Wohlbehagen. All das ist nur möglich innerhalb

der Verrechnung des gemeinschaftlichen Nutzens, die ohne Bürokratie nicht zu bewerkstelligen ist.

Heidegger nennt die Bürokraten zwar wütende Funktionäre ihrer eigenen Mittelmäßigkeit, die im Rang noch niedriger stünden als das in seinen echten Grenzen Kleine und Dürftige. Sie sind allerdings kein Böses, das bekämpft werden könnte. Sie sind die Kinder der Wortwüste, so wie wir alle.

Gegen Bösartigkeit lassen sich keine Maßnahmen ergreifen. Sie ist ein Teil der Verwüstung. Die Verwüstung gehört zur Sprache, die alles und jeden – insbesondere jede moralische Handlung – umgibt.
Da und nur da kann nachgedacht werden.[66]
Bösartigkeit ist höchstens die Folge der Wüste rings um ein Wort. Aber die Wüste lässt sich auf keinerlei Weise beurteilen.[67]

Ein eigenartiger Gedanke: Die Bösartigkeit wird der Welt jenseits menschlicher Schuld und Sühne zuteil. Es gibt nichts zu verantworten. Vielleicht zeigt die Verwüstung meinem Nachdenken, dass seine Umgebung ihm gegenüber gleichgültig ist?

Für einen Augenblick werde ich von etwas getroffen, was jede Gegenseitigkeit mit der dazugehörigen Verantwortung, Rechtfertigung und Schuld trägt – und von all dem abgekehrt ist.
Kann ich dem nachdenken, wenn bis heute *jedes* Denken zur Rechtfertigung und Verantwortung aufruft und somit im Handelsverkehr beheimatet ist?

6.2 Geist der Rache

Als optimale Lösung des Gefangenendilemmas erweist sich eine Variante von *Tit for Tat*: Wie du mir, so ich dir.
Dies ist die gegenseitige Gleichheit, die Ratio als Proportionalität von Aktion und Reaktion.
Wo sie überbordet, ohne dass Sanktionen (Rache) folgen, da ist der Handelsverkehr in Gefahr und eine Gewalteskalation nicht weit. Gegenseitige Transaktionen münden dann in gegenseitige Ausrottung.

Tit for Tat – das ist keine Rache, sondern die Vorbeugung vor Rache. Wo die Proportionalität zwischen Aktion und Reaktion fehlt, da gilt: zwei Augen um ein Auge und ein Gebiss um einen Zahn.

Die Proportionalität der Gegenseitigkeit beschränkt sich nicht auf den zwischenmenschlichen Verkehr. Sie herrscht *überall* da, wo ökonomischer Verkehr ist, wo man wagt, um zu gewinnen, und ausfährt, um zurückzukehren – kurzum, wo das Gesetz der Heimkehr regiert.
Dieses Gesetz herrscht über die Erscheinungsweise der Dinge und der Welt, über menschliches Erkennen und Handeln *als solches*. Es betrifft die Identität der Dinge und Menschen.

Eine simple Variante der Ökonomie ist die *Odyssee*: Ausfahrt und Wanderschaft sind der Preis, der für die unversehrte Heimkehr bezahlt werden muss.
Die Heimkehr mit oder ohne Beute und neuer Erfahrenheit bestimmt die Proportion zwischen Kosten und Nutzen.

Wissenschaft und Technik sind entwerfend, das heißt sie *organisieren selbst* das Verhältnis zwischen Ausfahrt und Heimkehr. Sie beugen einem Leben vor, das ein Streifzug mit unbekanntem Ziel ist.
Der Entwurf beherrscht und organisiert seine eigenen Erfahrungsmöglichkeiten und strukturiert damit die Wirklichkeit.
Ausfahrt und Heimkehr sind zur organisierten Gruppenreise geworden.

Innerhalb der Organisation von Wirklichkeit und Erkennen ist es möglich, *Kausalität* zu sehen, und zwar als Proportionalität zwischen Bewegung und Gegenbewegung, zwischen Ursache und Wirkung.
Die Gegenseitigkeit von Ursache und Wirkung macht rationale Technik möglich: Der wissenschaftliche Entwurf ist eine Investition, die mit einer Rückzahlung in Form von technologischem Potenzial rechnen kann.

Die Identität als Proportionalität beherrscht den wissenschaftlichen Verkehr zwischen Mensch und Natur.

- Wo entworfen wird, da wird eine entsprechende Reaktion nicht auf sich warten lassen.
- Befrage ich die Natur, so wird sie antworten.

- Wenn ich die Anfangsbedingungen in der Hand habe, werden immer dieselben Ergebnisse erzeugt.
- Entwurf führt zu Resultat (*re-sultare* – zurückspringen).
- Wenn ich den Ball hochwerfe, kommt er in meine Hand zurück.

Das Prinzip vom zureichenden Grund wird durch das Gesetz der Heimkehr beherrscht. Das *principium reddendae rationis* bedeutet qua Grammatik: Es mangelt an Gründen, und dieser Mangel muss behoben werden. Wenn das geschehen ist, dann ist die Ratio als Proportionalität wiederhergestellt (*reddere* – zurückgeben) und der Grund zureichend. Das harmonische Verhältnis von Mensch und Natur ist durch Begleichung wiederhergestellt.

Die Natur auf Proportionalität hin entwerfen, das hat den Sinn, Erfahrung zu beherrschen, das heißt dem unbeherrschbaren und bedrohlichen Chaos vorzubeugen.
Dieselbe Bewegung beherrscht den zwischenmenschlichen Verkehr. Überall herrscht die Proportionalität von Handlung und Gegenhandlung über den Verkehr.

Die große Proportionalität umfasst das Verhältnis von Mensch und Welt, den gegenseitigen Verkehr zwischen beiden.
Entfremdung oder die Angst vor ihr führt zur entwerfenden Ausfahrt. Knappheit wird erfahren oder gefürchtet. Also wird investiert. Die Natur wird das Wagnis der Ausfahrt proportional belohnen (Investitionen zahlen sich aus). Darauf folgt die reich beladene Heimkehr – bereit für die nächste Ausfahrt.

Über all dem hängt eine Waage, die die Proportionalität von Investition und Rückzahlung organisiert.
Diese Waage ist die Identität, die das Verhältnis von Mensch, Mitmensch und Natur zeichnet: die Identität als Harmonie.
Sie zeigt sich im Gedanken der *Gerechtigkeit* – der nicht nur Seifenopern, Romane und Filme beherrscht, sondern primär das gegenseitige Verhältnis von Mensch, Natur und Mitmensch.

Jede Gegenseitigkeit setzt *Tit for Tat* voraus. Ist Gegenseitigkeit, gerade weil sie der Rache vorbeugt, *ihrer Art nach* rachsüchtig?
Der Wille zur Gegenseitigkeit ist der Wille, Erfahrung zu beherrschen.

Waltet in diesem Willen (und damit auch in der gesuchten und vorausgesetzten Harmonie von Mensch, Mitmensch und Natur) ein *Widerwille*, der die Wirklichkeit nicht so will, wie sie ist, sondern sie nach seiner Maßgabe zu formen trachtet?[68]

Aber wie sollte ich von der Gegenseitigkeit loskommen? Auch wenn ich nicht nach Gleichheit strebe und mögliche Ungleichheiten zulasse – verkehre ich nicht immer und unvermeidlich in der Ökonomie von Ausfahrt und Heimkehr, in dem, was Nietzsche nennt: *die große Ökonomie, die des Übels nicht zu enthraten weiß*?

Ist Rache dann allgegenwärtig?
Diese Frage ist umso eigenartiger, als das menschliche *Erkennen* Teil des ökonomischen Verkehrs ist. Erkennen ist, in Nietzsches Worten, *Wille zur Macht*. Sein Sinn ist, zu schematisieren (entwerfen), um dem Chaos Regelmäßigkeit und Form aufzuprägen. Das geschieht aus praktischen Gründen und ist damit Teil der Ökonomie.

Gehören Erkennen, das Erkannte und der Mensch in einer Gegenseitigkeit zusammen, die durch Rache gezeichnet ist?

So sagt es Nietzsche:

> Der Geist der Rache: meine Freunde, das war bisher der Menschen bestes Nachdenken; und wo Leid war, da sollte immer Strafe sein.[69]

A Reduktion der Rache

Griechische Tragödien lassen einen Funken einer Welt aufblitzen, in der der Verkehr zwischen Mensch und Welt noch nicht mathematisch reduziert war.
Das Aufkommen der griechischen Mathematik (später der *mathesis universalis* und dann des darwinistischen Algorithmus) war eine Befreiung von der Macht der noch nicht philosophischen, kosmischen Gerechtigkeit, der *lex talionis*.

Die Tragödien lebten von einer Gegenseitigkeit kosmischer Art, die über das Ganze von Himmel, Erde und Göttern herrschte. Menschen glaubten, ihren Platz unter der Sonne sichern zu können, indem sie sich an dieses Gesetz hielten.

Die *lex talionis* lautete: Wer handelt, muss leiden *(drasanti pathein)*, gemäß der kosmischen Gerechtigkeit.
Naturkatastrophen wie Missernten, Stürme oder Fehlgeburten wurden als Folgen einer menschlichen *hybris* verstanden, die weit in der Vergangenheit zurückliegen konnte.

Umgekehrt erklärt sich die Brutalität unfassbaren Leidens aus der *lex talionis*: Antigone büßt für die *hybris* ihres Vaters.
Wie Nietzsche sagt: Wo Leid ist, da muss Strafe sein, sonst gerät die kosmische Ökonomie ins Ungleichgewicht.

Die *lex talionis* regierte, auch wenn Menschen sie nicht durchschauten. Menschen wussten nicht, ob ihre Handlungen, die der *menschlichen* Gerechtigkeit entsprachen, dem Maß der unbekannten *kosmischen* Gerechtigkeit genügten.

Du wusstest nicht, was du tatest, wenn du die Erde mit dem Pflug aufbrachst, du wusstest nicht, ob deine Opfer angenommen würden.
Du wusstest nicht, ob du in deinem Verlangen nach Reichtum oder Gewinn das Maß überschrittest, das dir zugemessen war.
Du wusstest nicht, ob dein Streben nach Erkenntnis größer war, als es deine endliche menschliche Natur tragen konnte.
Welche Vergeltung deine Handlungen hervorriefen – das blieb dir verborgen.

Allzu viel Glück konnte Missgunst nicht nur bei Menschen erregen, sondern auch bei anderen Instanzen, Göttern.
Allzu viel Einsicht konnte, göttlichen Neid erweckend, zu Verblendung führen.

Das zeigt sich im zweiten Chorlied der *Antigone*. Menschen können eine gewisse Großartigkeit in ihrem Handeln nicht missen. Aber das Großartige, dessen Grenzen unbekannt sind, wird allzu groß: hybrid. Einsicht erweist sich als Verblendung.
Menschen werden beherrscht durch überall hin schweifende Hoffnung, durch trügerische Sehnsüchte.

Dieser Elpismus ist lebensnotwendig.

Überall drohen Grenzüberschreitungen, die in Besudelung, Rache und Gegenrache münden. Je größer jemand ist in der Stadt, desto höher ist das Risiko, dass er wie Ödipus seine Grenzen überschreitet und stadtlos wird.
Das Universum lebte und konnte durch menschliches Handeln getroffen werden. Es war voller bewachender, argwöhnender, schmerzhaft getroffener, verfolgender und rächender Instanzen.
Es gab einen lebendigen Verkehr.

Die Grammatik des Opfers und die Tragödienaufführungen waren Versuche, die ausgebrochene *talio* zu beherrschen und in Bahnen zu lenken.

Die mathematisch-mechanischen Reduktionen der alten *lex talionis* blieben durch die Gerechtigkeit gezeichnet, allerdings auf reduzierte Weise.
Heraklit konnte noch glauben, die Sonne werde von beleidigten Erinnyen (Rachegöttinnen) verfolgt, wenn sie ihr Maß überschritte.
In der Mathematisierung der Welt wurde der Gedanke der Maßüberschreitung und Bestrafung absurd, wo er auf die Natur bezogen war.
Naturgesetze waren nicht mehr Gesetze, die übertreten werden konnten.
Naturgesetze trennten sich von denen des Rechts.
Gleichwohl blieb die Gegenseitigkeit in verwandelter Gestalt herrschend.

Es ist hier nicht der Ort, den Transformationen in der Grammatik der Gegenseitigkeit und der dazugehörigen Rache zu folgen.
Aber Gegenseitigkeit und Rache sind reduziert, sowohl im Verkehr mit der Natur, die als Riesentankstelle erscheint, als auch im zwischenmenschlichen Verkehr, der als Handel erscheint.

Die Gerechtigkeit der *lex talionis* ist zur ökonomischen Ratio geworden.
Was hat das zu bedeuten?
All das, was bereits über die bürokratische Seinsweise gesagt wurde.
Die Gegenseitigkeit ist rationalisiert, durch mechanische und mathe-

matische Reduktionen in Elemente zerlegt, die eine kontrollierte Beherrschung möglich machen.
Die Natur erscheint nicht mehr als Instanz, die ihrerseits etwas erfährt und darauf reagiert.
Weder die Natur noch ich *erfahren* den gegenseitigen Verkehr.
Das bedeutet: Wachsende Apathie. Wachsende Indifferenz. Schwund von Identität.

Descartes machte deutlich, dass es lächerlich ist, zu glauben, ein Stein, der gehauen werde, fühle etwas und schlage zurück.
Nicht weniger sinnlos ist es, die Sonne auf solche Weise zu betrachten.
Wenn Proportionalität herrscht zwischen Ursache und Wirkung oder zwischen Entwurf und Ergebnis, dann ist sie weder vom *Gefühl* des Entwerfenden noch von dem des Entworfenen abhängig.

Wer im Kampf ums Dasein scheitert, bekommt keine Rache zu spüren, sondern hat falsch kalkuliert und muss dafür büßen.
Die Gerechtigkeit des Büßens bleibt bestehen, sie ist jedoch »unpersönlich«.

Achte auf die Reduktion in folgenden Wortpaaren:

Waage	–	Bilanz
Vergeltung	–	Geld
Opfer	–	Todesopfer
Gabe	–	Investition
Erlösung	–	Erlös
Schuld	–	Schulden
Buße	–	Bußgeld
Harmonie	–	Bilanz

Merkwürdigerweise deutet das auf eine Gleichmachung hin, eine Begleichung in der Gegenseitigkeit selbst. Die Gegenseitigkeit ist selbst das Produkt einer bestimmten Nivellierung, einer bestimmten Rachsucht.

B Rache und Erlösung

Auch wo der Verkehr mathematisch und mechanisch reduziert ist, wie im Umgang mit der Natur, auch da herrscht noch die reduzierte Angst vor Rache: die Angst vor unerwarteten *Rückwirkungen* des eigenen Handelns.
Eine Rückwirkung, das ist ein Rückschlag, der keine beleidigte Instanz voraussetzt, die zurückschlägt.

Das entworfene Verhältnis von Ursache und Wirkung ist *kontrollierte* Rückwirkung.

Der Kausalitätsentwurf und die dazugehörige Technik lassen sich nur als Vorsorgemaßnahmen begreifen: Sie beugen unerwarteten Rückwirkungen auf das menschliche Handeln vor.

Die gegenseitige Gleichschaltung von Mensch und Natur wie auch von Mensch und Mitmensch hat noch einen anderen Sinn, als nur Replikation zu fördern: Sie ist das Vorbeugen gegen Rückwirkungen, eine Erlösung von der modifizierten Rache und sogar der Angst vor Rache.

Gegenseitigkeit als Proportionalität zwischen Ursache und Wirkung, zwischen Handeln und Erfahren, zwischen Entwurf und Ergebnis, zwischen Kosten und Nutzen, zwischen Wagen und Gewinnen – das ist diejenige Gleichheit, die vorbeugt, dass der Verkehr unbeherrschbar wird, dass unbeherrschbares Erfahren entsteht.

Das war bereits vor dem Aufkommen der Metaphysik der Sinn der *lex talionis*. Sie war ein *Gesetz*: dasjenige der Proportionalität von Handlung und Gegenhandlung. Die *lex talionis* regulierte die Rache, die sich sonst wie ein Virus verbreitet hätte. Opfer, Gaben, Buße, das waren Selbstbeschränkungen aus Angst vor der entladenen Rache – ein chaotisches Universum, unbeherrscht replikativ.

Die Wörter »wie« und »so« im Sprichwort »Wie du mir, so ich dir« verweisen auf einen bedeutenden Zug in der Vorbeugung gegen Rache: die Proportionalität, die *ratio* von Aktion und Reaktion.
Durch diese Proportionalität wird der andere, genau wie ich selbst, ab-

gerichtet und aufgerufen, ebenso proportional zu handeln, sodass die Ökonomie der Gegenseitigkeit, der Handel, in Gang kommen kann.

Der Sinn der Proportionalität ist die Kontrolle über unbeherrschbare Erfahrung.
Unbeherrschbarkeit entsteht im Verkehr vor allem dann, wenn es nicht gelingt, von der anderen Seite *loszukommen*, sei es von unbeherrschbaren Naturereignissen, sei es von Mitmenschen.

Ein Beispiel. Mein ökonomisches Verhältnis zu einem Verkäufer hat den Sinn, dass ich als Käufer meine Schulden *tilge*. Wir müssen *quitt* werden, das heißt dadurch voneinander loskommen, dass die Schuld *beglichen* wird.
Überall suchen wir nach Erlösung von der Rache, möglichst noch bevor sie eintritt.

Im Verkehr ist es wesentlich, dass du deine Schuld tilgst, um vom anderen erlöst zu sein. Wenn du jemandem gratulierst, dich bei ihm bedankst, ihn beschenkst, zu einem Gegenbesuch einlädst, dann hat das den Sinn, vom anderen, vom unbeherrschbaren Widerfahren erlöst zu sein.[70]
Danken ist Abdanken.
Erlösung ist das Verlangen, in Ruhe gelassen zu werden. Die Wörter *quitt* und *Quittung* gehen auf das lateinische *quietus* zurück.
Ist der Versuch, erlöst zu werden, nicht wieder eine subtile Form von Rache? Dankst du nicht die Gegenseite ab, um sie nicht mehr erfahren zu müssen? Widersetzt du dich so nicht dem, was die Gegenseite in sich selbst ist?

Erlösung von der Rache ist Erlösung von möglicherweise unbeherrschbarem Erfahren. Das ist nicht empirisch, sondern rachsüchtig.

Denk an das Beispiel der Dankbarkeit, Nietzsche nennt es die *gute Rache*: eine Tilgung der Schuld, durch die mein Verhältnis zum anderen als Begleichung erscheint.
Wo ist der andere geblieben?

Noch ein Beispiel: Du preist einen Philosophen für seinen Verstand. Du erkennst ihn an. Dachtest du. Denn wenn du jemanden preist, dann hast du die Kriterien in der Hand, nach denen du ihn beurteilst. Damit hast du dich und den Gepriesenen auf eine vergleichbare Position gebracht – und dich selbst auf das Niveau des beweihräucherten Denkers erhöht. Das Gleichgewicht der zwischenmenschlichen Gleichheit ist auf rachsüchtige Weise wiederhergestellt.

Nietzsche sagt, das Mitleid – für Rousseau neben Selbstliebe das zweite natürliche Prinzip – sei nichts anderes als die Praxis des Nihilismus: ein depressiver Instinkt, gegen das Leben selbst gerichtet. Mitleid kreuzt das Gesetz der Selektion.[71]
Ist Mitleid nicht auch eine Lebensversicherung? Wenn ich dich heute bedaure, darf ich hoffen, dass du mir morgen aus der Patsche hilfst – und ich kann dir übermorgen wieder beistehen.

Eine Frage drängt sich auf: Kann die Erlösung von der Rache jemals anders als rachsüchtig sein? Ist sie nicht immer noch durch den *Geist* der Rache beherrscht?

C Ist Vorbeugen besser?

Die Gegenseitigkeit zwischen der Arithmetik und der eingerichteten Erde. Überall der Versuch, Brüche in der Harmonie von Mensch und Welt nicht nur zu kitten, sondern vor allem ihrer Entstehung vorzubeugen.

Unvorhergesehenen Rückwirkungen auf das Handeln muss vorgebeugt werden. Ob dabei Angst verspürt wird, ist unerheblich.
Das ist die *Beruhigung der Furchtsamkeit* (Nietzsche). Regel und Regelmäßigkeit sind notwendig, um zu vernichten, was qua Widerfahren unbeherrschbar ist.

Das Vorbeugen gegen Erfahrung zeichnet die Erscheinungsweise der Wirklichkeit und dessen, was ihr entspricht.
Hier herrscht der *Geist* der Rache: Was in seinem Horizont erscheint, ist gezeichnet durch die Vorbeugung gegen Rache. Denken und Handeln sind *eingeschüchtert*. Die Rache herrscht auf indirekte Weise. Der Geist der Rache ist die Immunisierung gegen Erfahrung, aus Angst vor dieser.

Die Harmonie der Gegenseitigkeit zwischen Mensch und Natur, zwischen Mensch und Mitmensch, ist gezeichnet durch das Vorbeugen gegen das Ungleiche. Das ist die Bedeutung der Identität, die über unsere Epoche herrscht.
Im Willen zur Beherrschung waltet ein Widerwille: Er will die Dinge und die Mitmenschen nicht so, wie sie sind, sondern wie sie in einer Ökonomie auf solche Weise brauchbar sind, dass Gefahren eingegrenzt und kalkulierbar werden.

Im gegenseitigen Verkehr ist jede Fremdheitserfahrung durch den Willen gezeichnet, aus der Fremde heimzukehren (Ökonomie) und die Erfahrung zu tilgen.

D Rachsüchtiges Erkennen

Nietzsche sagt: Der Geist der Rache war bisher des Menschen bestes *Nachdenken*.
Das Erkennen ist Entwurf (Aufwand) und bezieht seinen Sinn aus einer proportionalen Antwort der Gegenseite.
Zwischen Entwurf und Antwort herrscht eine Gegenseitigkeit, die nicht durchbrochen werden darf.

Du kannst dir die Frage stellen: Kann ich auf das, was mir widerfährt, immer nur antworten, indem ich ausfahre, um das Widerfahren zu tilgen?
Wenn ich erfolgreich ausfahre, dann bin ich das Widerfahren jedenfalls losgeworden – ich bin quitt.

Deine Vorstellungen und Unterstellungen, Propositionen, Projekte, deine Entwürfe und Gedanken – das alles ist die Antwort auf ein Widerfahren – eine Bekämpfung, eine Neutralisierung des Widerfahrens. Stellen ist Nachsetzen mit dem Ziel der Tilgung.

Der stellende Charakter des Erkennens ist gezeichnet durch den Geist der Rache, durch Gleichmachung.
Stellen ist das Herstellen einer unterstellten Einheit von Mensch und Welt.
Harmonisierung – *atonement* – *at-one-ment* – Einswerdung.

Das Wort *Rache* bezieht seinen Sinn aus dem lateinischen *urgere*. Das Urgente ist das Drängende: stoßen, treiben, aufjagen, verfolgen, nachsetzen.
All das gehört zum stellenden Charakter des Erkennens.
Was ist der Sinn dieses Nachsetzens, das Verfolger und Verfolgten gleichermaßen trifft?
Es ist das Verfolgtwerden durch die Angst vor der Rache, das zur gegenseitigen Gleichheit anspornt.

Achte auf die Zeichnung durch den Geist der Rache in folgenden Wortreihen:

Stellen ist Nachstellen, ist Durchsetzen, Durchstoßen, Treiben.
Stoßen – Verstoßen – Abstoßen – Ausstoßen.
Treiben – Vertreiben – Abtreiben – Austreiben.
Setzen – Versetzen – Absetzen – Aussetzen.

Sobald dir etwas widerfährt oder zu widerfahren droht, wirst du angestoßen, angetrieben, verfolgt. Du antwortest, indem du das, worauf du stößt, wenn es bei dir Anstoß erregt, deinerseits abstößt, sei es, indem du es assimilierst.

Durch das Ausstoßen, Austreiben und Aussetzen bist du gezwungen, die Proportionalität, also Identität, deiner selbst, deiner Mitmenschen und der Natur aufrechtzuerhalten.

Überall da, wo du erkennst, herrscht Wille und damit Widerwille.
Was du erkennen willst, musst du verstoßen. Du kannst es nicht in Ruhe lassen, nicht sein lassen, wie es in sich selbst ist – denn du suchst deine eigene Ruhe in der Vereinigung mit ihm.

Die Einförmigkeit von Denken und Sein ist Widerwille, der sich gegen das Widerfahren richtet, das ihn antreibt. Ich entwerfe die Dinge so, dass sie meinem Erkennen entgegengeworfen sind, entgegenstehen. Sie werden zu Gegen-ständen, Objekten.

Qua Grammatik gehören Gegenstände zur Ökonomie der Gegenseitigkeit: Sie sind in das Gesetz von Ausfahrt und Heimkehr einbezogen. Objektivität besteht als Widerwille.

Das macht die Objektivität nicht weniger objektiv, sondern macht sie gerade aus.

Kein Wissen ohne Willen und Widerwillen.
Erlösung von der Rache wäre Erlösung vom Willen, aber auch vom Erkennen.
Eine solche Erlösung wäre selbst wieder ein Widerwille gegen den Willen, also Rache.
Keine Rache ohne Aussicht auf Erlösung.
Keine Erlösung ohne Rachsucht.
Nietzsche wusste, dass die Erlösung, die er suchte, durch eine äußerst vergeistigte Rache gezeichnet bleibt.

Der Natur nachzustellen, herausgefordert durch das Widerfahren, das ist: die Natur in einem Harmonisierungsentwurf dir angleichen (Humanisierung) und umgekehrt (Naturalisierung).
Rundherum liegt eine Vergessenheit. Welche? Dass du gezeichnet bist durch die Harmonie als *Tilgung*.

Inmitten dieser Tilgung des Widerfahrens kann ich manchmal eine ausweichende Bewegung bemerken.
Ich weiche dem Widerfahren aus – das gleichzeitig mir ausweicht.
Je mehr ich zur Gegenseitigkeit aufgehetzt werde, desto mehr entgeht mir, was diese Hetze zu bedeuten hat, nämlich *dass ihre Bedeutung wegbleibt*.
Ist dieses »je mehr … desto« wiederum eine gegenseitige Ökonomie?

E Nicht-gegenseitiger Verkehr?

Es hat wenig Sinn, einen nichtgegenseitigen Verkehr *außerhalb* der Ökonomie der Gegenseitigkeit zu suchen. Dieses Suchen als Transzendieren dessen, was nun einmal ist – allein das ist schon eine rachsüchtige Geste.

Aber die Gegenseitigkeit selbst – die ist nicht ihr eigener Ursprung.
Sie gibt sich und entzieht sich, aber diese Bewegungen selbst sind nicht gegenseitig.

Die Gegenseitigkeit selbst bekümmert sich nicht um mich und um mein Denken.

Warum sollte ich nicht mit etwas verkehren, was seinerseits *nicht* mit mir verkehrt?

Die Welt der griechischen Tragödien ist so weit von der heutigen entfernt, dass ihre Fremdheit kaum zu bemerken ist.

Antigone wird zur Grotte gebracht, wo sie der Hungertot erwartet. Unterwegs spricht sie in der zweiten Person, nicht nur mit dem Chor, sondern auch mit der Stadt. Und auch mit dem, was wir »Naturerscheinung« nennen würden: mit den Brunnen von Dirce und dem heiligen Boden von Theben. Antigone ruft sie als Zeugen herbei.

Sie erweisen sich allerdings als stumme Zeugen: Sie sind um Antigone nicht bekümmert.
Ebenso wenig scheren sich die lächelnden Götter um Menschen. Gleichwohl pflegten Menschen mit den Unnahbahren zu verkehren.

Heute hat es für mich keinen Sinn, unnahbare Götter aus dem Boden zu stampfen.
Was die *Antigone* bewegte, entzieht sich meiner Wahrnehmung.
Das ist merkwürdig: Die *Sprache* der *Antigone* ist mir unzugänglich. Sie weicht aus, sobald ich sie zu fassen versuche.
Ich verkehre mit dieser Sprache, doch ich bin ihr offenbar gleichgültig.

So empfange ich, indirekt, einen Funken von der Verwüstung um mich herum.
Diese Verwüstung bedeutet: Ich verkehre mit dem, was mich umgibt; aber das heißt nicht, dass es mit mir verkehrt; im Gegenteil, es weicht mir aus, weil es unnahbar bei sich selbst bleibt.

Philosophie ist *philein*, lieben.
Solange du *lieben* mit Augustinus in der Grammatik des Willens verstehst *(volo ut sis)*, ist die Liebe, auch die der Philosophie, nichts als Wille und damit Wille zur Einverleibung mit dem Ziel der Harmonisierung.
Warum sollte ich nicht das lieben können, was mich nicht liebt: die

ausweichende Sprache, die Verwüstung, sodass ich *innerhalb* von ihr nachdenklich gestimmt werde?

Was hilft es, mit Nietzsche die Gegenseitigkeit zu bekämpfen und nach dem Gegenteil von Gleichmachung oder Ausgleichung zu suchen? Nietzsche lehrt die Entfremdung. Er reißt Klüfte auf, er will, dass der Mensch bösartiger wird als je zuvor. Ist das eine Befreiung vom Geist der Rache?
Philosophisch existieren ist: empirisch werden. Der Geist der Rache ist unempirisch. Von ihm müsstest du erlöst werden. Doch die Erlösung ist selbst rachsüchtig. Wo bleibst du nun?

Die empirische Philosophie erkennt, dass das, was ist, niemals zu beseitigen ist – auch der Geist der Rache nicht.
Der Wille, das zu beseitigen, was ist (nichts anderes *ist* der Wille), das ist der Geist der Rache selbst.

Gegenseitigkeit ist die Geste eines Wesens, das keine Unzugänglichkeit ertragen kann. In dem Maß, wie die Gegenseitigkeit Menschen unter den einen Nenner der Menschlichkeit presst, nimmt die Regelung der menschlichen Umwelt zu. Damit wächst auch die unerschütterliche gegenseitige Identität von Mensch und Natur.
Letztendlich zeigt sich: Die Unerschütterlichkeit ist das Unzugangbare selbst.
Nach Harmonie suchen, sei es, indem das andere vernichtet, vergessen, aufgefressen, assimiliert, in einer höheren Einheit aufgehoben oder auf andere Weise abgeschüttelt wird – diese Suche ist durch den Geist der Rache gezeichnet: das Ausweichen vor dem, was ist.

Der Undurchlässigkeit dessen ausweichen, wovon unser Denken umgeben ist, ohne jemals davon getroffen zu werden – das ist genau die Bewegung eines Denkens, das weder sich mit dem unumgänglichen Geist der Rache deckt, noch von ihm erlöst.

Dies ist die andere Seite der Rache. Rächen ist Vertreiben. Vertreiben kann als Ausweichen verstanden werden. Ausweichen kann Zugang zur Sprache geben. Die Rache selbst ist eine Vertreibung – unentbehrlich als Kühlung auf dem Weg des Empirischen.

IV Vollendung der Reduktion

7 Lebenszeichen

7.1 Die Parasitenkolonie

Nach dem bisher Gesagten führt kein Weg mehr daran vorbei.
In der Epoche der Metaphysik war die *Sprache* das geistige Paradepferd, die *differentia specifica* des Menschseins.
Jetzt ist klar: Die Sprache ist primär die des Genoms. Das Genom ist nicht weniger ein Buch, das geschrieben und gelesen wird, als eine menschliche Schrift. Sein Sprachcharakter ist keine Metapher.[1]
Vergiss nicht: Die Sprache des Genoms ist mechanisch, genau wie die Menschensprache, die aus ihr hervorgegangen ist.

Die Sprache der Genetik ist nicht von heute oder gestern. Sie ist Überrest aus der tiefen Zeit, während der das Genom unablässig der Erfahrung seiner überlebenden oder scheiternden Vehikel ausgesetzt war.
Und dieser Überrest ist erhalten geblieben.
Dieses Erhaltungsvermögen zeigt: Die Sprache des Genoms ist zwar syntaktisch, weil sie aus Buchstabenfolgen besteht, als solche aber auch semantisch.
Infolge der differenziellen Konfrontationen mit der Wirklichkeit ist das, was erhalten bleibt, »besser angepasst« als das, was untergegangen ist. Dadurch ist es möglich zu sagen, ein bestimmtes Gen sei ein Gen *für* eine phänotypische Eigenschaft.

Es gibt keine andere Möglichkeit: Die Menschensprache ist eine Variante der Gensprache, ein neuer Spross am Stamm der Evolution.
Wie Dennett sagt: Alle menschlichen Kulturleistungen, also Sprache, Kunst, Religion, Ethik, *auch* die Wissenschaft, gehören zum selben Prozess, der Bakterien, Säugetiere und *homo sapiens* erzeugt hat.[2]

Die mechanische Reduktion der Sprache ist allerdings keine biologische.
Sprache ist nicht Biologie, Biologie aber ist Sprache.

Die Menschensprache ist kein Organismus. Es fehlt die zentralgesteuerte Organisation, die einen Organismus kennzeichnet.

Wörter bestehen nur als ihre Wiederholung.
Solange sie nicht durch menschliches Verhalten repliziert werden, liegen sie leblos da, als Schriftzeichen, Speicherbrocken, Festplatten, Bilder, Architektur, Verwaltungsbehörden, et cetera.

Es gibt Wesen, bei denen du nicht sicher weißt, ob du sie als *lebend* bezeichnen sollst oder nicht. Viren sind Ketten von reproduktivem Material, haben jedoch keinen Stoffwechsel. Sie werden lebendig und reproduzieren sich rasend schnell, sobald sie sich in eine lebende Umgebung einnisten, die sie irrtümlich als »eigen« ansieht.

Die Bruchstücke der toten Sprache sind Parasiten. Sie liegen bereit – bis zu dem Moment, wo sie Wirt-Organismen befallen, um sich durch sie zu vervielfältigen.[3]

Die Sprache ist insofern ein Haus, als ihre Zeichen vorrangig nicht auf etwas außerhalb der Sprache verweisen, sondern aufeinander. Sie ist eine in sich strukturierte Umgebung.[4]

Die Sprache als Virus ist eine Kolonie. Sie bildet keinen Organismus, wohl aber eine Organisation.
Aus menschlicher Sicht ist die Sprache ein *erweiterter Phänotyp*. Sie ist das Haus, in dem Menschen nicht nur verkehren, sondern vor allem Menschen *sind*.
Im Gegensatz zur Biberdamm-Umgebung ist die menschliche Sprachumgebung selbst replikativ.
Der menschliche Quasireplikator und seine replikative Sprachumgebung vervielfältigen sich gegeneinander und bleiben doch voneinander abhängig. Dieser wechselseitige Parasitismus mündet in ein schwankendes Patt.

Ohne diesen Exoparasiten hätten sich das menschliche Denken und Handeln nicht entfaltet.
Menschen reflektieren die Sprache in der Organisation ihres Lebens, so wie Vögel die Aerodynamik in der Form und Bewegung ihrer Flügel.
Umgekehrt ist die heute bestehende Sprache das Produkt einer Evolution: Sprachvarianten kämpfen gegeneinander um die Gunst von Neugeborenen.

Wie Deacon bemerkt, ist der Säugling der Flaschenhals in der Evolution der Sprache.
Jedes Mal muss sich eine Sprache ganz aufs Neue in ein Kind einnisten und an seine Fähigkeiten anpassen – und umgekehrt.
Die gesprochene Sprache ist das Produkt der Pattstellung zwischen Kind und Parasitenkolonie. Der Gedanke, Babys hätten eine angeborene Sprachfähigkeit, ist ebenso unhaltbar wie der einer menschlichen *tabula rasa*.
Bei all dem ist zu beachten, dass die parasitären Sprachelemente ihrer eigenen Replikation nachgehen und nicht der ihrer menschlichen Wirte.[5]

Denk an das Lesen eines Romans. Dabei wirst du durch ein externes Speichermedium dominiert. Das Buch bespielt dich, versetzt dich in Trance. Sobald du abgekoppelt bist, ist die Buchwelt verschwunden. Stöpsel dich wieder ein, und du bist erneut gebannt.[6]

Sobald die Sprache als Parasitenkolonie das menschliche Denkvermögen besetzt, zeigt sich ihr Organisationsvermögen in der Komplexität ihrer Regeln: Ein vielschichtiges Netzwerk von syntaktischen, semantischen und pragmatischen In- und Exklusionen beherrscht das Vehikel.

Die bereitliegenden toten Parasiten sind Spuren, erhalten geblieben aus vergangenen Iterationen. Die Verflechtung der Regeln untereinander ist diesem Erhalt zu verdanken.
Der menschliche Gebrauch eines Sprachzeichens ist unendlich viel schwächer als dieses Zeichen selbst. Der Sprechende fügt sich in ein Muster von Spuren ein, die weit verzweigt sind und ihm größtenteils unbekannt bleiben. Er berührt vielleicht die Spitze dieses Eisbergs, in den er selbst eingeschneit ist.

Weil die Parasitenkolonie viel älter und mächtiger ist als ihr menschlicher »Gebrauch«, herrscht die eigentliche Zeit über diesen Gebrauch. Darum ist die Sprache unendlich viel mächtiger als alles Handeln, Leben und Erfahren, das in ihr stattfindet.

Was ich auch sage oder schreibe, wie präsent ich mich selbst und mein Thema auch machen will – das Zeichen, das ich anschneide, spricht stets an mir vorbei und über mich hinaus.
Mein Sprachgebrauch ist das Vorbeistreifen des Windes an einem Moloch.
Was ich rede oder schreibe, das ist immer gewesen, ist schon mehr, als ich sagen kann.
Und es bleibt zukünftig: In jedem Wort kommt seine unbekannte Bedeutung auf mich zu.

> Wir sind nicht nur eine Spezies, die Symbole gebraucht. Das symbolische Universum hat uns in ein unentrinnbares Netz eingesponnen. Wir sind das Mittel geworden, durch das es sich ohne Umschweife in aller Welt verbreitet.[7]

Die große Reduktion ist eine Geschichte, die ihren eigenen Sinn wie eine Leiter hinter sich hochzieht.
Das zeigt die Sprache. Sie wird in ihrer Vervielfältigung immer unabhängiger von dem, was ihre Vehikel leisten.
Der Speicher, aus dem sich die Sprache zusammensetzt, ist fast völlig extern geworden.
Das menschliche Gedächtnis spielt kaum noch eine Rolle.
Der Parasit berauscht seinen Wirt immer stärker.

Die Seinsweise des Jagens und Sammelns ist unzugänglich, weil die Zeit in ihr auf eine Weise herrschte, die heute nicht nachzuvollziehen ist.
Über Zehntausende von Jahren und Tausende von Generationen wurden dieselben Tiere auf dieselben Weisen in denselben Höhlen gezeichnet.
Die Technik verändert sich unmerklich, in einer unzugänglich tiefen Zeit.
Die Sprach- und Zeichensysteme, zum Beispiel das Verwandtschaftssystem, waren vermutlich äußerst kompliziert. Die Sprache war

schließlich nicht nur ein Kommunikationsmittel: Sie war vor allem »Mythos«, die Eröffnung einer Welt, die ohne diese Anstrengung nicht bewohnbar war.

Der Schamane von Lévi-Strauss begleitet eine schwere Geburt, nicht indem er eingreift, sondern indem er eine Gegend umreißt, in der die Schmerzen einen Ort bekommen und die Frau wohnen kann.[8]
Diese Bedeutungswelt lag nicht parat, sondern musste immer wieder aufs Neue erworben und gelehrt werden.
Das menschliche Gedächtnis war unverzichtbar. Gedächtniskunst war hoch angesehen.
Platon weist im *Phaidros* auf die Gefahren der Schrift hin.
Der König von Ägypten ist im Gespräch mit dem Erfinder der Schrift, dem Gott Toth. Der preist die Schrift als Wundermittel *(pharmakon)* für Gedächtnis *(mnêmê)* und Einsicht.
Der König entgegnet, dass gerade durch die Schrift eine Sorglosigkeit gegenüber dem Behalten entsteht. Du vertraust auf die Schrift, die draußen *(exôthen)* liegt und nicht in dir selbst *(endôthen)*. Die Schrift hilft darum nicht, etwas zu behalten, sie hilft nur, Gedächtnisstützen zu finden *(hypomnêsis)*.[9]

So wie Computer allmählich zu unselbstständigen Bestandteilen von Netzwerken geworden sind, so wird die Menschensprache in das Haus der Technosprache aufgenommen, das sich selbst instand hält.
Die Ortsbestimmung des Menschen durch »mythischen« Sprachgebrauch und das dazugehörige Auswendiglernen großer Texte sind überflüssig und schädlich geworden.[10]

Die Techniksprache hat den Menschen die »mythische« Sorge um das Ganze ihrer Welt aus den Händen gerissen. Die Sprache spricht von selbst, als Unterkunft für den Menschen als Erlebnisroboter.
Sind die Menschen in dieser Bleibe ruhig gestellt, breitet sich die Sprache durch diese Vehikel ungehemmt zu universeller Rechenorganisation aus.
Die cartesische *mathesis universalis* ist eine späte Folge davon.

Dies ist die Vollendung der darwinistischen Reduktion.
Vollendung, das heißt: Was auch immer dir begegnet, ist von dieser

Reduktion erfüllt. Damit kann plötzlich das Ganze der Reduktion, ihr *Horizont,* sichtbar werden.

- Die Menschensprache ist eine Variante der Sprache des Lebens.
- Die Sprache ist eine unmenschliche Parasitenkolonie. Sie spricht. Menschen sprechen, indem sie den Befehlen der Sprache gehorchen.
- Die Sprache spricht für sich und nicht zugunsten ihrer Vehikel.
- Die Sprache ist ein Verkehrsmittel, kein mythisches Haus. Das Haus der Sprache spricht von selbst.

Zeigt sich hiermit die Vollendung des Darwinismus, das heißt sein Bedeutungshorizont? Kommt seine eigene Welt zum Vorschein?

Heideggers Denken erhält seinen Sinn *allein und ausschließlich* durch die Ahnung, dass Technik und Ökonomie Totalitätscharakter haben, dass diese Totalität eine Vollendung ist und damit der Horizont rings um die Totalität sichtbar werden kann – für ein Denken, das von der Philosophie als einer quasiwissenschaftlichen Methode Abschied genommen hat.
Jede literarische, philosophologische, »heideggerianische« Interpretation von Heideggers Denken, ja *jede* Heidegger-Interpretation ist Bestandteil der *Technik* und darum schon von ihrem Horizont umgeben – dem Einzigen, was für dieses Denken relevant ist.
Im Zwang, Heidegger immer wieder zu *interpretieren* – obwohl dieser Denker schon unzählige Male widerlegt wurde – kommt die sich verhüllende Macht der Technik umso stärker zum Vorschein.

Am Leitfaden der Sprache zeigt sich, bis zu welchem Punkt der Darwinismus und Heidegger parallele Denkwege gehen und von wo an Heidegger, gezeichnet durch den umgebenden Worthorizont, gezwungen ist, einen Schritt zurückzutreten.

Heidegger sieht es: Die Sprache spricht, nicht der Mensch. Der Mensch spricht nur, insofern er der Sprache entspricht.
Die Sprache ist monologisch. Sie spricht für sich selbst, nicht für den Menschen.
Das Wunderbare an der Sprache als Maschine ist nicht ihr Vermögen, die Sprache maschinell zu reduzieren, sondern ihr Vermögen, den

Horizont menschlichen Sprachgebrauchs zu beherrschen. Dadurch gebietet die Sprachmaschine über die Welt der menschlichen Sprache.
Der Gedanke, dass der Mensch diese Sprachmaschine steuern kann, ist Fassade. In Wahrheit hält die Sprachmaschine die Sprache in Betrieb. Damit beherrscht sie die menschliche Art.
Die Umwälzung im Verhältnis von Mensch und Sprache ist nicht zu überblicken und schon gar nicht aufzuhalten.
Sie ist nicht ohne Weiteres zu sehen, denn sie ereignet sich in einer großen Stille.[11]

Der Darwinismus zeigt: Zeichen und Bedeutungen sind technisch, aber Technik ist unmenschlich.
Zu diesem Unmenschlichen gehört der Horizont des Darwinismus selbst.
Bedeutungen sind nicht das Produkt von Algorithmen und Selektion, sondern tauchen während der Replikation und Variation als Begleiterscheinungen auf.
Der Darwinismus spricht hier von *Emergenz.*
Du kannst vermuten, dass der Darwinismus selbst emergent ist.

Wenn Dennett über Darwins gefährliche Idee spricht, sagt er vordergründlich, dass es keinen geistigen Ursprung für das Aufkommen neuer Bedeutung gibt.
Aber die Sprache spricht zugleich an ihm vorbei, wenn er sagt, dass diese Bedeutungen aufkommen *(emerge).*
Mechanisch gesehen ist das kein Wunder.[12]
Aber die Mechanik selbst ist das Wunder der Emergenz.
Emergenz lässt sich unter dem Gesichtspunkt ihrer Bedeutung für das Überleben betrachten.
Zugleich eröffnet sie eine Welt, *in* der überlebt werden kann.

Der Darwinist sagt: Die Sprache ist Befehl, und der Mensch gehorcht.
Ein Befehl beruht jedoch darauf, dass etwas unserer Acht anbefohlen, anempfohlen wird. Das ist die Bedeutungswelt.[13]
Sie ist nur dann zu sehen, wenn, dank der Vollendung der Mechanik, für einen Moment nicht das Überleben im Zentrum steht, sondern die Welt, in der überlebt wird.

7.2 Zeitraum

Soeben ist klar geworden: Ein Zeichen steht nicht für etwas anderes, sondern ist ein Befehl oder eine Empfehlung.

Ein Pfeil fordert auf, eine bestimmte Richtung einzuschlagen. Indem er manipuliert – nach links und nicht nach rechts, nach vorn und nicht nach hinten –, hat er zugleich den Raum eröffnet, in dem links und rechts, vorn und hinten, unten und oben voneinander unterschieden werden.
Dieser Raum ist nicht der dreidimensionale. Er ist das Raumgebende, der offene Raum, in dem Bedeutung und Bedeutungswelt aufkeimen können.

Ich bin bei Nebel auf See. Es gibt nichts, woran ich mich orientieren könnte. Dann öffnet sich der Sternenhimmel. Ich kann meinen Kurs bestimmen. Wie? Dadurch, dass sich mein Orientierungsraum entfaltet hat: die Windrose.

Wo befindet sich die Windrose? Eine eigenartige Frage. Die Windrose gehört nicht zur Welt der Dinge, denn sie bewegt sich mit mir mit. Europa ist für England der Osten, für Russland der Westen.
Doch die Windrose ist alles andere als subjektiv. Sie orientiert mich, sodass ich denken und handeln kann. Sie ist nicht das Produkt meines Denkens oder Handelns.

Der offene Orientierungsraum befindet sich weder auf der Seite des Subjekts noch des Objekts. Er ist ein Zwischenraum. Allerdings befindet er sich nicht einfach zwischen Subjekt und Objekt. Er ist der Zwischenraum, in dem Wörter wie *Subjekt* und *Objekt* Bedeutung bekommen und ihr Unterschied – wie ihr räumliches Gegenüber – sich zeigt.

Zeichen manipulieren. Darin eröffnen sie einen offenen Raum, der bewohnbar und begehbar ist oder auch nicht.

Zeichen sind iterativ.
Keine Iteration ohne den Erhalt des Alten im Neuen.
Dieser Erhalt ist keine Erinnerung, sondern das Entstehen und Bestehenbleiben von Identität oder dem Selben.

Du hörst Musik. Wenn dir ein Stück zum ersten Mal begegnet, bist du nicht imstande, es zu hören. Erst nach einigen Malen vernimmst du das Musikstück selbst, dank dem Erhalt zwischen den Episoden.
Als Proust zum ersten Mal die Sonate von Vinteuil hörte, merkte er nichts. Erst nach einigen Wiederholungen entstand die Sonate selbst. Nach einiger Zeit fiel ihr Vermögen, gehört zu werden, der Macht der Gewohnheit anheim.
Im Erhalt keimt etwas als solches auf: das *Als*. Das ist das Wunder der Emergenz.

Das Entstehen von Bedeutung ist ein Geschehen von räumlicher und zeitlicher Art.
Es gibt nicht zuerst eine nichträumliche Bedeutung, die später räumlich wird.
Erst dank des offenen Zeitspielraumes entsteht Bedeutung – manchmal auch für Menschen.

Im Zeitspielraum ist das Aufkommen von Identität doppeldeutig.

Einerseits entstehen Zeichen durch den Erhalt in *Sequenzen*: Ein Zeichen befindet sich in zeitlicher oder räumlicher Nähe zum nächsten Zeichen.
Die Nähe *ist* das Sich-Eröffnen des Bedeutungsraumes.
Der eine Baum steht neben dem anderen. Das Ganze ist der Wald.
Das eine Wort steht neben dem anderen. Das Ganze ist der Sinn oder der Text.
Der Zeitraum, in dem sich Dinge und Zeichen nahe beieinander befinden können, heißt Bedeutungswelt. In der ehemaligen Metaphysik hieß er *das Seiende im Ganzen*. Aristoteles nannte ihn *to theion*.
Andererseits verweisen Zeichen auch aufeinander und auf die Dinge, und zwar in einer *Gleichzeitigkeit*, unabhängig von räumlicher und zeitlicher Nähe. Eichen gehören unter dem Nenner einer Gattung zusammen – auch wenn keine Eichen in der Nähe sind. In der Gleichzeitigkeit der Gattung sind die raumzeitlichen Relationen scheinbar überwunden.

Mit Peirce kannst du es so sagen: Der Bedeutungsraum zeigt sich.
Einerseits sind Zeichen *indexikal*: Sie verweisen durch raumzeitliche Bezüge aufeinander.

Andererseits sind Zeichen *ikonisch*: Sie bilden Identität durch eine Gleichzeitigkeit, die nicht auf Nähe beruhen muss.[14]

Ich bin auf Jagd und folge den Spuren eines Hasen. Wie gelange ich zu ihm und seiner Welt?
Einerseits indem ich seinen Spuren folge, bis ich ihn selbst erreiche oder auch nicht. Die Spuren indizieren den Hasen.
Andererseits kann ich die Spuren sofort identifizieren, indem ich sie mit denen anderer, abwesender Hasen verbinde und von Kaninchenspuren unterscheide.
Sie sind also auch ikonisch.
Bei der Hasenjagd können mir zwei Fehler unterlaufen. Es kann sein, dass es mir nicht gelingt, dem Hasen auf der Spur zu bleiben. Die Spur verwischt, oder ich bin erschöpft.
Es kann auch sein, dass ich eine Kaninchenspur für eine Hasenspur halte.

In der Doppeldeutigkeit von Nähe und Gleichzeitigkeit kommt der offene Raum artikuliert zum Vorschein.

Nicht Menschen erzeugen die Identität zwischen einer Buche im Wald und anderen Buchen. Auch die Buchen tun das nicht.
Das Zeichen *e* ist emergent.
Der Zeitspielraum lässt das Zeichen selbst aufkommen.

Der Unterschied zwischen Nähe und Gleichzeitigkeit ist von großer Bedeutung.
Im *Strukturalismus* ist er wiederzufinden im Unterschied zwischen der *syntagmatischen* und *paradigmatischen* Achse der Bedeutungsgebung.
Die syntagmatische Achse verweist auf Kontiguität (Nachbarschaft).
In der Sprache nennt man es *Metonymie*.
Das *Unterhaus* trägt seinen Namen wegen der raumzeitlichen Beziehungen zwischen einer Schar von Volksvertretern und einem Gebäude.
Das Paradigmatische dagegen verweist auf die Beziehung zwischen raumzeitlich nicht verbundenen Abschnitten, orientiert am Vorbild der platonischen *idea*. Das Paradigmatische ist die Metaphysik der durchsichtigen Anwesenheit. Hier ist die *Metapher* im Spiel, die nicht auf Nähe, sondern auf Ähnlichkeit beruht.

Wer den Unterschied zwischen Index und Ikon erkennt, der versteht die Struktur von Kants *Kritik der reinen Vernunft.*
Kant unterscheidet die transzendentale *Ästhetik,* die von den Bedingungen der Möglichkeit von Raum und Zeit handelt, von der transzendentalen *Logik,* die überräumliche und überzeitliche Begriffe zum Thema hat.
Das ist methodisch gesehen von Bedeutung.
Raum und Zeit sind, wie Kant bemerkt, *keine Begriffe.* Begriffe übersteigen die raumzeitlichen Beziehungen der Nähe. Sie sind ikonisch.
Kant nennt Raum und Zeit nicht *Begriffe,* sondern *Anschauungen,* weil es nicht möglich ist, sich mehrere Räume und Zeiten außerhalb voneinander vorzustellen. Ein konkreter Raum oder Zeitabschnitt fällt nicht unter den allgemeinen Begriff des Raumes oder der Zeit, sondern ist Teil des ganzen Raumes oder der ganzen Zeit. Räume und Zeiten sind durch Nähe miteinander verbunden. Sie sind indexikal.

> Der Raum ist kein diskursiver oder, wie man sagt, allgemeiner Begriff von Verhältnissen der Dinge überhaupt, sondern eine reine Anschauung. Denn erstlich kann man sich nur einen einigen Raum vorstellen, und wenn man von vielen Räumen redet, so versteht man darunter nur Teile eines und desselben alleinigen Raumes.[15]

In der basaltenen Seinsweise hat das Ikon Vorrang vor dem Index. Das Ikon ist scheinbar unabhängig von Zeit und Raum und daher womöglich übersinnlich: beständig und anwesend.
Ikonisches Sprechen erzeugt die Identität von Mensch und Welt.

In der replikativen Seinsweise hingegen ist die Bedeutungswelt nie abgeschlossen und immer in Bewegung. Darum ist die indexikale Weise des Sprechens vielleicht ein Hinweis auf die noch kommende »echte« Philosophie.
Die Bedeutungswelt entsteht fortwährend, wie die Sonate von Vinteuil.
Der Zeitspielraum nimmt unversehens Bedeutung zurück oder teilt sie zu.
Wittgenstein sagt: Das Wort *Spiel* ist veränderlich. Es wird durch Ähnlichkeiten zusammengehalten, was wiederum selbst ein Spiel ist.

Das kommende philosophische Sprechen wird nicht ikonisch sein, sondern indexikal: *anzeigend.*
Es lässt sich den Weg von der Zeichnung weisen, die selbst nicht ins Bild kommt.
Am Ende dieses Weges steht keine ausdrückliche Einsicht. Der Weg endet nicht. Diesen Weg gehen, geführt von den Wegweisern der unmenschlichen Sprache, das ist die »echte« philosophische »Methode«.

Das Ikon ist die basaltene Variante des Index.
Auch wenn das Ikon scheinbar zeitlos ist – es bleibt durch die Zeit bestimmt, befindet sich im Modus der scheinbaren Zeitlosigkeit.

Kant spricht in Begriffen, nicht indexikal. Er glaubte, Raum und Zeit seien aufgespannt durch ein transzendentales Subjekt, das weder räumlich noch zeitlich sei.
Aber denken kann ich nur, weil ich raumzeitlich orientiert bin.
Nicht ich denke und sehe Raum und Zeit. Sie denken mich und blicken mich an.

Wie könnte ich überhaupt eine Zeitspanne oder einen räumlichen Konnex sehen, wenn mir nicht das Zusammengehören selbst im Spiel von Raum und Zeit schon dargereicht wäre?[16]

Durch den offenen Zeitspielraum ist die Sprache selbst räumlich und somit indexikal und ikonisch organisiert.
Sie ist ein Haus oder eine Welt.
Die Welt der Sprache ist spationiert und temporalisiert. Sprechen geschieht in Einheiten, die in Zeit und Raum voneinander getrennt und anschließend verbunden sind.
Dank der Spatien und Zwischenzeiten ist die Menschensprache raumzeitlich.
Durch raumzeitliche Spationierung können Teile der syntagmatischen Achse aus ihrem Kontext gelöst und andernorts wieder eingetragen werden, so wie es bei der Rekombination von DNA geschieht.

Die methodische Vermutung lautet: Bedeutung entspringt nicht den Absichten oder dem Geist dessen, der spricht oder schreibt, sondern dem offenen Zeitzwischenraum.
Menschen sind Zeichen, gezeichnet durch den Zeitzwischenraum.

7.3 Prosodie

Darwin erkannte die Bedeutung des Prosodischen als des Ursprungs von Sprache.
Er vermutete den Ursprung der Sprache, wie auch der Möglichkeit von sexueller Selektion und Gruppensolidarität, in Gesang, Dichtung, Tanz und Musik.[17]

So verstanden hilft die Prosodie der philosophischen Methodenlehre nicht.
Denken landet irgendwo zwischen Rechnen und Dichten.
Aber Prosodie betrifft nicht nur Gesang und Tanz, sondern primär das Rhythmisierte allen Sprachgebrauchs, auch Darwins.

Wenn die Sprache nicht mein Instrument ist und ich doch auf Namen und Ausdrücke stoße, dann ist es die Sprache, die mein Sprechen bewegt.
Nicht ich spreche. Wenn ich spreche, bin ich zuerst angesprochen.
Sprechen und Schreiben scheinen von mir auszugehen, werden jedoch primär von woanders her bewegt.
Ohne diese Bewegtheit müsste ich selbst der Ursprung meines Sprechens sein – eine unmögliche Position. Aber der Ursprung ist der Zeitzwischenraum.

Prosodie verweist auf das Gesangliche. Das Wort setzt sich aus den griechischen Wörtern *pros* (bei) und *ôida* (Gesang) zusammen – wie es im Wort *Ode* wiederkehrt. Das Lateinische übersetzt es mit *ad-cantus*: Zugesang. Daher kommt das deutsche Wort *Akzent*. All das verweist auf Musikalität.
Aber Philosophie ist nicht musikalisch.

Was ist *prosodisch?*
Bevor du ein Wort gebrauchst, lernst du seinen Rhythmus und seine Kadenz. Du lernst, den Wortfluss in diskrete Einheiten zu trennen und zusammenzufügen. Du lernst, was es bedeutet, wenn die Tonhöhe beim Sprechen steigt oder fällt. Du lernst Betonungen zu setzen und zu hören. Du lernst, Wörter und Worteinheiten bei der Phrasierung zusammenzufügen und zu trennen.
Die Prosodie ist Rhythmus, Tonhöhe, Akzentuierung und Phrasierung.

In dieser eigentlichen Prosodie, die nicht gesanglich ist, ereignen sich Identifizierung und Trennung.
Prosodie lebt vom Zeitzwischenraum.

Der Zwischenraum befindet sich zwischen den Dingen. Er ist nichtig und daher offen.
Er zeigt sich nicht ausdrücklich, sondern nur im Antrieb des Sprechens, in Bewegungen der An- und Abkehr, indexikal.
Die Philosophie kann nicht *über* den Zwischenraum sprechen. Sie muss die Prosodie im eigenen Sprechen sich entfalten lassen.

Die Nichtigkeit des Zeitzwischenraumes gibt den Grundton oder die Grundstimmung an. Dem entsprechen (oder widersprechen) die gegebenen oder empfangenen Zeichen.
Der Grundton oder die Grundstimmung bewegt die Zeichen.

Nur indem du dich stimmen lässt durch den Grundton des Sprechens, der immer bewegend, aber selten erfahrbar ist – nur so ist »echte« Philosophie möglich.
Sobald das Sprechen zur propositionalen Beherrschung wird, schmilzt die Nichtigkeit wie Butter an der Sonne und macht Platz für dieselbe Nichtigkeit als Knappheit, die danach ruft, aufgehoben zu werden.

Philosophisches Sprechen ist dem Grundton ausgesetzt, der sowohl über das Sprechen als auch über die Welt herrscht, die sich im Sprechen zeigt.
Philosophisch Mensch sein ist für Heidegger *Dasein*: diesem Grundton ausgesetzt sein.[18]

Das Wort *Ton* weist auf einen Klang hin, der im Verkehr gebraucht wird. Im selben Wort klingt prosodisch aber noch etwas anderes mit, nämlich der Ton als *Betonung*. Das Wort *Ton* ist gezeichnet durch *tonus*, Spannung, griechisch *teinô*: eine Saite spannen.
Erst unter einer bestimmten Spannung kann eine Saite als gestimmte erklingen.
Dieselbe Doppeldeutigkeit kennzeichnet das Wort *Weise* – das ist eine Melodie, aber auch die Art und Weise, in der gesungen wird.
Schließlich die Stimme. Sie ist Verlautbarung, zugleich aber das, was das Verlautete wie eine Stimmgabel stimmt, abstimmt.

Die Sprache ist immer zweideutig: Sie gibt zu erkennen, ist aber vorher schon gestimmt und gezeichnet.

Eine philosophische Erfahrung findet nicht ins Blaue hinein statt, sondern ist an die Sprache gebunden.
Diese Bindung wird jedoch nicht direkt ausgesprochen. Sie ereignet sich in der Stille.

Denk an das *principium rationis*: Dieser Satz fordert zureichende Gründe sowohl für die Dinge (Ursächlichkeit) als auch für ihr Erkanntwerden (Rechtfertigung).
Seine Formulierung enthält das Gerundiv *reddendus*. Die Gründe *müssen* zurückgegeben werden. Das Gerundiv ist ein Aufruf.
Dieser Aufruf kommt von außen. Er ist das Prosodische, das den Grundsatz gestimmt hatte, sodass er durch Leibniz ausgesprochen werden konnte.
In der kommenden »echten« Philosophie wird dieses lautlos Stimmende vernommen, sodass es sich im Sprechen verstohlen zeigt.
Das Prosodische, Grundlose im Prinzip vom zureichenden Grund sagt: Was keinen Grund hat, existiert nicht.
Diese Nichtigkeit muss vermieden werden. Das ist die Herrschaft dieses Prinzips.
Aber die Nichtigkeit ist selbst das Stimmende des Prinzips. Dieses Stimmende wendet sich vom Denken ab.
Die kommende philosophische Methodenlehre folgt dieser Abwendung, ohne sie in eine Zuwendung verkehren zu wollen.[19]
Sie sieht den Sinn und die Notwendigkeit dieses Meidens.

Die »echte« Philosophie kann das Prosodische nicht ohne Weiteres in ihre Methode aufnehmen. Im Gegenteil: Das Prosodische weicht aus.
Heute ist Prosodie Technik. Emotionen verkaufen. Musik und Dichtung sind Teil des Wirtschaftssystems. Die Prosodie des Systems selbst ist eine horizontlose Wüste.

Je mehr die Verkehrssprache zum Schneckenhaus wird, in dem Menschen ihre Art finden, desto entbehrlicher wird das Prosodische als Bezug zur Welt im Ganzen, desto größer wird ihr Erlebnistechnikcharakter.

Die Prosodie wird nicht ausgelöscht, sondern reduziert und in die Vergnügungsindustrie reintegriert.

Das Prosodische dieser Epoche ist unsagbar.
Es ist nicht gesanglich und nicht philosophisch.
Aber das ist kein Mangel. Ein Mangel ruft danach, behoben zu werden, er bleibt in die Ökonomie der Rache eingebunden.
Warum gibt es keine philosophische Prosodie? Weil die Technik zu groß ist, um besungen oder durchdacht zu werden?
Die philosophische Methode hat weniger mit einem Ton als vielmehr mit einer Tonlosigkeit zu tun.

7.4 Namen

De Rijk zeigt in seinem Buch *Plato's Sophist*, dass Platon nie eine Aussage gemacht, nie eine Proposition geäußert hat.
Das mag den verwundern, der meint, Wahrheit sei an Aussagen geknüpft.
Platon hat ausschließlich das behandelt, was heute als Satzglied bezeichnet wird und selbst nicht wahr oder unwahr sein kann: den Namen.
Platons *logos* ist keine Aussage, sondern ein ausgearbeiteter Name.[20]

Das weist darauf hin, dass ich in verschiedenen Tonarten sprechen kann.
Ich sage: »Lebewesen sind Vervielfältigungsvehikel.« Die Aussage lässt sich so lesen, dass ich etwas *über* Lebewesen sage. Was ein Lebewesen ist, wird als bekannt vorausgesetzt.
In veralteten Termini ausgedrückt: Dem Subjekt, das schon bekannt ist, wird ein Prädikat zugewiesen.

Aber die Aussage lässt sich auch anders, nämlich rückwärts lesen. Dann gebe ich eine nähere Bestimmung des Subjekts *Lebewesen*.
Ich gebe an, was ein Lebewesen ist.
Ich mache eine semantische Bemerkung in Carnaps Sinn.

In unserer Epoche der Technik hat das Wellnesshaus der Technosprache die Sorge um das Ganze der Welt übernommen. Darum können wir

kaum nachvollziehen, dass für Platon ein Name *wahr* oder *unwahr* sein konnte.
Wahrheit ist also keine *adaequatio* oder *fitness*.
Sie ist das Offenbarwerden einer Bedeutung innerhalb der Bedeutungswelt. Wahrheit ist *dêloun*, offenbar werden lassen.
Namen sind wie alle Zeichen: Sie manipulieren. Darin eröffnen sie eine Welt. Das ist – oder war – ihre Wahrheit.

Im *Sophist* fragt Platon nach den wahren Namen für einen Angler und für einen Sophisten.
Er findet stets unzureichende Namen, bis er auf die wahren stößt.
Dann ist die Rede von *alêthê legein* (wahr sprechen).

Platons philosophisches Nennen benennt nichts, was vorhanden ist, sondern lässt – wie die Schale des Exekias – einen Anblick hervortreten.
Nennen heißt: hervorrufen, die Art von etwas hervorheben, sodass es in diesem Anblick seine eigene Identität findet.[21]

Dieses Hervorheben, *dêloun*, kann *wahr* heißen, insofern *alêtheia* im Griechischen *Ent-hülltheit* bedeuten soll. Der Name holt etwas aus dem Verborgenen und entreißt es so der Verhüllung und Verhehlung.

In der Tat reicht das Wort *alêtheia* an Platon vorbei und über mich hinaus: Für Platon ist das Enthüllende eines Namens eine *Entsprechung* zwischen dem Namen und dem Anblick, für den er steht.

Das wird in der basaltenen Seinsweise deutlich: Der Name wird durch das gefunden, was Platon im *Sophist methodos* nennt, eine Variante der mathematischen Reduktion.
Der wahre Name wird durch eine Reinigung *(katharsis)* gefunden, die in einem Trennen und Zusammenfügen besteht.
Die *katharsis* vertreibt, was veränderlich und widersprüchlich ist, sodass der Name auf seinen Ursprung verweist, auf den unveränderlichen Anblick.

Wenn der gereinigte, unveränderliche Name gefunden ist, lässt sich die Welt gemäß ihren eigenen Gelenken einteilen.

Ein guter Name folgt den Gelenken der Wirklichkeit. Er repräsentiert die metaphysische Struktur der Welt selbst.

A Die Relevanz eines Namens

Diese Gedanken sind, wie im zweiten Teil des Buches gezeigt, pragmatisch gesprengt. Ein Wort lässt sich nicht mit der Welt vergleichen, die es eröffnet. Die Bedeutung eines Wortes ist sein Handlungsvermögen. Damit ist das Wort *alêtheia* noch nicht verschwunden.
Ein Name ist zwar nicht mit dem Benannten zu vergleichen, aber er *enthüllt* Bedeutung – oder auch nicht.

Namen zu prüfen ist primär pragmatisch: Der Entwurf einer Bedeutungswelt kann fehlschlagen.
Das ist die Ratio der sogenannten hermeneutischen Methode: Wortentwürfe können in ihrer Ausarbeitung scheitern oder gelingen.
Diese Methode ist darwinistisch-mechanisch absorbiert.[22]

In der »echten« Philosophie geht es nicht darum, hermeneutisch oder auf andere Weise zu interpretieren, sondern es geht um die Namen, die den Pragmatismus, die Mechanik und Replikation *selbst* benennen.
Möglicherweise ist *alêtheia* selbst ein Name und als solcher ein Hinweis auf Wahrheit, jetzt, in der Epoche der Technik.
Wie?

Das Hervorrufen geschieht nicht ausdrücklich, sondern *beiläufig*.
Diese Beiläufigkeit gehört zur philosophischen »Methode«.
Niemals ist ein Name endgültig.
Nachdenken ist: hin und her gebracht werden durch die Zeichnung eines Namens. Fortwährend aufs Neue indiziert werden.
Mehr nicht.

> Sein ist offenbar kein reales Prädikat, d.i. ein Begriff von irgend etwas, was zu dem Begriffe eines Dinges hinzukommen könnte. Es ist bloß die Position eines Dinges, oder gewisser Bestimmungen an sich selbst.[23]

Kant sagt hier etwas Semantisches. Zur Grammatik des Wortes *sein* gehört, dass es nichts über eine Sache sagt und daher nicht in eine

Sachaussage aufgenommen werden kann. *Sein* betrifft vielmehr die Setzung (Position) von etwas – das Setzen als Wesen des Satzes.
Unauffällig spielt hier die Zeichnung hinein. Dass *sein* kein reales Prädikat ist, nennt Kant *offenbar.* Kant ist durch Platons Wort *dêlon* gezeichnet.
Dieses Wort ist nicht betont. Es gehört nicht zum Satz, sondern zeichnet die Art von Kants Schreiben.
Was zeichnet da? Die Offenbarkeit selbst, der offene Raum, der in Kants Wort *offenbar* nur teilweise deutlich wird.

Dasselbe ist in Wittgensteins *Philosophischen Untersuchungen* anzutreffen. Ich wiederhole ein bereits verwendetes Zitat – aber anders:

> Die Grammatik des Wortes »wissen« ist offenbar eng verwandt der Grammatik der Worte »können«, »imstande sein«. Aber auch eng verwandt der des Wortes »verstehen«. (Eine Technik beherrschen.)

Bei Wittgenstein steht: Die pragmatische Grammatik ist selbst *offenbar.*
Nur dank der Offenbarkeit sieht Wittgenstein diese grammatikalischen Verwandtschaften.
Aber diese Offenbarkeit lebt nicht von der cartesischen *claritas,* der Klarheit oder Durchsichtigkeit.
Sie kann nur beiläufig zur Sprache kommen.

Auf der ersten Seite von *Sein und Zeit* tritt das Offenbare zutage, das Platons *Sophist* zeichnet.
Bei Platon steht: Es ist evident *(dêlon),* dass ihr früher wusstet, was *seiend* bedeutet, jetzt aber nicht mehr.
Heidegger übersetzt *dêlon* mit *offenbar.*
Was bei Platon den Text beiläufig zeichnet, tritt bei Heidegger hervor.
Allerdings nicht in der Weise wie bei Platon.
Das Offenbare ist dem Denken niemals greifbar. Es zeichnet das Denken, indem es ihm ausweicht.
Die philosophische Evidenz hat daher den Charakter eines dunklen Lichts oder Rätsels, das etwas enthüllt, Rat gibt, und zugleich sich selbst entzieht.[24]

Heidegger fragt nicht nach dem »Sein«, sondern nach der Offenbarkeit von Sein, dem offenen Gebiet, dem Sinn von Sein. Der kann hierin bestehen, dass sich die Bedeutung des Wortes »Sein« zurückzieht. Darin besteht er heute.
So ist die Macht des Wortes *alêtheia* nicht erschöpft, auch wenn sich eine Entsprechung zwischen einem Namen und der Wirklichkeit als unmöglich erwiesen hat.

Im *Sophist* gibt es einen Hinweis auf das noch kommende »echte« philosophische Sprechen.
Es gibt das Sprechen *über* etwas, *logos peri tinos,* aber auch das Sprechen *von* etwas, *logos tinos.*
Das *Sprechen von* ist nicht propositional. Es ist das Benennen, das im *Sprechen über* stattfindet.

Ich kann nicht *über* das Wort »Sein« sprechen. Es befindet sich in jeder Aussage.
Ich kann *von* ihm sprechen, indirekt, sodass seine Herkunft, die das Wort zeichnet, für mein Sprechen zeichnend wird.[25]

In der heutigen Epoche gibt es keine basaltenen Namen.
Namen werden ständig gesucht und tauchen da auf, wo du sie am wenigsten vermutest.
Das Suchen und Finden eines Namens verweist auf das Eigenartige der hier waltenden »Methode«.
Es unterscheidet sich himmelweit vom Suchen und Finden einer Stecknadel im Heuhaufen.
Die Nadel liegt schon da. Dann entdecke ich sie, oder auch nicht.
Wenn ich einen Namen suche und finde, entdecke ich auch etwas, aber nichts, was schon vorher da lag.
Wenn ich einen Namen finde, klebe ich nicht ein Etikett auf ein Ding, das schon da war.
Mein Nennen ist ein Ernennen. Es zeigt, dass ich seitens des Namens ernannt bin, so zu sprechen.

Nennen ist dann: geheißen werden, in dem Sinn, wie mich mein Gastgeber – oder Parasit – willkommen heißt.[26]
Ich rufe, und warte, ob mein Ruf ein Echo von etwas ist, was schon an mir vorbei gesprochen hat.

Suchen kann ich nur, wenn mir schon etwas von der anderen Seite entgegengekommen ist.
So werde ich durch den Namen gezeichnet, der in dem Moment entsteht, wo ich ihn nenne – und doch schon vorher bestimmend für meine Suche war.
Benennen und das Benannte, das sich als das Benennende erweist, treffen im Namen aufeinander.
Aber das Benannte sehnte nicht seine Benennung herbei!
Und es wird nie darin aufgenommen.

Wie komme ich zu einem Namen?
Platons *Theaitetos* weist darauf hin.
Es gibt Rechtecke mit gleicher Seitenlänge, zum Beispiel 4 mal 4, und solche mit unterschiedlicher Seitenlänge, zum Beispiel 5 mal 7.
Im ersten Fall kannst du *ein* Element finden, aus dem das Rechteck aufgebaut ist, nämlich 4 (oder die Wurzel aus 16, wie wir heute sagen), im zweiten Fall nicht.
Nun gibt es unendlich viele solcher Elemente.
Wie kommt es zu einer Begrenzung?
Theaitetos sagt: »Es kam etwas auf uns zu: die Möglichkeit, die Wurzeln zusammenzunehmen *(sullabein)* hin zum Einen *(eis hen)*.«
So kam es zu den Namen *Quadratzahl* und *Rechteckzahl*.
Der Kern ist: Dinge werden zusammengefasst, aber die Einheit des Namens ist kein Produkt der Zusammenfassung. Die Zusammenfassung war schließlich schon gesteuert durch das Eine als ihrem Ziel.
Daher sagt der Text: zusammenfassen hin zur Einheit. Das ist das Finden eines Namens.
So heißt es an anderer Stelle im Theaitetos: zusammenspannen *(xunteinein)* hin zu einem Anblick – der nicht Produkt des Zusammenspannens ist.[27]

B Der Name der Vernunft

Leibniz »entdeckte« das *principium rationis*.
Aber es gab nichts zu suchen oder zu entdecken.
Leibniz hat das Prinzip weder gefunden noch erfunden.
Er stieß auf etwas, was ihm den Weg wies, und dann war es da.

Vorher gab es das Prinzip nicht, und doch zeichnete es das Verhältnis zwischen Mensch und Natur, lange bevor Leibniz es formulierte.

Leibniz spricht nicht über das Prinzip. Er sagt nie, was *ratio* ist, er sagt nur, dass sie gegeben werden muss.
Dieses Prinzip bewegt und durchzieht sein Sprechen.
Sein Sprechen spricht nicht über etwas, sondern bringt zur Sprache, was ihn, Leibniz, zur Sprache brachte.
Die *ratio* hat sich selbst durch Leibniz hindurch zur Sprache gebracht.

Wurde Leibniz zum Konzentrationspunkt des Namens *ratio*?
Ja und nein.
Leibniz war, wie die Neuzeit als solche, aufgepeitscht durch die Notwendigkeit, Gründe zu geben.
Aber die *ratio* selbst, das Wort, blieb außer Reichweite.
Durch Leibniz trat die Rationalität ihren technischen Siegeszug an.

Kann dem nachgedacht werden?
Ja, denn das Wort *ratio* ist älter und mächtiger als das, was Leibniz denken konnte.
Ratio wird oft mit *Grund* oder *Vernunft* übersetzt. Jemanden zur *Rede* stellen heißt: ihn zu einer Antwort, einer Begründung aufrufen, ihn zur Rechenschaft ziehen.
Vernünftigkeit ist eine Antwort auf den Aufruf zur Rechenschaft.
Leibniz kennt keine andere Antwort als das Geben von Gründen, Fundamenten.
Seine Bedeutungswelt war architektonisch. Denken und Leben bildeten ein Bauwerk, das feste Gründe brauchte.
Den Sinn dieses Architektonischen hat sich niemand ausgedacht.
Er ist der Epoche der Neuzeit zugedacht.

Durch eine neue Wende im Wort *ratio* kam die ökonomisch gesteuerte Vervielfältigung zum Vorschein.
In den Wörtern *ratio* und *Vernunft* liegt noch etwas anderes, was die Möglichkeit der Rechtfertigung gewährt.
Das ist der Unterschied zwischen einem Maß und dem, was an ihm gemessen wird.
Ein Maß muss nicht an Zahlen oder Berechnungen gebunden sein.

Aber es macht das Rechnen möglich: zurechnen, abrechnen, verrechnen.
Ratio ist primär das Verhältnis zwischen einem Maß und dem, was ihm gemäß ist oder nicht.

Messen (verwandt mit *meditieren*) ist nicht primär *fundieren*, sondern: wagen, sich mit etwas messen, damit klar wird, ob man dem Maßstab gerecht wird. Ein solches Wagnis heißt: sich vermessen, Vermessenheit.
Ratio ist primär kein Grund, sondern das riskante Verhältnis zwischen Wagen und Gewinnen.
Wie kann das Wort *ratio* dasselbe bleiben und doch in unterschiedlichen Epochen unüberbrückbar verschieden sprechen?
Der Satz vom zureichenden Grund ist selbst ohne Grund. Er ist ein Abgrund.
Aber dieser Abgrund als Abwesenheit von Gründen ist kein schwarzes Loch. Er ist der Ort, wo sich Licht und Dunkel abwechseln, der offene Zeitraum.
Dieser Zeitraum lässt das Wort *ratio* plötzlich aufkommen und ebenso plötzlich in seiner Bedeutung verfärben.

Nur *zwischen* Leibniz und Darwin ist der Zeitspielraum zu erfahren.
Leibniz ist nicht vergangen.
Auch wenn er nicht gelesen wird, lebt sein Denken weiter in den parasitären Sprachbrocken und in der Informationswelt.

Leibniz bezeichnet seinen Satz als das *principium grande*. Nicht ohne Grund.
Der Satz ist großmächtig, weil unnahbar. Er ist aus einer Sprache gewoben, in deren unentwirrbares Gewebe auch ich eingewoben bin.

Zwar werde ich zur Verantwortung aufgerufen, doch das, was dazu aufruft, der Satz selbst, ist durch nichts zu verantworten.
Auch wenn ich ihm entspreche, gehört der Satz einer Sprache an, die nicht für mich bestimmt und nicht um mich bekümmert ist.
Ich verkehre mit dieser Sprache, aber sie nicht mit mir.

Auch der Satz vom zureichenden Grund ist sekundär gegenüber seiner Zeichnung.

Ein Zeichen ist die Antwort auf eine Zeichnung.
Sagen ist die Antwort auf eine Ansage.
Sprechen ist die Antwort auf einen Anspruch.

In all dem waltet das unmessbare Verhältnis zwischen dem menschlichen Sprechen und der nichtmenschlichen, zeichnenden Sprache.[28]

7.5 Todeszeichen

Zeichen sind Überlebensinstrumente.
Der Darwinismus dehnt seinen Totalitätsanspruch auf die Sprache aus. Aber auch der Darwinismus gehört einer Bedeutungswelt an, auch wenn sie wegen der Bewohnbarkeit der Mechanik selten oder nie zu sehen ist.
Die Bedeutung hat sich zurückgezogen. Das ist die Bedeutung dieser Welt.

Was hat sich zurückgezogen?
Dass das Überleben durch ein *Gegen* gekennzeichnet wird. Es ist gegen den Tod gerichtet.
Den gibt es dennoch.

Der Tod lässt sich problemlos in die darwinistische Totalität aufnehmen: Er ist der verborgene Motor, der das Überleben antreibt. Die Abkehr vom Tod treibt das Leben an.
Die Unbeherrschbarkeit des Todes ist das große Stimulans des Lebens.

Beherrschung einerseits und das dagegen gerichtete, überwältigende Schicksal andererseits – das ist von jeher die Grammatik von Leben und Tod.
Diese Grammatik zeigt sich in Sophokles' *Antigone*.
Der Mensch ist *pantoporos*: Aus allem weiß er einen Ausweg zu finden.
Nur dem Hades wird er niemals entkommen. Der Mensch bleibt *aporos*.
Ein Mensch hat Verstand, er sinnt auf List, kann Auswege finden – nicht aber aus dem Tod.[29]

Immer erschien der Tod als allerletzte Aporie, als Barriere, durch die es kein Durchkommen gibt.
Es ist eine Befreiung, dass die Technik die Todesangst größtenteils ausgetrieben hat und der heutige Mensch mehr dem Neandertaler als dem *homo sapiens* ähnelt.
Sterblichkeit ist ein Randproblem.
Tod und Begräbnis sind Teil der Vergnügungsindustrie.
Der Tod als Aporie hat sich zurückgezogen. Damit ist der Tod nicht tot. Er hat Abschied genommen. In seinem Abschied zeigt sich seine *Bedeutung* – für die Sprache.

Pindars *Achte Pythische Ode* spricht staccato über den Menschen als Sterblichen:

> Kurzlebige. Was ist jemand? Was ist jemand nicht? Eines Schatten Traum der Mensch.

Das liest du zunächst unter dem Aspekt der Aporie.
Einem Menschen gelingt es nicht, Mensch zu werden. Er ist eine Eintagsfliege, also ist er eigentlich nicht viel. Ein Mensch ist nicht mehr als ein Schemen, ein Bewohner des Totenreichs.

So konntest du deine Sterblichkeit als *die* Aporie schlechthin bedauern.
Pindar lässt sich noch auf andere Weise lesen.
Es wird eine bestimmte Einsicht in das Menschsein angedeutet – der Einblick in die Sterblichkeit, der selbst von sterblicher Natur ist.
Du kannst vermuten, dass die Sterblichkeit selbst die Bedeutungswelt ist, die diese Einsicht gewährt hat.

Der Mensch ist ein *Traum*. Also gibt es Zugänglichkeit, sei sie auch noch so verdüstert. Sonst gäbe es keinen Traum.
Der Mensch ist der Traum eines *Schattens*. Auch ein Schatten oder Schemen ist beleuchtet, sei es durch ein Dämmerlicht. Wenn Tote Schemen sind, dann zeigen sie sich.
Wo gefragt werden kann, wer du bist und wer nicht, da gibt es Zugänglichkeit, und sei es auf verzerrte Weise.[30]

Was im Kampf ums Dasein nicht überlebt, das ist tot und begraben, würdest du sagen.

Aber dank des parasitären Charakters von Zeichen kann das Abgestorbene unterirdisch erhalten bleiben.

Das Altgriechische ist eine tote Sprache, lebt aber weiter in den Kapillaren unserer Sprache.
Platons Philosophie ist tot. Und doch ist unser Sprechen von denselben Wörtern bestimmt, die Platon zeichneten, sei es unüberbrückbar anders.

Sterben hinterlässt Spuren.
So erweist sich der Tod qua Bedeutung als Horizont des Sprechens: die Spuren, die unseren Horizont ausmachen.
Tod bedeutet *Abschied*, der sich als solcher zeigt.
Eigenartig: Ich erfahre einen Abschied, während der Tod selbst qua Bedeutung meinem Denken gegenüber gleichgültig bleibt – und sich dennoch zeigt.

8 Denken und Erfahren

8.1 Aporie

Philosophie ist das Suchen nach Wörtern.
Dieses Suchen kann keinen Bogen um Wörter machen. Sie ist keine ungetrübte Reflexion.
Das Suchen geht hin und her zwischen den Wortentwürfen, den Erfahrungen, die dadurch hervorgerufen und gezeichnet sind, und den Wortverschiebungen, die wiederum aus den Erfahrungen hervorgehen.
Das Hin und Her zwischen durchdachter Erfahrung und erfahrenem Denken ist der Gang der »echten« Philosophie.

Eine philosophische Erfahrung betraf die Identität sowohl der Dinge als auch des Erfahrenden.
Sie war das Versetztwerden in eine unbekannte Region, in die Gegend, in der die Differenz waltete zwischen den Dingen und dem, was sie zu dem prägte, was sie waren: ihrem Anblick.

Auch wenn dieser Unterschied heute nicht erfahrbar ist – es bleibt so: Philosophie ist nicht Wissen erwerben, sondern eine Erfahrung durchmachen.
Philosophie ist nicht das Sprechen *über* Erfahrung, sondern Sprechen, das durch Erfahrung gezeichnet ist – und bleibt.

Wenn Sokrates in Platons *Theaitetos* sich selbst als Hebamme bezeichnet, ist das ein Hinweis auf das philosophische Sprechen und Erfahren. Sokrates als Hebamme seiner Schüler – das heißt nicht, dass er sie von philosophischen Schwangerschaften erlöst. Seine Arbeit betrifft vielmehr die Geburts*wehen*. Er ruft Schmerzen hervor und lindert sie, abwechselnd. Das ist »echte« Philosophie.
Die Geburtswehen werden nicht durch Kinder ausgelöst (das ist Frauensache), sondern durch Geisteskinder, Gedanken: Männerarbeit.

> Männer haben, viel mehr als Frauen, Geburtswehen und sind von Aporie erfüllt, Tag und Nacht. Meine Tätigkeit kann die Wehen wecken und lindern.[31]

Die philosophische Erfahrung ist ihrer Art nach aporetisch.
Die Aporie wird durch Sokrates geweckt, aber auch gelindert.
Hebammen arbeiten mit Wundermitteln *(pharmaka)* und Gesang.[32]
Das weist auf den philosophischen Weg hin: Der beschreibt nicht, sondern weckt eine Stimmung – die Stimmung, von der das Sprechen schon getragen ist, bevor es in Gang kommt.
Dass Philosophie das Wecken von Stimmungen ist, bedeutet nicht, dass sie die schlafwandelnden Roboter wie Dornröschen wach küsst.
Schlafwandelnd wirst du vielleicht deutlicher gestimmt, als wenn du wach und aufmerksam bist.

Sokrates ruft philosophische Aporien hervor.
Er ist als Hebamme tätig, nicht um der Geburt von Geisteskindern beizustehen, sondern um den Unterschied zwischen echten und unechten Geisteskindern hervorzuheben.
Aber wie sich im Gespräch mit Theaitetos zeigt, besteht der Sinn der Aporie in ihrer Aufhebung, im Finden eines Durchgangs, eines *poros*.

Eine philosophische Erfahrung betrifft nicht die Dinge, sondern das, was sie sind.

Muss dasjenige denselben Namen behalten, was sich nicht verändert?
Nein. In der einen Umgebung heiße ich *groß*, in der anderen *klein*, ohne dass ich mich verändere.
Kann etwas denselben Namen behalten, wenn du es in diesem Kontext so, in jenem als das Gegenteil beschreiben musst?

Jetzt gerät Theaitetos außer sich. *Thaumazein* überkommt ihn. Keine selige Verwunderung. Er gerät aus der Fassung. Er tritt über die Ufer seiner Natur *(hyperphyôs)*.

Dasselbe, das Veränderliche, nicht dasselbe: *Was ist das alles?*
Theaitetos, darauf blickend, taumelt in einen Wirbel von Dunkelheit *(skotodiniô)*.
Sokrates ist zufrieden. Was die *physis* von Theaitetos angeht, hat er gut gewählt – Theaitetos kann seine Natur übersteigen.

Was auch zwischen Platon und der Neuzeit stattgefunden hat – immer noch wirst du in der philosophischen Erfahrung versetzt, durch einen Wirbel überwältigt. Descartes ruft diese Erfahrung folgendermaßen wach:

> Durch die gestrige Meditation bin ich in so große Zweifel gestürzt, dass ich sie nicht mehr vergessen kann. Und ich sehe nicht, mit welcher ratio sie zu lösen wären. Denn ich bin, als wäre ich plötzlich in einen tiefen Wirbel gestürzt, so verwirrt, dass ich weder festen Fuß auf dem Grund fassen, noch nach oben schwimmen kann.[33]

Das war und ist der Anfang *(archê)* der Philosophie: Sie ist ein *pathos, thaumazein*. Wer nachdenkt, wird ver-rückt, weg von den Dingen (Seiendes), hin zu ihrer Identität (Sein).[34]
Im philosophischen *pathos* zeigte sich der Horizont des Unterschiedes zwischen dem Beständigen der Anblicke und dem Unbeständigen des Sublunaren.

Nirgends wird deutlicher, dass der philosophisch-interpretative Zugang zu Platon unmöglich ist. Dieses Pathos ist der Anfang der Philosophie als solcher. Es gibt keinen philosophischen Gedanken, der nicht dadurch gezeichnet wäre.
Aber niemand kann heute behaupten, er sei von diesem Pathos ergrif-

fen. Die Erfahrung der ontologischen Differenz, ja diese Differenz selbst, ist in der Gleichgültigkeit weggefallen.
Für uns gibt es keine Gigantomachie um das Sein.

Für uns ist es nahezu unmöglich, Platon *nicht* zum Gegenstand unserer Wissbegier zu reduzieren, sondern zu erfahren, was die philosophische Aporie eigentlich bedeutete.

Theaitetos war nicht konfrontiert mit einer bloßen Barriere, einer Verlegenheit, die man wegräumen könnte, um den Weg frei zu machen.
Die Grenze, die im *thaumazein* auftaucht, verläuft zwischen der Welt der Dinge und der Welt der Identität.
Dieser Unterschied eröffnet den Raum zwischen einem Ding und seiner Art. Doch dieser Raum erweist sich als unbesetzbar und unbewohnbar: eine *echte* Aporie.[35]

Warum hat das *thaumzein* den Charakter eines Wirbels?
Die Verortung war die Konfrontation mit etwas, was unbeständig, flüssig und chaotisch war, angsterregend.
Wir würden sagen: Das Exzentrische im Verhältnis von Mensch und Welt kam zum Vorschein.
Thaumazein und Nichtigkeit gehören zusammen.

Die philosophische Erfahrung als Aporie tendiert dazu, Nichtigkeit als Mangel zu verstehen, als Knappheit, die nach ihrer Aufhebung ruft – Erkennen und Erkanntes werden identifiziert.
Tatsächlich wird das *thaumazein* als ein Hindernis erfahren, das beseitigt werden will. Im *Theaitetos* sagt Sokrates, dass er die Aporie, in der sie sich befinden, nicht akzeptiert, dass er einen *poros* suchen und finden wird.[36]

Eine tragende Vermutung dieses Buches lautet: Das Privative der Aporie, der Fehl eines Durchgangs, muss nicht als Mangel oder Defekt betrachtet werden. Ist eine andere Zeichnung dieser Erfahrung möglich?

Negativität – Weigerung, Verneinung, Aufschub, Versagung, Enthaltung – kann etwas anzeigen, was abgewiesen werden muss, weil es unbeherrschbar groß ist.

> Aber wie wenig wissen wir schon vom Nichthaften und vom Nein, etwa von der Verweigerung und Verzögerung und Versagung. All dies ist nichts *Nichtiges*, sondern höchstens – wenn nicht noch Höheres – sein Gegenteil. Daß ein Nein und Nicht aus dem Übermaß des Überflusses kommen und höchste Schenkung sein können und als dieses Nicht und Nein jedes geläufige Ja unendlich, d. h. wesentlich, übersteigen, dies kommt nie in den Gesichtskreis unseres rechnenden Verstandes.[37]

Das griechische Denken brauchte zweihundert Jahre bis zur Einsicht, dass es einen Zwischenweg zwischen Sein und Nichtsein gibt: die *Privation*.
Ein fehlendes Nicht-Seiendes *ist* in gewisser Weise doch.
Ein Schatten oder Schemen ist die Privation der Helle.[38]

Wenn die Philosophie durch die Aporie gezeichnet ist, dann auch durch Knappheit.
Knappheit ist die Erfahrung, die danach ruft, aufgehoben zu werden.
Aporie und *poros* verhalten sich ökonomisch zueinander: Die Aporie ist ein Kostenfaktor und muss sich in der neuen Rentabilität einer verbesserten Durchfahrt auszahlen.
Das philosophische Denken bis heute hat etwas Unempirisches: Es möchte die Erfahrung in eine Harmonie von Denken und Welt aufheben. Es verlangt diese Harmonie und unterstellt sie. Es ist unecht.

Philosophie ist Heimweh.

Solange es Philosophie gibt, wird das Durchmachen einer Erfahrung als Heimatlosigkeit und Entfremdung betrachtet.
Das Exzentrische des Denkens wird erfahren, aber stets im Aufruf zur Heimkehr.
Das Gesetz der Heimkehr, *per aspera ad astra,* herrscht über die Philosophie als Wissenschaft.
Novalis sagte es: *Philosophie ist eigentlich ein Heimweh, ein Trieb, überall zu Hause zu sein.*
Das Fremde ist Durchgangsgebiet für das Erlangen des Eigenen – das ist das *Oiko-nomische* der Aporie.

Philosophie sucht die Aufhebung der Erfahrung.

Das liegt in der Semantik des Wortes *Erfahrung* beschlossen. Die Wurzel **per* verweist auf eine Bewegung, die durch etwas hindurch geht, und somit auf ein Mittel, mit dem dieses Ziel erreicht wird.
Du erfährst das, was dir in der Ausfahrt begegnet. Was du erfährst, behindert deine Fahrt. (*Fahren, Verfahren, Fähre* et cetera gehen auf die indogermanische Wurzel **per* zurück, genau wie das griechische Wort *poros*.)
Auch das Ende der Ausfahrt, die unversehrte Heimkehr, liegt in diesem Wort beschlossen. *Porta* heißt nicht nur *Tür*, sondern auch *Hafen*.
Der Sinn der Erfahrung als Aporie ist: Hindernisse vermeiden lernen oder aus dem Weg räumen.
Aus deinen Erfahrungen resultiert, dass du *erfahren* wirst, also imstande bist, ähnliche Hindernisse in Zukunft zu *umfahren*.
Ziel ist die *Wohlfahrt* in der Vereinigung von Mensch und Welt.

Philosophie sucht Einswerdung, Harmonie.

Wenn es gelingt, eine Erfahrung in die Durchlässigkeit aufzuheben, dann ist das, was die Erfahrung gezeichnet hat, erreicht: das Beruhigende.
Auch die Zweifel von Platon und Descartes, wenn auch nicht miteinander zu vergleichen, entspringen der *Sorge der Beruhigung*.[39]
Descartes' Zweifel hält sich nicht nur an die vorgegebene Ordnung und das Maß der *mathesis universalis* – Ordnung und Maß sind vielmehr bestimmend für den Gang des Zweifelns.

Der *Horizont* der philosophischen Aporie wird in dem Augenblick sichtbar, wo die Bahn der Philosophie ihre äußersten Grenzen erreicht. Wittgensteins Panpragmatismus ist die Vernichtung des philosophischen Erkennens als solchen.
Diese Vernichtung ist dadurch möglich, dass Wittgenstein die Art der philosophischen Aporie erkennt – philosophische Probleme *sind* Aporien.[40]

Aber sie sind Scheinaporien, und das philosophische Pathos ist ein Scheinpathos.
Philosophische Probleme sind keine Hindernisse, die beseitigt werden müssen. Der Aporie entkommst du auf ganz andere Weise – indem du dich erst gar nicht hinein begibst, sondern dich umdrehst und weggehst.

Das Poretische der Philosophie ist ein Exorzismus, eine philosophische Therapie. Sie erlöst das Denken von Scheinhindernissen grammatischer Art.[41]
In der Vollendung der Philosophie zeigt sich ihre eigentliche Zeichnung: die Suche nach Ruhe, nach dem Verschwinden des Erfahrens

> Die eigentliche Entdeckung ist die, die mich fähig macht, das Philosophieren abzubrechen, wann ich will. – Die die Philosophie zur Ruhe bringt, sodaß sie nicht mehr von Fragen gepeitscht wird, die sie selbst in Frage stellen.[42]

Obwohl die Aporie das Erfahren aufzuheben versucht, entsteht *innerhalb* von ihr eine *Einsicht*: bei Platon in den Unterschied zwischen Dingen und ihrer Identität, bei Wittgenstein in das Wegfallen dieses Unterschiedes.
Das zeigt: Die Privation ist niemals nur ein Defekt oder Mangel, denn sie gibt etwas zu erkennen.
Die Versagung bleibt ein Sagen – ein Ansagen ihrer Bedeutung.

Das Erfahren ist niemals von der Ökonomie der Heimkehr zu lösen, von der Ratio zwischen Ausfahren und Zurückkehren.
Aber jede Durchfahrt durchkreuzt eine Gegend, die dank dieser Fahrt erscheint, aber ihrerseits die Durchfahrt trägt und steuert.[43]

Liegt das im Wort *privatio* selbst beschlossen?
Es übersetzt das griechische Wort *sterêsis*, Beraubung.[44]
Ist eine Beraubung an sich selbst ein Mangel, der nach danach ruft, aufgehoben zu werden?
Wenn mir etwas den Atem verschlägt, dann habe ich es womöglich mit etwas Atemberaubendem zu tun.
Habe ich den Verstand verloren, begegnet mir womöglich etwas, was über meinen Verstand geht.

Das *alpha privativum* im Wort *a-lêtheia* deutet auf eine Beraubung der Verborgenheit hin. Das heißt keineswegs, dass diese Verborgenheit mangelhaft ist, im Gegenteil: Sie reicht weiter und ist reicher als das Licht, das sie umgibt.

Was mir geraubt wird, muss kein Verlust sein, wenn ich erfahre, dass es in sich selbst ruht, in seiner eigenen Art, getrennt von mir.
Die Unwahrheit, mit der ich konfrontiert werde, kann ein Übermaß sein, dem ich nicht gewachsen bin.[45]

Was ich erfahre, das trifft mich. Dem Erfahren geht ein *Wider*fahren voraus: Was mir widerfährt, überkommt mich, stimmt und durchzieht mich, aber trifft mich nicht.
Das Widerfahren zeichnet das Erfahren, geht aber nicht in ihm auf.

Das *Wider* im Widerfahren ist privativ: Was mir widerfährt, ist gegen meine Ausfahrt gerichtet, hält mich auf.
Wider bedeutet aber auch: *entgegen*.
Wenn ich mein Erfahren durch das Widerfahren stimmen lasse, dem es entspringt, dann brauche ich nicht sofort nach seiner Aufhebung zu verlangen.

Das poretische Erfahren sehnt sich nach der Ruhe, nicht mehr erfahren zu brauchen. Eine Todessehnsucht.
Das Widerfahren zu erfahren bedeutet: was mir begegnet, nicht unmittelbar überfallen, sondern ihm meinerseits begegnen, ihm ausweichen, um es in seiner Unerfahrbarkeit sein zu lassen, was es ist, von ihm Abschied zu nehmen.

Das ist eine philosophische Erfahrung: Ich merke, dass mein Erfahren nicht all das aufnehmen kann, worauf es bezogen ist.
Ich kann das Widerfahren in seiner Übermäßigkeit und Unerfahrbarkeit erfahren – aber auch nicht.

Hier kommen alte, vorphilosophische Gedanken ins Spiel.
Eine eigentümliche Rolle spielt das Wort *poros* bei Alkman, einem spartanischen Kosmologen des siebten Jahrhunderts: *Poroi* sind zunächst die Bahnen der Sterne und Planeten, dann auch die Wege der Menschen.[46]

Die berühmte ontologische Differenz zwischen Sein und Seiendem ist weggefallen.
Die philosophische Indifferenz herrscht.
Ist das ein Mangel?

Oder verweist die Indifferenz auf mein Verhältnis zur Welt der Sprache, die zu groß ist, als dass ich sie erfahren könnte?
Kann mir die Unterschiedslosigkeit so zu denken geben?

8.2 Abschied

Philosophie war das Versetztwerden aus dem Umgang mit den Dingen in das, was vorher da war, das Umgebende: die Sprache.
Wegen ihres parasitären Charakters betrifft die Sprache Möglichkeiten, die das Wirkliche umgeben.
Aber dann weiß ich noch nicht, was Möglichkeit heißt. Angesichts der Art des Sprachparasiten liegt es nicht auf der Hand, Möglichkeit als Potenzial für meine Selbstverwirklichungen zu betrachten.

Das Mögliche, das ist eine Unentschiedenheit, eine Ent-wirklichung, die als philosophischer Wirbel erfahren wurde.
Denk an den Augenblick, in dem Descartes die *mathesis universalis* fand.

Baillet beschreibt, wie Descartes die Einsamkeit sucht, um mit einer allumfassenden Destruktion *(détruire)* zu beginnen.
Sie betraf zuerst ihn selbst. Er musste sich von seinen eigenen Vorurteilen befreien. Dein Haus anzuzünden wäre leichter. Descartes litt, als hätte er Abschied von sich selbst nehmen müssen.[47] Sein Geist wurde splitternackt.

Am 10. November 1619 fand er die Fundamente der wunderbaren Wissenschaft namens *mathesis universalis.*[48]
Das lief nicht wie am Schnürchen.
Descartes war aufgeregt, aber er ließ sich nicht ablenken, weder durch Spaziergänge noch durch Gesellschaft. Sein Hirn war entzündet.
Dann fiel er, so Baillet, in eine Art Enthusiasmus.
Sein schon geschundener Geist geriet in einen Zustand, in dem er Eindrücke von Träumen und Visionen empfangen konnte.
Und tatsächlich: Er wurde von Träumen und Visionen heimgesucht.[49]
Seine *mathesis universalis* und damit die Ratio der Neuzeit ist auf Träumen gegründet – rhapsodisch.

Descartes' philosophische Verrückung kam nicht aus heiterem Himmel. Sie ereignete sich in dem Moment, wo eine Welt einstürzte und sich noch keine neue abzeichnete.
Die Welt der Metaphysik, verkörpert in der Scholastik, nahm Abschied.
Die Bücherwissenschaften verschwanden, die neue Wissenschaft bahnte sich an.
Die Identität der Dinge war verwandelt: Sie erschien als Universalität, Einförmigkeit.
Hätte sich die Metaphysik nicht vollendet, wäre das cartesische Denken nicht entstanden.

Das Traumartige seines Zustandes zeigt, auf welche Weise Descartes mit Möglichkeit konfrontiert wurde – nicht mit Möglichkeitsbedingungen für die Wirklichkeit, sondern mit einer gründlichen Unentschiedenheit, einem Zustand zwischen Sein und Nichtsein.

Zwei Worte markieren das Zentrum seines Zustandes und bestimmen seinen dritten Traum: *Quod vitae sectabor iter?* (Welchen Lebensweg soll ich einschlagen?) und *Est et non* (Ist und nicht).
Ein solcher Zustand zwischen Sein und Nichtsein ist laut Hölderlin ein furchtbarer, aber göttlicher Traum.

> Im Zustande zwischen Seyn und Nichtseyn wird aber überall das Mögliche real, und das wirkliche ideal, und diss ist in der freien Kunstnachahmung ein furchtbarer aber göttlicher Traum.[50]

Descartes' Enthusiasmus war die Antwort auf die unerträgliche Unentschiedenheit. Die *mathesis universalis* beendete den chaotischen Zustand zwischen Sein und Nichtsein.
Das geschah, indem die Sprache Descartes eine neue Wende des *Wortes mathesis universalis* darreichte:

> Es muss eine bestimmte allgemeine Wissenschaft geben, die all das auslegt, was man bezüglich Ordnung und Maß suchen kann; die an keine spezifische Materie gebunden ist. Sie wird nicht mit einem erborgten, sondern mit einem alten Namen bezeichnet, dessen Gebrauch schon lange akzeptiert ist: *Mathesis universalis.*[51]

Die Unentschiedenheit fiel weg, der Weg hin zur Mathematisierung der Welt wurde eingeschlagen. Der Weg zur Identität von Sein und Denken, zeitweise unterbrochen, kam erneut zum Vorschein, gezeichnet durch die verlockende Aussicht auf dieselbe Identität.

Ich vermute: So wie die Welt der Mechanik und Mathematik bei Descartes anfing, so findet sie jetzt dadurch ihre Vollendung, dass Natur und Erkennen endgültig ineinander eingebaut sind.
Die Umstände jener und der heutigen Zeit sind radikal verschieden.
Descartes lebte in einer sterbenden Welt – derjenigen der überlieferten Metaphysik.
Heute vollendet sich die mathematisch-mechanische Welt, das heißt: Sie schöpft alle Möglichkeiten aus, die sich bieten, sie kommt zum Abschluss, sodass der Horizont ringsherum sichtbar wird. Sie stirbt keineswegs.

Auch heute gibt es die Konfrontation mit dem Möglichen.
Aber das ist keine Möglichkeit, die du begeistert als Potenzial begrüßen könntest.
Das Mögliche, das sich jetzt ankündigt, ist keine potenzielle Verwirklichung, sondern der Horizont der Sprache, die sich zwar zeigt, aber nur verstohlen und rätselhaft – weil sie nicht die Sprache der Menschen ist.
Sobald ich ihr mit meinem Wissensdurst nachstelle, verschwindet sie.
Sie zeigt sich nur in einem Abschied von ihr.
Der Abschied ist eine Einheit mit dem Abgeschiedenen. Diese Einheit wird niemals zu einer Vereinigung. Sie bleibt von unüberbrückbaren Klüften durchzogen.

Die Sprache kann dieses Abgeschiedene sein, weil sie als Parasitenkolonie das bewahrt, was zugrunde gegangen ist.
Sie ist die Wiege all dessen, was ist, indem es gewesen ist. (Was gewesen ist, das ist immer noch anwesend, indem es im Modus der Abwesenheit *west*.)
Was gewesen ist, liegt da, unberührt. Also wird es immer wieder auf dich zukommen. Dieses Zukünftige ist kein Potenzial, das sich irgendwann verwirklicht oder auch nicht, sondern eine Möglichkeit, die *jetzt* als solche herrscht – und die Wirklichkeit durchzieht, durchkreuzt und vernichtet.

Was zeigt sich? Die Wirklichkeit, uns als Welt der Technik bekannt, ist selbst eine Verrückung: Sie ist der Sprache entrückt, die diese Welt beherrscht, selbst aber nicht zu Wort kommt.[52]

Dank der Sprache ist das, was abwesend ist, nicht einfach weg.
Die Aktualität der Technikwelt ist durchzogen von dem, was abwesend, aber nicht weg ist.
Wer nachdenklich gestimmt ist, *sieht* das gewissermaßen.[53] Aber nur im Modus des Abschieds, in einer harten Fügung.

Der Wille (wissen wollen, harmonisieren wollen, die Welt vermenschlichen und den Menschen vernatürlichen wollen) ist immer schon von der Sprache durchzogen, die in ihrer Abwesenheit stimmend ist.

Von dieser Sprache kann ich nur dann etwas wissen, wenn ich sehe, dass sie Abschied nimmt, und wenn ich meinerseits den Abschied nicht rückgängig machen will, sondern ihn sein lasse, was er ist.
Kann ich hier etwas *wissen*?

Ich war auf Terschelling. Ich ging in den Dingen auf, die sich mir darboten.
Daraufhin nahm ich Abschied. Im Kielwasser des Fährschiffs löste sich mein Band mit der Insel. Sie verblasste und sank weg.
Aber auch nicht, denn im Abschied zeigte die Insel sich selbst in ihrer Art – wie sie es nicht konnte, als ich in ihr aufging.

Abschied nehmen ist ein Pathos.
Gibt es nur *eine* Weise, ein Pathos zu erfahren, nämlich als Aporie, die danach ruft, aufgehoben zu werden?
Ist *die* Antwort auf Schmerz Schmerz*bekämpfung*?

Es gibt einen Abschied *gegen* und einen Abschied *von*.[54]
Solange mein Erkennen im Willen besteht, die Einheit von Mensch und Welt zu erreichen, bleibt es als Wille ein Widerwille: ein Abschied *gegen* die Welt, wie sie ist.
Ein Abschied *von*, das ist ein bleibender Bezug.
Kann ich den Abschied *gegen*, der mein Erkennen kennzeichnet, in einen Abschied *von* verwandeln? Kann ich vom *Gegen* erlöst werden?
Nein.

Es geht darum, bei diesem *Gegen* selbst zu bleiben. Der Abschied gegen die Welt, wie sie ist, entspringt nicht dem menschlichen Erkennen, sondern dem Horizont dieser Welt selbst.
Das *Gegen* zeigt, dass dieser Horizont und das, was ich von ihm erkenne, nicht miteinander zu vereinen sind.
Dieses *Gegen* kann und muss nicht aufgehoben werden, aber es kann seinerseits mein Denken zeichnen.

Es gibt keine Erlösung vom Widerwillen.
Aber möglicherweise ist der Widerwille selbst ein Abschied und zeigt somit, wogegen er gerichtet ist.
In einem Abschied wird mir etwas entsagt.
Damit wird es auf eine privative Weise *ge*sagt.
Oder ist auch diese Privation weniger ein Mangel als vielmehr ein Übermaß?

8.3 *Transzendenz und das Selbe*

Platons Höhlengleichnis aus der *Politeia* ist allbekannt.[55]
Menschen bewohnen eine unterirdische Grotte. Sie sind gefesselt und können ihre Köpfe nicht bewegen.
Sie sehen Schatten an der gegenüberliegenden Höhlenwand entlanglaufen und hören Echos von Stimmen.
Das ist für sie die wahre Welt.

Dann werden sie von ihren Fesseln befreit. Genesung *(iasis)* wird ihnen zuteil.
Die Gefesselten verlassen ihre Unbedachtsamkeit *(aphrosynê)*.
Ihre Befreiung ist zugleich ein Zwang: Sie blicken in das Feuer, das die Schatten erzeugt.
Warum Zwang?
Ins Licht sehen schmerzt.
So gerät der zur Freiheit Gezwungene in eine Aporie *(aporein)*. Er behauptet, das, was er vorher sah, sei wahrhaftiger gewesen.
Er wird widerwillig noch weiter hinauf geführt, weg vom Licht des Feuers hin zum echten Licht.
Allmählich gewöhnt er sich daran.
Zuerst ertragen seine Augen nur Schatten, dann Spiegelungen im

Wasser, später sieht er die Dinge, den Himmel bei Nacht, bei Tag und schließlich die Sonne selbst.
Zuletzt muss er zurück in die Höhle und wird zum Gespött der dort versammelten Gesellschaft. Der Befreier (Sokrates) wird getötet.

Methodisch ist von Bedeutung, dass Platon in einem Gleichnis (*eikôn* – Ikon) spricht.
Er spricht nicht direkt, vermutlich weil das, was zu sagen ist, sich so nicht sagen lässt – weil es in einem zu stark versengenden Licht steht.
Er muss verschleiert sprechen, auf Umwegen, in der Weise des Abschiednehmens.

Der Gleichnischarakter der Höhlengeschichte macht die Art der Metaphysik erkennbar, reicht aber noch weiter.
Das Gleichnis spricht in Begriffen der Sichtbarkeit – also in sinnlichen Ausdrücken. Das hat den Sinn, in sinnlichen, verhüllten Ausdrücken vom echten, hellen Licht zu sprechen, dem Licht des Übersinnlichen.[56]

Der eigentliche Aufstieg verläuft nicht aus der Höhle heraus nach draußen, sondern aus der wahrnehmbaren in die vernommene Welt.
Der Aufstieg von der Höhle nach draußen ist, wie Platon zu Beginn sagt, auf unsere menschliche Natur *(tên hêmeteran physin)* bezogen.
Der Aufstieg ist eine *paideia*, eine Verwandlung der menschlichen Natur.

Der Sinn der Philosophie ist die Bewerkstelligung dieser Verwandlung.
Sie wird meta-physisch verstanden: als Überstieg über das Physische nach oben hinauf ins Über-Physische *(anô ienai, anô anabasis)*.
Philosophie war Transzendenz, weg von der menschlichen, hin zu einer übermenschlichen Weise zu leben und zu erkennen.

Platons Transzendenz zeichnet die mathematisch-mechanische Welt.
Sie war der Überstieg zur *idea* der *ideae* als Joch, das Sein und Denken miteinander verband.
Jetzt, in diesem Augenblick, ist es für mich an der Zeit, *dem* nachzudenken.
Ich merke unmittelbar, dass sich *meine* Welt auf keinerlei Weise transzendieren lässt.
Transzendenz kann nicht mehr die Weise sein, nachdenklich gestimmt

zu werden, nicht nur weil sich die Frage nach dem Joch erübrigt hat, sondern weil die Technikwelt abgeschlossen ist und kein Draußen kennt.

Platons Gleichnis bietet einen Hinweis darauf, wie *heute* nachgedacht werden kann.
Platon schreibt: Wer aus der Höhle befreit wurde, muss zurück.
Kann ich es so sehen, dass der Befreite nie weggewesen ist, sondern, beim Selben bleibend, auseinandergezogen wird? Dann ist das, wovon du philosophisch weggerückt wirst, nicht *verschwunden*.
Dann ist die philosophische Verrückung ein Abschied, der bei dem verweilt, was verlassen wird.
Abschied nehmen von der »Technik« in die Richtung ihrer Zeichnung ist das Verweilen bei ihrer Identität.
Da liegt das Indexikale der »echten« Philosophie.
Platon deutet die Weise des philosophischen Sprechens an.
Die Befreiung aus der Höhle geht folgendermaßen vonstatten: Zuerst gibt es überhaupt keinen Unterschied.
Es gibt in Bezug auf die Schatten nichts zu denken und nichts zu erfahren.
In der philosophischen Erfahrung taucht eine Trennung auf, ein Unterschied, in dem meine Umwelt als solche gegenüber etwas anderem erscheint.

Das klingt, als würde der Mensch das Indifferente übersteigen und ins Differente gelangen.
Der Gang des Denkens übersteigt jedoch nichts. Er ist lateral. Er ist ein unaufhörliches Hin und Her zwischen den Dingen und ihrer Sprache.
Dieses Hin und Her springt immer wieder über die Kluft, die nachdenkend nicht zu überbrücken ist – die Kluft der harten Fügung.

Das sind die Umrisse der »echten« Philosophie zur Zeit der großen Reduktion.
Philosophie als Transzendenz zielt ihrer Art nach darauf ab, Denken und Welt zu harmonisieren.
Was ist, das ist dem Nachdenken zugänglich. Wo das nicht der Fall ist, herrscht eine Aporie, die transzendiert werden muss.

Der Horizont der heutigen Epoche, der jetzt allmählich sichtbar wird, kommt in Hegels Antrittsrede vom 28. Oktober 1816 in Heidelberg zur Sprache.

> Das zuerst verborgene und verschlossene Wesen des Universums hat keine Kraft, die dem Muthe des Erkennens Widerstand leisten könnte: es muß sich vor ihm auftun, und seinen Reichtum und seine Tiefen ihm vor Augen legen und zum Genusse geben.[57]

Woher weiß Hegel, dass das Universum diese Kraft nicht hat? Wer oder was hat ihm eingegeben, dass sich jenes Wesen ihm öffnen muss? Es war die Sprache, die sich dem Mut des Erkennens deswegen nicht widersetzt, weil sie sich zurückzieht, sobald der auf sie zukommt.
Wo der Darwinismus die Sprache erreicht, da beginnt die Harmonisierung durchkreuzt zu werden.
Die Sprache ist für sich selbst da.
Zwischen Sprache und Menschensprache gähnt eine Kluft.

Es ist möglich, diese Kluft nicht sofort zu schließen, sondern nachdenkend bei ihr zu verweilen.
Dazu bedarf es einer ganz anderen Umkehr in Bezug auf meine Identität als die platonische – und doch dieselbe.
Vielleicht dämmert mir die Erkenntnis, dass die nichtmenschliche Sprache meine Identität durchzieht und mir selbst etwas Nichtmenschliches innewohnt, das Grund und Zeichnung meines Nachdenkens werden kann.

Diese Kühle oder Nüchternheit war schon für Platon das Kennzeichen eines Philosophen.
Im *Theaitetos* kommt er auf Thales zu sprechen. Der achtete auf das, was über ihm war, auf den Himmel, nicht aber auf das, was zu seinen Füßen lag.
Thales wusste nichts von seinem Nachbarn. Er wusste nicht einmal, ob der ein Mensch war oder ein anderes Getier *(thremma)*.[58]
Thales fragte sich nämlich, *was ein Mensch sei.*

Sobald ich frage, was etwas ist, bin ich von der unnahbaren Sprache umgeben.

Was ist das »echt« Philosophische?
Diese Sprache, die unnahbare, in meinem Schreiben achten – keine Vereinigung mit ihr suchen.

Anmerkungen

Einleitung

[1] Heidegger, GA 79, 98: »Sagen wir: ›das‹ Denken, dann kann dies meinen: denken als allgemein menschliche Tätigkeit; es kann aber auch bedeuten: das Denken als ein einzigartiges Geschick der abendländischen Menschheit.«
[2] Heidegger, GA 40, 52: »Die Verwirrung der Geistlosigkeit kann sogar so weit gehen, daß die technisch-praktische Auslegung der Wissenschaft sich gleichzeitig zur Wissenschaft als einem Kulturwert bekennt, so daß beide in der gleichen Geistlosigkeit sich untereinander gut verstehen. Will man die Einrichtung des Zusammenschlusses der Fachwissenschaften nach Lehre und Forschung Universität nennen, so ist das nur noch ein Name, aber keine ursprünglich einigende, verpflichtende geistige Macht mehr.«
[3] Heidegger, GA 10, 151.
[4] Heidegger, GA 53, 159: »Das Zugeschickte und Schickliche aber bleibt für den Menschen stets das auf ihn Zukommende, Zukünftige. Das Zugeschickte ist nie das Entschiedene; es bleibt voll der Schickungen und ist nur aus ihnen. Das Zugeschickte schickt sich so und anders und bleibt stets im Kommen.«
[5] Heidegger, GA 39, 95.
[6] Heidegger, GA 55, 192.
[7] Dennett, Darwin's Dangerous Idea, 66.
[8] Descartes, Discours de la Méthode, 12: »Et ainsi je pensai que les sciences des livres, au moins celles dont les raisons ne sont que probables, et qui n'ont aucunes démonstrations, s'étant composées et grossies peu à peu des opinions de plusieurs diverses personnes, ne sont point si approchantes de la vérité que les simples raisonnements que peut faire naturellement un homme de bon sens touchant les choses qui se présentent.«
[9] Heidegger, GA 79, 146.

I Die erste Reduktion

[1] Popper, Logik der Forschung, 26: »Wir stellen eine oberste Regel auf, [...] nämlich die, die verschiedenen Regelungen des wissenschaftlichen Verfahrens so einzurichten, daß eine etwaige Falsifikation der in der Wissenschaft verwendeten Sätze nicht verhindert wird.«
[2] Popper, Logik der Forschung, 72: »Diese [theoretischen Überlegungen] beherrschen die experimentelle Arbeit von der Planung des Versuchs bis zu den letzten Handgriffen.«
[3] Heidegger, GA 41, 90 f.: »Galilei hat zum Beleg seiner Behauptung am schiefen Turm zu Pisa, wo er Professor der Mathematik war, ein Experiment vorgenommen. Dabei

kamen verschieden schwere Körper beim Herabfallen vom Turn zwar nicht schlechthin gleichzeitig an, aber mit geringen Zeitunterschieden; trotz dieser Unterschiede, also eigentlich *gegen* den Augenschein der Erfahrung, behauptete Galilei seinen Satz. Aber die Zeugen des Versuches wurden durch den Versuch erst recht stutzig über Galileis Behauptung, und beharrten um so hartnackiger bei der alten Ansicht. [...]
Galilei und seine Gegner haben beide dieselbe ›Tatsache‹ gesehen; aber beide haben dieselbe Tatsache, dasselbe Geschehen sich verschieden sichtbar gemacht, verschieden ausgelegt. Was je für sie als die eigentliche Tatsache und Wahrheit erschien, war ein Verschiedenes.«

[4] Zum Vorbildhaften mathematischer Elemente für die Philosophie siehe: Burkert, Stoicheion, 167–197.

[5] Heidegger, GA 8, 61 f.

[6] Wagner, Die Wissenschaft und die gefährdete Welt, 29 f.

[7] Nietzsche, KSA 3, 481.

[8] Descartes, Les principes de la philosophie, AT IX.2, 14 f.: »Ainsi toute la philosophie est comme un arbre, dont les racines sont la Métaphysique, le tronc est la Physique & les branches qui sortent de ce tronc sont toutes les autres sciences, qui se réduisent à trois principales, à sçavoir la Medecine, La Mechanique & la Morale [...].«

[9] Ebd.: »Or comme ce n'est pas des racines, ny du tronc des arbres, qu'on cueille les fruicts, mais seulement des extremitez de leurs branches, ainsi la principale utilité de la Philosophie dépend de celles de ses parties qu'on ne peut apprendre que les dernières.«

[10] Kant, Kritik der reinen Vernunft, B 195–197.

[11] Kant, Kritik der reinen Vernunft, B VII: »Ob die Bearbeitung der Erkenntnisse, die zum Vernunftgeschäfte gehören, den sicheren Gang einer Wissenschaft gehe oder nicht, das läßt sich bald aus dem Erfolg beurteilen.«

[12] Carnap, Empiricism, Semantics and Ontology, 206: »Are there properties, classes, numbers, propositions? In order to understand more clearly the nature of these and related problems, it is above all necessary to recognize a fundamental distinction between two kinds of questions concerning the existence or reality of entities. If someone wishes to speak in his language about a new kind of entities, he has to introduce a system of new ways of speaking subject to new rules; we shall call this procedure the construction of a linguistic framework for the new entities in question. And now we must distinguish two kinds of questions of existence: first, questions of the existence of certain entities of the new kind within the framework; we call them internal questions; and second, questions concerning the existence or reality of the system of entities as a whole, called external questions.«

[13] Heidegger, GA 9, 314.

[14] Heidegger, GA 65, 38.

[15] Popper, Logik der Forschung, 6.

[16] Nietzsche, KSA 12, 209: »Alles Denken, Urtheilen, Wahrnehmen als Vergleichen hat als Voraussetzung ein ›Gleichsetzen‹, noch früher ein ›Gleichmachen‹. Das Gleichmachen ist dasselbe, was die Einverleibung der angeeigneten Materie in die Amoebe ist.«

[17] Dennett, Darwin's Dangerous Idea, 102.

[18] Stendhal, Le Rouge et le Noir, 540: »Laissez-moi ma vie idéale. Vos petites tracasseries, vos détails de la vie réelle, plus ou moins froissants pour moi, me tireraient du ciel. On meurt comme on peut; moi je ne veux penser à la mort qu'à ma manière.«

[19] Heidegger, GA 79, 56.

[20] Stendhal, Le Rouge et le Noir, 90: »Quelque épervier parti des grandes roches audessus de sa tête était aperçu par lui, de temps à autre, décrivant en silence ses cercles immenses. L'œil de Julien suivait machinalement l'oiseau de proie. Ses mouvements tranquilles et puissants le frappaient, il enviait cette force, il enviait cet isolement. C'était la destinée de Napoléon, serait-ce un jour la sienne?«
[21] Heidegger, GA 61, 45–61.
[22] Heidegger, GA 54, 162–174.
[23] Descartes, Regulae, AT X, 371 f.: »Per methodum autem intelligo regulas certas & faciles, quas quicumque exacte servaverit, nihil unquam falsum pro vero supponet, & nullo mentis conatu inutiliter consumpto, sed gradatim semper augendo scientiam, perveniet ad veram cognitionem eorum omnium quorum erit capax.«
[24] Heidegger, GA 41, 102.
[25] Descartes, Regulae, AT X, 364: »Nobis ipsis regulas proponere.«
[26] Descartes, Regulae, AT X, 371: »Necessaria est methodus ad rerum veritatem investigandam.«
[27] Descartes, Regulae, AT X, 366: »Circa objecta proposita, non quid alii senserint, vel quid ipsi suspicemur, sed quid clare & evidenter possimus intueri, vel certo deducere, quaerendum est; non aliter enim scientia acquiritur.«
[28] Heidegger, GA 6.2, 134.
[29] Nietzsche, KSA 13, 442: »Nicht der Sieg der *Wissenschaft* ist das, was unser 19. Jahrhundert auszeichnet, sondern der Sieg der wissenschaftlichen *Methode* über die Wissenschaft.«
[30] Descartes, Regulae, AT X, 379: »reducamus.«
[31] Descartes, Regulae, AT X, 362: »Circa illa tantum objecta oportet versari, ad quorum certam & indubitatam cognitionem nostra ingenia videntur sufficere.«
[32] Descartes, Regulae, AT X, 359: »Studiorum finis esse debet ingenij directio ad solida & vera, de ijs omnibus quae occurrunt, proferenda judicia.«
[33] Descartes, Regulae, AT X, 360: »[...] quoniam eaedem manus agris colendis & citharae pulsandae, vel pluribus ejusmodi diversis officijs, non tam commode quam unico ex illis possunt aptari: idem de scientijs etiam crediderunt, illasque pro diversitate objectorum ab invicem distinguentes, singulas seorsim & omnibus alijs omissis quaerendas esse arbitrati. In quo sane decepti sunt. Nam cum scientiae omnes nihil aliud quam humana sapientia, quae semper una & eadem manet, quantumvis differentibus subjectis applicata [...].«
[34] Aristoteles, Nikomachische Ethik, 1139b18 ff.
[35] Descartes, Discours de la Méthode, 21.
[36] Aristoteles, Nikomachische Ethik, 1096a5 ff.
[37] Wagner, Die Wissenschaft und die gefährdete Welt, 8.
[38] Descartes, Discours de la Méthode, 4.
[39] Wagner, Die Wissenschaft und die gefährdete Welt, 32 f.
[40] Newton, Principia, Lex I: »Corpus omne perseverare in statu suo quiescendi vel movendi uniformiter in directum, nisi quatenus a viribus impressis cogitur statum illum mutare.«
[41] Heidegger, GA 41, 92.
[42] Wagner, Die Wissenschaft und die gefährdete Welt, 61 f.
[43] Heidegger, GA 10, 45.
[44] Entgegen der gängigen Lehrmeinung, Descartes würde den Menschen niemals *sub-*

jectum nennen, ist offensichtlich die Substanz das Subjekt seiner Attribute. Siehe Descartes, Secundae responsiones, AT VII, 161: »Omnis res cui inest immediate, ut in subjecto, sive per quam existit aliquid quod percipimus, hoc est aliqua proprietas, sive qualitas, sive attributum, cujus realis idea in nobis est, vocatur *substantia.*«

[45] Heidegger, GA 6.2, 410: Heidegger betont, »daß das Sein zwar vom subjectum her, aber nicht notwendig durch ein Ich bestimmt ist«.

[46] Descarters, Discours de la Méthode, 33: »Je connus de là que j'étais une substance dont toute l'essence ou la nature n'est que de penser, et qui, pour être, n'a besoin d'aucun lieu, ni ne dépend d'aucune chose matérielle.«

[47] Descartes, Secundae responsiones, AT VII, 160: »Cogitationis [...] immediate conscii sumus.«

[48] Descartes, Brief an Mersenne vom Juli 1641, AT III, 394: »Il est impossible que nous puissions jamais penser à aucune chose, que nous n'ayons en même temps l'idée de notre âme, comme d'une chose capable de penser à tout ce que nous pensons.«

[49] Descartes, Brief an Morus vom 5. Februar 1649, AT V, 277.

[50] Descartes, Secundae responsiones, AT VII, 160: »Ideae nomine intelligo cujuslibet cogitationis formam illam, per cujus immediatam perceptionem ipsius ejusdem cogitationis conscius sum; adeo ut nihil possim verbis exprimere, intelligendo id quod dico, quin ex hoc ipso certum sit, in me esse ideam ejus quod verbis illis significatur.«

[51] Descartes, Objectiones tertiae, AT VII, 178: »Quid jam dicimus, si forte ratiocinatio nihil aliud sit quam copulatio & concathenatio nominum sive appellationum, per verbum hoc est? unde colligimus ratione nihil omnino de natura rerum, sed de earum appellationibus, nimirum utrum copulemus rerum nomina secundum pacta (quae arbitrio nostro fecimus circa ipsarum significationes) vel non. Si hoc sit, sicut esse potest, ratiocinatio dependebit a nominibus, nomina ab imaginatione, & imaginatio forte, sicut sentio, ab organorum corporeorum muto, & sic mens nihil aliud erit praeterquam motus in partibus qubiusdam corporis organici.«

[52] Descartes, Objectiones tertiae, AT VII, 178f.: »Est autem in ratiocinatione copulatio, non nominum, sed rerum nominibus significatarum; mirorque alicui contrarium venire posse in mentem. Quis enim dubitat quin Gallus & Germanus eadem plane iisdem de rebus possint ratiocinari, cum tamen verba concipiant plane diversa?«

[53] Heidegger, GA 15, 284.

[54] Descartes, Discours de la Méthode, 3: »Mais je ne craindrai pas de dire que je pense avoir eu beaucoup d'heur, de m'être rencontré dès ma jeunesse en certains chemins, qui m'ont conduit à des considérations et des maximes, dont j'ai formé une méthode, par laquelle il me semble que j'ai moyen d'augmenter par degrés ma connaissance.«

[55] Heidegger, GA 10, 177: »Diese Perfektion besteht in der Vollständigkeit der berechenbaren Sicherstellung der Gegenstände, des Rechnens mit ihnen und der Sicherung der Berechenbarkeit der Rechnungsmöglichkeiten. Die Perfektion der Technik ist nur das Echo des Anspruches auf die perfectio, d. h. die Vollständigkeit der Begründung.«

[56] Heidegger, GA 10, 50: »Daß in der Gegend des Satzes vom Grund die Sprache wie von selbst von einem efficere, sufficere, perficere, d. h. von einem mannigfaltigen facere, machen, von einem her- und zu-stellen spricht, ist gewiß kein Zufall.«

[57] Descartes, Meditationes (IV), AT VII, 54.

[58] Ebd.: »Animadverto [...] me tanquam medium quid inter Deum & nihil, sive inter summum ens & non ens ita esse constitutum, ut, quatenus a summo ente sum creatus, nihil quidem in me sit, per quod fallar aut in errorem inducar.«

II Die pragmatische Lebenswelt

[1] Wittgenstein, Über Gewissheit, § 229.
[2] Wittgenstein, Philosophische Untersuchungen, § 11.
[3] Wittgenstein, Philosophische Untersuchungen, § 132.
[4] Nietzsche, KSA 11, 209: »›Wissenschaft‹ (wie man sie heute übt) ist der Versuch, für alle Erscheinungen eine gemeinsame Zeichensprache zu schaffen, zum Zwecke der leichteren Berechenbarkeit und folglich Beherrschbarkeit der Natur. Diese Zeichensprache, welche alle beobachteten ›Gesetze‹ zusammenbringt, erklärt aber nichts – es ist nur eine Art kürzester (abgekürzester) Beschreibung des Geschehens.«
[5] Peirce, Elements of Logic, 2.228.
[6] Peirce, Elements of Logic, 2.307.
[7] Wittgenstein, Philosophische Untersuchungen, § 150.
[8] Wittgenstein, Philosophische Untersuchungen, § 199.
[9] Wittgenstein, Philosophische Untersuchungen, § 432.
[10] Wittgenstein, Philosophische Untersuchungen, § 73 f.
[11] Dawkins, The Selfish Gene, IX: »Rather than propose a new theory or unearth a new fact, often the most important contribution a scientist can make is to discover a new way of seeing old theories or facts. The Necker cube model is misleading because it suggests that the two ways of seeing are equally good.«
[12] Nietzsche, KSA 12, 352.
[13] Wittgenstein, Philosophische Untersuchungen, § 211 und § 217.
[14] Wittgenstein, Philosophische Untersuchungen, § 60.
[15] Wittgenstein, Philosophische Untersuchungen, § 216.
[16] Wittgenstein, Philosophische Untersuchungen, § 246.
[17] Wittgenstein, Über Gewissheit, § 422.
[18] Wittgenstein, Philosophische Untersuchungen, § 118.
[19] Hobbes, Leviathan, 169: »[…] So that man, which looks too far before him, in the care of future time, hath his heart all the day long, gnawed on by feare of death, poverty, or other calamity; and has no repose, nor pause of his anxiety, but in sleep.«
[20] Hobbes, Leviathan, 167: »Anxiety for the future time, disposeth men to enquire into the causes of things: because the knowledge of them, maketh men the better able to order the present to their best advantage.«
[21] Hobbes, Leviathan, 169: »[…] whereas there is no other Felicity of Beasts, but the enjoying of their quotidian Food, Ease, and Lusts; as having little, or no foresight of the time to come, for want of observation, and memory of the order, consequence, and dependance of the things they see, Man observeth how one Event hath been produced by another; and remembreth in them Antecedence and Consequence.«
[22] Hobbes, Leviathan, 169 f.: »This perpetuall feare, alwayes accompanying mankind in the ignorance of causes, as it were in the Dark, must needs have for object something. And therefore when there is nothing to be seen, there is nothing to accuse, either of their good, or evill fortune, but some Power, or Agent Invisible.«
[23] Augustinus, Confessiones, XI.14: »Quid est ergo tempus? si nemo ex me quaerat scio; si quaerenti explicare velim, nescio.«
[24] Wittgenstein, Philosophische Untersuchungen, § 89 f.
[25] Wittgenstein, Philosophische Untersuchungen, 226: »Das Hinzunehmende, Gegebene – könnte man sagen – seien Lebensformen.«

[26] Wittgenstein, Über Gewissheit, § 559
[27] Wittgenstein, Über Gewissheit, § 505.

III Die Reduktion breitet sich aus

[1] Zum Problem des Paracelsus siehe: Karl Sigmund: Games of Life. Explorations in Ecology, Evolution and Behaviour. Oxford: Oxford University Press 1993. S. 19.
[2] Heidegger, GA 79, 86.
[3] Popper, Logik der Forschung, 199.
[4] Dawkins, The Selfish Gene, 13: »[…] its internal atomic structure is endlessly repeated.«
[5] Dawkins, The Selfish Gene, 15: »Replicator […] has the extraordinary property of being able to create copies of itself.«
[6] Dawkins, The Selfish Gene, 25: »One gene may be regarded as a unit that survives through a large number of successive individual bodies.«
[7] Dawkins, The Selfish Gene, 39: »What is the selfish gene? It is not just one single physical bit of DNA. […] it is all replicas of a particular bit of DNA, distributed throughout the world.«
[8] Platon, Symposion, 191d.
[9] Platon, Symposion, 207a–208d.
[10] Hobbes, Leviathan, 161: »I put for a generall inclination of all mankind, a perpetuall and restlesse desire of Power after power, that ceaseth onely in Death. And the cause of this, is not alwayes that a man hopes for a more intensive delight, than he has already attained to; or that he cannot be content with a moderate power: but because he cannot assure the power and means to live well, which he hath present, without the acquisition of more.«
[11] Hobbes, Leviathan, 160: »Felicity is a continuall progresse of the desire, from one object to another; the attaining of the former, being still but the way to the later.«
[12] Ebd.: »Every man shuns death; and this he doth, by a certain impulsion of nature, no less than that whereby a stone moves downward.«
[13] Wittgenstein, Philosophische Untersuchungen, § 225: »Die Verwendung des Wortes ›Regel‹ ist mit der Verwendung des Wortes ›gleich‹ verwoben.«
[14] Descartes, Meditationes, AT VII, 32.
[15] Wittgenstein, Philosophische Untersuchungen, § 420.
[16] Wittgenstein, Philosophische Untersuchungen, § 18.
[17] Nietzsche, KSA 12, 343.
[18] Nietzsche, KSA 12, 105.
[19] Nietzsche, KSA 13, 262.
[20] Dennett, Darwin's Dangerous Idea, 132: »Functionalistic thinking is simply inescapable in this sort of inquiry […] so there turn out to be general principles of practical reasoning (including, in more modern dress, cost-benefit analysis) that can be relied upon to impose themselves on all life forms anywhere. […] Design work is discernible (in the otherwise uninterpretable typography of shifting genomes) only if we start imposing reasons on it.«
[21] Dennett, Darwin's Dangerous Idea, 69: »A designed thing […] is either a living thing

or a part of a living thing, or the artifact of a living thing, organized in any case in aid of the battle against disorder.«

[22] Dawkins, The Selfish Gene, 234: »An uneasy tension disturbs the heart of the selfish gene theory. It is the tension between gene and individual body as fundamental agent of life. On the one hand we have the beguiling image of independent DNA replicators, skipping like chamois, free and untrammelled down the generations, temporarily brought together in throwaway survival machines, immortal coils shuffling off an endless succession of mortal ones as they forge towards their separate eternities. On the other hand we look at the individual bodies themselves and each one is obviously a coherent, integrated, immensely complicated machine, with a conspicuous unity of purpose. [...] The body looks and behaves like a pretty impressive agent in its own right.«

[23] Popper, Logik der Forschung, 73.

[24] Dennett, Darwin's Dangerous Idea, 96: »Speciation can now be seen to be a phenomenon in nature that has a curious property: you can't tell that it is occurring at the time it occurs.«

[25] Heidegger, Die Herkunft der Kunst, 142.

[26] Descartes, Discours de la Méthode, 3.

[27] Darwin, The Origin of Species, 116: »As the mistletoe is disseminated by birds, its existence depends on birds; and it may metaphorically be said to struggle with other fruit-bearing plants, in order to tempt birds to devour and thus disseminate its seeds rather than those of other plants.«

[28] Heidegger, GA 6.2, 368.

[29] Heidegger, GA 16, 150: »So wird zum Beispiel das, was die Medizin als ›Krankheit‹ verstehen will, ganz abhängen von dem, was sie zuvor als das Wesen der Gesundheit begreift. Das Entscheidende und Überraschende ist nun, dass das Wesen der Gesundheit keinesfalls zu jeder Zeit und bei jedem Volk in demselben Sinne bestimmt wurde. Für die Griechen z. B. bedeutet ›gesund‹ soviel wie bereit und stark sein zum Handeln im Staat. Wer den Bedingungen dieses Handelns nicht mehr genügte, zu dem durfte der Arzt auch im Falle der ›Krankheit‹ nicht mehr kommen.«

[30] Heidegger, GA 9, 257: »[...] wenn das Leben als solches zu einem ›technisch‹ herstellbaren Gemächte würde; in demselben Augenblick aber gäbe es auch keine Gesundheit mehr, so wenig wie Geburt und Tod. Bisweilen sieht es so aus, als rase das neuzeitliche Menschentum auf dieses Ziel los: daß *der Mensch sich selbst technisch herstelle*; gelingt dies, dann hat der Mensch sich selbst, d. h. *sein Wesen als Subjektivität* in die Luft gesprengt, in die Luft, in der das schlechthin Sinnlose als der einzige ›Sinn‹ gilt und die Aufrechterhaltung dieser Geltung als die menschliche ›Herrschaft‹ über den Erdkreis erscheint.«

[31] Heidegger, Der Satz vom Grund, 100 ff.

[32] Smith, Lectures on Jurisprudence, 493.

[33] Jünger, An der Zeitmauer, 115.

[34] Kant, Kritik der reinen Vernunft, 294 f.: »Wir haben jetzt das Land des reinen Verstandes nicht allein durchreist, und jeden Teil davon sorgfältig in Augenschein genommen, sondern es auch durchmessen, und jedem Dinge auf demselben seine Stelle bestimmt. Dieses Land aber ist eine Insel, und durch die Natur selbst in unveränderliche Grenzen eingeschlossen. Es ist das Land der Wahrheit, umgeben von einem weiten und stürmischen Ozeane, dem eigentlichen Sitze des Scheins, wo manche Nebelbank und manches wegschmelzende Eis neue Länder lügt und indem es den auf Entdeckungen

herumschwärmenden Seefahrer unaufhörlich mit leeren Hoffnungen täuscht, ihn in Abenteuer verflechtet, von denen er niemals ablassen und sie doch auch niemals zu Ende bringen kann. Ehe wir uns aber auf dieses Meer wagen, um es nach allen Breiten zu durchsuchen und gewiß zu werden, ob etwas in ihnen zu hoffen sei, so wird es nützlich sein, zuvor noch einen Blick auf die Karte des Landes zu werfen, das wir eben verlassen wollen, und zu fragen, ob wir mit dem, was es in sich enthält, nicht allenfalls zufrieden sein könnten oder auch aus Not zufrieden sein müssten, wenn es sonst überall keinen Boden gibt, auf dem wir uns anbauen könnten.«

35 Hegel, Jenaer Schriften 1801–1807, 21 f.: »[...] die notwendige Entzweiung ist ein Faktor des Lebens, das ewig entgegensetzend sich bildet, und die Totalität ist in der höchsten Lebendigkeit nur durch Wiederherstellung aus der höchsten Trennung möglich.«

36 Hobbes, Leviathan, 190.

37 Hobbes, Leviathan, 190: »To lay down his right to all things; and be contented with so much liberty against other men, as he would allow other men against himselfe.«

38 Heidegger, GA 77, 194: »Man gibt dann zwar noch zu, die technisch-wissenschaftliche Welt sei eine künstliche, aber doch die wirkliche, weil sie den Fortbestand der ständig anwachsenden Menschenmasse unserer Erde sicherstelle. Die technisch-wissenschaftliche Welt ist durchaus keine künstliche, auch keine natürliche, sondern die folgerichtige Ausformung der metaphysischen Weltvorstellung, sodaß in ihr Natur und Kunst gleichermaßen verschwinden – und sich in das auflösen, was man heute Kulturen nennt.«

39 Rousseau, Discours sur l'inégalité, 154.

40 Ridley, The Origins of Virtue, 46: »Smith pointed out that benevolence is inadequate for the task of building cooperation in a large society, because we are irredeemably biased in our benevolence to relatives and close friends; a society built on benevolence would be riddled with nepotism. Between strangers, the invisible hand of the market, distributing selfish ambitions, is fairer.«

41 Ridley, The Origins of Virtue, 46: Zellen, die Eindringlinge bekämpfen: »the helper only helps because the molecule that compels it to help is the same molecule that it needs if it is to grow. So attacking the foreign invader is, for these cells, a by-product of the normal business of striving to grow and divide. The whole system is beautifully designed so that the self-interested ambitions of each cell can only be satisfied by the cell doing its duty for the body. Selfish ambitions are bent to the greater good of the body just as selfish individuals are bent by the market to the greater good of society.«

42 Smith, The Wealth of Nations, Book I, Chapter 2: »Nobody ever saw a dog, the most sagacious animal, exchange a bone with his companion for another. Two greyhounds, indeed, in running down a hare, seem to have something like compact or agreement betwixt them, but this is nothing else but a concurrence of the same passions. If an animal intends to truck, as it were, or gain any thing from man, it is by its fondness and kindness. Man, in the same manner, works on the selflove of his fellows, by setting before them a sufficient temptation to get what he wants; the language of this disposition is, give me what I want, and you shall have what you want. It is not from benevolence, as the dogs, but from selflove that man expects any thing. The brewer and the baker serve us not from benevolence but from selflove. No man but a beggar depends on benevolence, and even they would die in a week were their entire dependance upon it.«

43 Rousseau, Discours sur l'inégalité, 166 f., 170.

44 Hobbes, Leviathan, 202: »Therefore before the names of just and unjust can have

place, there must be some coercive power to compel men equally to the performance of their covenants, by the terror of some punishment greater than the benefit they expect by the breach of their covenant […].«

45 Hobbes, Leviathan, 209: »[…] So also, a man that by asperity of nature will strive to retain those things which to himself are superfluous, and to others necessary, and for the stubbornness of his passions cannot be corrected, is to be left or cast out of society as cumbersome thereunto.«

46 Nietzsche, KSA 13, 123.

47 Nietzsche, KSA 12, 462.

48 Heidegger, GA 7, 88: »Die Meinung entsteht, der menschliche Wille sei der Ursprung des Willens zum Willen, während doch der Mensch vom Willen zum Willen gewollt ist, ohne das Wesen dieses Wollens zu erfahren. Sofern der Mensch der so Gewollte ist und der in den Willen zum Willen Gesetzte, wird in seinem Wesen auch notwendig ›der Wille‹ angesprochen und als die Instanz der Wahrheit freigegeben. Die Frage ist überall, ob der Einzelne und Verbände aus diesem Willen sind oder ob sie noch mit diesem Willen und gar gegen ihn verhandeln und markten, ohne zu wissen, daß sie schon von ihm überspielt sind.«

49 Heidegger, GA 5, 111.

50 Nietzsche, KSA 3, 593: »[…] wir ›wissen‹ (oder glauben oder bilden uns ein) gerade so viel als es im Interesse der Menschen-Herde, der Gattung, nützlich sein mag.«

51 Hobbes, Leviathan, 151 f.: »The value, or Worth of a man, is as of all other things, his Price; that is to say, so much as would be given for the use of his Power: and therefore is not absolute, but a thing dependant on the need and judgement of another. Not the seller, but the buyer determines the price.«

52 Jünger, Maxima Minima, 15: »Die Zeit selbst beginnt sich zu ändern; die geschichtliche Welt mit ihren Kulturen füllt ein Tal, das sich zwischen der mythischen Dämmerung und der Strenge der götterlosen Welt wie zwischen Libanon und Antilibanon erstreckt.«

53 Heidegger, GA 77, 211: »[…] die Verwüstung sei wohl ein weit vorausgreifendes Ereignis, durch das überhaupt alle Möglichkeiten, daß in seinem Herrschaftsbereich etwas Wesenhaftes aufgehe und erblühe, in der Wurzel erstickt werden.«

54 Heidegger, GA 77, 211.

55 Heidegger, GA 77, 215: »Weil die Verwüstung zufolge ihrer Herkunft aus dem Sein ein Weltereignis ist, das die Erde umlagert, dürfen auch die Menschen sich nie ein Urteil darüber anmaßen.«

56 Heidegger, GA 65, 53: »Grundsätzlich gibt es keine Erfahrung, die jemals den Menschen über sich selbst hinaus setzte in einen unbetretenen Bereich, aus dem her der bisherige Mensch fraglich werden könnte. Das ist, nämlich jene Selbstsicherheit, das innerste Wesen des ›Liberalismus‹, der gerade deshalb dem Anschein nach sich frei entfalten und dem Fortschritt in alle Ewigkeit sich verschreiben kann.«

57 Heidegger, GA 69, 181: »Das noch Ungreifliche und doch im Deutungslosen überall Sich-auf-und-ein-Drängende ist das Schwinden des Unterschieds von Krieg und Frieden. Nichts bleibt mehr, wohin die bisher gewohnte Welt des Menschentums noch zu retten wäre, nichts bietet sich aus dem Bisherigen an, was noch als ein Ziel der gewohnten Selbstsicherung des Menschen zu errichten wäre.«

58 Jünger, Maxima Minima, 25 f.: »Nicht darin, daß der Krieg konsumierender wird, liegt sein Krebsschaden, sondern darin, daß er auch den Sieg konsumiert. ›Der Kranz

verbrennt mit dem Sieg.‹ Mit dem Nivellement geht die Andersartigkeit verloren; es wird nicht nur schwieriger, die Partner zu unterscheiden, sondern auch die Programme – man will den Gegner nur noch bekämpfen, um ihn zu ›befreien‹. Am Ende wird man durch die eigene Theorie besiegt. Die Kriege egalisieren, sie differenzieren nicht mehr.«

59 Jünger, An der Zeitmauer, 118: »Es ist kein Zufall, daß die Vorbilder der im Zweiten Weltkrieg geschlagenen Mächte der Bronze- und der frühen Eisenzeit entstammen: der nordische Mensch, der antike Römer, der japanische Samurai. Daß sie nicht siegen konnten, entspricht der Grundregel, daß der Mythos nicht wiederherzustellen ist, daß er zwar vulkanisch die Geschichtsdecke durchbrechen, nicht aber ein Weltklima schaffen kann. Diese Grundregel erklärt zahlreiche Einzelbeobachtungen, wie etwa die, daß der Krieg nicht mehr zwischen Völkern, nicht mehr durch Könige und auch nicht nach den Regeln des Duells geführt werden kann, daß er also sein mythisch-heroisches Ethos verliert.«

60 Prud'homme van Reine, Rechterhand van Nederland: »De mogelijkheid om op zijn hoge leeftijd te sneuvelen op het ›bed van eer‹ was geen onaangenaam vooruitzicht. Bij terugkeer wachtten hem hoogstwaarschijnlijk nog enkele jaren in slechte gezondheid en daarna de vergetelheid. Sneuvelen betekende een eervol einde van een prachtige carrière, een begrafenis op staatskosten en een marmeren praalgraf in een van Nederlands voornaamste kerken.«

61 Weber, Wirtschaft und Gesellschaft, 128 f.

62 Arendt, Elemente und Ursprünge totaler Herrschaft, 782.

63 Trawny, Denkbarer Holocaust, 29–39.

64 Arendt, Briefwechsel mit Karl Jaspers, 202: »Die Überflüssigmachung von Menschen als Menschen (nicht sie als Mittel zu benutzen, was ja ihr Menschsein unangetastet läßt und nur ihre Menschenwürde verletzt), sondern sie qua Menschen überflüssig zu machen.«

65 Ebd.

66 Heidegger, GA 77, 209: »Vielmehr ist das Böse selbst als das Bösartige verwüstend. Daher vermag eine moralische Entrüstung, selbst wenn sie die Weltöffentlichkeit zu ihrem Sprachrohr macht, nichts gegen die Verwüstung.«

67 Ebd.: »Weil die moralische Überlegenheit das Böse nie zu fassen, geschweige denn aufzuheben oder auch nur zu mildern imstande ist. Denn es könnte nämlich sein, daß sogar die Moral ihrerseits und mit ihr all die sonderbaren Versuche, durch sie den Völkern eine Weltordnung in die Aussicht und eine Weltsicherheit in die Gewissheit zu stellen, auch nur eine Ausgeburt des Bösen waren; genau so, wie auch die vielberufene Weltöffentlichkeit in ihrem Wesen und ihrer Entstehungsart vermutlich ein Gebild und Erzeugnis des Vorgangs bleibt, den wir die Verwüstung nennen.«

68 Nietzsche, KSA 13, 98: »Die Gegenseitigkeit, die Hinterabsicht auf Bezahltwerdenwollen: eine der verfänglichsten Formen der Werth-Erniedrigung des Menschen.«

69 Nietzsche, KSA 4, 180: »Der Geist der Rache: meine Freunde, das war bisher der Menschen bestes Nachdenken; und wo Leid war, da sollte immer Strafe sein.«

70 Nietzsche, KSA 12, 376.

71 Nietzsche, KSA 6, 173.

IV Vollendung der Reduktion

[1] Ridley, Genome, 6.
[2] Dennett, Darwin's Dangerous Idea, 144.
[3] Deacon, The Symbolic Species, 112.
[4] Deacon, The Symbolic Species, 99: »[...] symbols don't just represent things in the world, they also represent each other. Because symbols do not directly refer to things in the world, but indirectly refer to them by virtue of referring to other symbols, they are implicitly combinatorial entities whose referential powers are derived by virtue of occupying determinate positions in an organized system of other symbols.«
[5] Dennett, Darwin's Dangerous Idea, 363.
[6] Donald, Origins of the Modern Mind, 324.
[7] Deacon, The Symbolic Species, 436: »We are not just a species that uses symbols. The symbolic universe has ensnared us in an inescapable web. [...] We have become the means by which it unceremoniously propagates itself throughout the world.«
[8] Lévi-Strauss, Anthropologie Structurale, 205–226.
[9] Platon, Phaidros, 274c–275e.
[10] Donald, Origins of the Modern Mind, 213: »Even in the most primitive human societies, where technology has remained essentially unchanged for tens of thousands of years, there are always myths of creation and death and stories that serve to encapsulate tribally held ideas of origin and world structure. Stories about seminal events in history – attempts to construct a coherent image of the tribe and its relationship with the world – abound.«
Ebd., 274: »The governing cognitive structures of the most recent human cultures must be very different from those of simple mythic cultures. They exist mostly outside of the individual mind, in external symbolic memory representations, which are dependent upon visiographic invention, and they culminate in governing theories.«
Das Gedächtnis ist weniger an das menschliche Denkvermögen gebunden als vielmehr an externe Speicherkapazitäten.
Fakten auswendig zu lernen ist überflüssig geworden.
Ebd., 323: »The mnemonic arts and rote learning, once a major part of education, have receded into the background as the reliance on biological memory for storage has faded.«
[11] Heidegger, GA 79, 168 f.: »Die Sprache spricht und nicht der Mensch. Der Mensch spricht nur, insofern er der Sprache entspricht.«
GA 12, 254: »Aber die Sprache ist Monolog. [...] Die Sprache allein ist es, die eigentlich spricht.«
GA 13, 149: »[...] regelt und bemißt die Sprachmaschine von ihren maschinellen Energien und Funktionen her bereits die Art unseres möglichen Gebrauches der Sprache. Die Sprachmaschine ist – und wird vor allem erst noch – eine Weise, wie die moderne Technik über die Art und die Welt der Sprache als solcher verfügt.«
Ebd.: »Inzwischen erhält sich vordergründig immer noch der Anschein, als meistere der Mensch die Sprachmaschine. Aber die Wahrheit dürfte sein, dass die Sprachmaschine die Sprache in Betrieb nimmt und so das Wesen des Menschen meistert. Das Verhältnis des Menschen zur Sprache ist in einer Wandlung begriffen, deren Tragweite wir noch nicht ermessen. Der Verlauf dieser Wandlung läßt sich auch nicht unmittelbar aufhalten. Er geht überdies in der größten Stille vor sich.«
[12] Dennett, Darwin's Dangerous Idea, 83: »Darwin's dangerous idea is that Design can

emerge from mere Order via an algorithmic process that makes no use of pre-existing Mind.«
Ebd., 135: »[...] all our talents as designers, and our products, must emerge non-miraculously from the blind, mechanical processes of Darwinian mechanisms of one sort or another.«
[13] Heidegger, GA 8, 122: »[...] ›befehlen‹ meint im Grunde nicht: kommandieren und verordnen, sondern: anbefehlen, anvertrauen, einer Geborgenheit anheimgeben, bergen.«
[14] Peirce, Elements of Logic, 2.274–308.
[15] Kant, Kritik der reinen Vernunft, 39.
[16] Heidegger, Die Herkunft der Kunst, 148: »Kein Raum könnte den Dingen ihren Ort und ihre Zuordnung einräumen, keine Zeit könnte dem Werden und Vergehen Stunde und Jahr, d. h. Erstreckung und Dauer zeitigen, wäre nicht dem Raum und der Zeit, wäre nicht ihrem Zusammengehören schon die sie durchwaltende Offenheit verliehen.«
[17] Darwin, The Descent of Man, 87: »[...] that primeval man, or rather some early progenitor of man, probably first used his voice in producing true musical cadences, that is in singing, as do some of the gibbon-apes at the present day; and we may conclude from a widely-spread analogy, that this power would have been especially exerted during the courtship of the sexes, – would have expressed various emotions, such as love, jealousy, triumph, – and would have served as a challenge to rivals. It is, therefore, probable that the imitation of musical cries by articulate sounds may have given rise to words expressive of various complex emotions.«
[18] Heidegger, GA 39, 141: »Kraft der Macht der Grundstimmung ist das Dasein des Menschen seinem Wesen nach Ausgesetztheit inmitten des offenbaren Seienden im Ganzen, eine Ausgesetztheit, die das Dasein zu übernehmen hat [...]. Das Dasein ist dem Seienden als solchem – sowohl dem Seienden, das es selbst ist, als auch dem Seienden, das es nicht selbst ist – überantwortet. Darin liegt die Auszeichnung des menschlichen Daseins, daß es nicht nur ›ist‹, sondern daß jegliches Sein von ihm so oder so übernommen, getragen und geführt sein muß. Auch die Gleichgültigkeit und Vergessenheit sind nur Weisen, wie das Dasein dem Sein als solchem sich überantwortet.«
[19] Heidegger, GA 10, 75: »Der Satz vom Grund ist einer jener Sätze, die ihr Eigenstes verschweigen. Das Verschwiegene ist das, was nicht verlautet. Das Lautlose zu hören, verlangt ein Gehör, das jeder von uns hat und keiner recht gebraucht. Dieses Gehör hängt nicht nur mit dem Ohr zusammen, sondern zugleich mit der Zugehörigkeit des Menschen zu dem, worauf sein Wesen gestimmt ist. Ge-stimmt bleibt der Mensch auf das, von woher sein Wesen be-stimmt wird. In der Be-Stimmung ist der Mensch durch eine Stimme betroffen und angerufen, die um so reiner tönt, je lautloser sie durch das Lautende hindurchklingt.«
[20] De Rijk, Plato's Sophist, passim.
[21] Heidegger, GA 7, 228: »Nennen heißt: hervor-rufen. Das im Namen gesammelt Niedergelegte kommt durch solches Legen zum Vorliegen und Vorschein. Das vom legein her gedachte Nennen (onoma) ist kein Ausdrücken einer Wortbedeutung, sondern ein vor-liegen-Lassen in dem Licht, worin etwas dadurch steht, daß es einen Namen hat.«
[22] Gadamer, Wahrheit und Methode, 252: So zeigt sich Gadamers heimlicher Pragmatismus: »Die Ausarbeitung der rechten, sachangemessenen Entwürfe, die als Entwürfe Vorwegnahmen sind, die sich ›an den Sachen‹ erst bestätigen sollen, ist die ständige Aufgabe des Verstehens. Es gibt hier keine andere ›Objektivität‹ als die Bewährung, die

eine Vormeinung durch ihre Ausarbeitung findet. Was kennzeichnet die Beliebigkeit sachunangemessener Vormeinungen anders, als daß sie in der Durchführung zunichte werden?«

[23] Kant, Kritik der reinen Vernunft, 626.

[24] Heidegger, GA 2, 6: Heidegger spricht in Sein und Zeit von der durchschnittlichen Verständlichkeit von ›Sein‹: »Allein diese durchschnittliche Verständlichkeit demonstriert nur die Unverständlichkeit. Sie macht offenbar, daß in jedem Verhalten und Sein zu Seiendem als Seiendem *a priori* ein Rätsel liegt.«

[25] Heidegger, GA 5, 313: »Denn einmal ist nötig […] zu dem über-zu-setzen, von woher das im Spruch Gesprochene zur Sprache kommt, zu ta onta. Dieses Wort nennt das, wovon der Spruch spricht, nicht erst das, was er ausspricht. Das, wovon er spricht, ist schon vor seinem Ausspruch das Gesprochene der griechischen Sprache in ihrem täglichen und hohen Gebrauch.«

[26] Heidegger, GA 8, 124: »Etwas nennen – das ist: beim Namen rufen. Noch ursprünglicher ist nennen: ins Wort rufen. Das so Gerufene steht dann im Ruf des Wortes. Das Gerufene erscheint als das Anwesende, als welches es in das rufende Wort geborgen, befohlen, geheißen ist. […] Im Nennen heißen wir das Anwesende ankommen.«

[27] Platon, Theaitetos, 147d-e, 184d.

[28] Heidegger, GA 79, 171: »Zeigen bedarf seinem ursprünglichen Wesen nach gerade nicht der Zeichen, d. h. Zeigen ist nicht nur das Benutzen von Zeichen, sondern das Zeigen als Erscheinenlassen ermöglicht erst Stiftung und Nutzung von Zeichen. Nur weil die Sprache im Wesen Sage ist, im ursprünglichen Sinne zeigend, gibt es für das Reden und Sprechen Laut- und Schriftzeichen. Nur weil die Sprache im Wesen Sage ist und als solche zeigt, kann dieses Zeigen ein Sehenlassen von Anblicken und Zublicken werden, was wir Bilder nennen und was die Schrift nicht nur als Lautschrift, sondern als Bilderschrift hervorruft.«

[29] Sophokles, Antigone, Vers 360–366.

[30] Heidegger, GA 52, 125: »Wenn wir jedoch Pindars Wort über den Menschen, daß er als Alltagswesen sei skias onar, eines Schattens ein Traum, griechisch durchdenken, erkennen wir, daß auch das Traumhafte eine eigene Weise der Anwesung, d. h. des Seins ist – nämlich die Anwesung der Abwesung, des Schattens, der seinerseits schon in einer Abwesung des Leuchtenden beruht. Auch das Abwesende, deutlicher das Wegwesende, west her. Also ist das Traumhafte, weil anwesend, nicht rundweg das Unwirkliche gegenüber dem Wirklichen.«

[31] Platon, Theaitetos, 151a.

[32] Platon, Theaitetos, 149a-d.

[33] Descartes, Meditationes, II: »In tantas dubitationes hesterna meditatione conjectus sum, ut nequeam amplius earum oblivisci, nec videam tarnen qua ratione solvendae sint; sed, tanquam in profundum gurgitem ex improviso delapsus, ita turbatus sum, ut nec possim in imo pedem figere, nec enatare ad summum.«

[34] Platon, Theaitetos, 155c-d. Aristoteles, Metaphysik, A 2982 b11 ff.

[35] Heidegger, GA 45, 152: »Die Not, die hier gemeint wird, ist das *Nicht-aus-und-ein-Wissen;* dies aber keineswegs in irgendeiner, dieser und jener Gelegenheit als einer Verlegenheit, sondern? Das Nicht-*aus*-Wissen und das Nicht-*ein*-Wissen: aus *dem* heraus und in *das* hinein, was sich durch solches Wissen erst als dieser unbetretene und ungegründete ›Raum‹ eröffnet.«

[36] Platon, Theaitetos, 190e–191a.

[37] Heidegger, GA 45, 151 f.: »Aber wie wenig wissen wir schon vom Nichthaften und vom Nein, etwa von der Verweigerung und Verzögerung und Versagung. All dies ist nichts *Nichtiges*, sondern höchstens – wenn nicht noch Höheres – sein Gegenteil. Daß ein Nein und Nicht aus dem Übermaß des Überflusses kommen und höchste Schenkung sein können und als dieses Nicht und Nein jedes geläufige Ja unendlich, d. h. wesentlich, übersteigen, dies kommt nie in den Gesichtskreis unseres rechnenden Verstandes.«

[38] Heidegger, Zollikoner Seminare, 59.

[39] Heidegger, GA 17, 225, 232.

[40] Wittgenstein, Philosophische Untersuchungen, § 123: »Ein philosophisches Problem hat die Form: ›Ich kenne mich nicht aus.‹«

[41] Wittgenstein, Philosophische Untersuchungen, § 110: »Und auf diese Täuschungen, auf die Probleme, fällt nun das Pathos zurück.«

[42] Wittgenstein, Philosophische Untersuchungen, § 133.

[43] Heidegger, GA 12, 212.

[44] Cicero, Topik, 11.48: »Sunt enim alia contraria, quae privantia licet appellemus Latine, Graece appellantur stereetika.«

[45] Heidegger, GA 9, 194: »Das eigentliche Un-wesen der Wahrheit ist das Geheimnis. Un-wesen bedeutet hier noch nicht abgefallen zum Wesen im Sinne des Allgemeinen […]. Un-wesen ist hier das in solchem Sinne vor-wesende Wesen. ›Unwesen‹ besagt aber zunächst und zumeist die Verunstaltung jenes bereits abgefallenen Wesens. Das Un-wesen bleibt allerdings in jeder dieser Bedeutungen je in seiner Weise dem Wesen wesentlich und wird niemals unwesentlich im Sinne des Gleichgültigen.«

[46] Detienne/Vernant, Les Ruses de l'intelligence, 145.

[47] Baillet, AT X, 180: »Il n'eut pas moins a souffrir, que s'il eut été question de se dépouillir de soy-meme.«

[48] Descartes, AT X, 179: »X Novembris 1619, cum plenus forem Enthousiasmo, & mirabilis scientiae fundamenta reperirem.«

[49] Baillet, AT X, 180 f.: »Il ne lui restaoit que l'amour de la Vérité, dont la poursuitte devoit fair d'orénavant toute l'occupation de sa vie. Ce fut la matière unique des tourmens qu'il fit souffrir a son esprit pour lors. Mais les moyens de parvenir a cette heureuse conquête ne lui causèrent pas moins d'embarras que la fin même. La recherche qu'il voulut faire de ces moiens, jetta son esprit dans de violente agitations, qui augmentérent de plus en plus par une contention continuelle où il le tenoit, sans souffrir que la promenade ni les compagnies y fissent diversion. Il le fatigua de telle sorte, que Ie feu lui prit au cerveau, & qu'il tomba dans une espéce d'enthousiasme, qui disposa de telle maniére son esprit déja abatu, qu'il le mit en état de recevoir les impressions des songes & des visions.«

[50] Hölderlin, Das untergehende Vaterland, Band II, 73.

[51] Descartes, Regulae (IV), AT X 378: »Ac proinde generalem quamdam esse debere scientiam, quae id omne explicet, quod circa ordinem & mensuram nulli speciali materiae addictam quaeri potest, emdemque, non scititio vocabulo, sed jam inveterato atque usu recepto, Mathesim universalem nominari […].«

[52] Heidegger, Zollikoner Seminare, 65: »Der Mann von der Straße sieht die Wahrheit der Physik nur in ihrem Effekt, nämlich in der Gestalt des Autos, mit dem er fährt. Das Autofahren wird immer mehr zu einer ›natürlichen‹ Sache und hat ganz und gar nichts Verrücktes – nämlich für die bereits Ver-rückten, die ohne Einsicht ausschließlich in die technisch-wissenschaftliche Denkweise als die allein gültige eingerückt sind.«

[53] Heidegger, GA 5, 347 f.: »Wir fragen: weg wohin? und weg wovon? Weg vom bloßen Andrang des Vorliegenden, des nur gegenwärtig Anwesenden und weg zum Abwesenden und damit zugleich weg zum gegenwärtig Anwesenden, insofern dieses stets nur das Ankünftige ist eines Abgehenden. Der Seher ist in die einige Weite des Anwesens des in jeder Weise Anwesenden außer sich. Darum kann er aus dem ›weg‹ in diese Weite zugleich her- und zurückkommen auf das gerade Anwesende [...]. Dem Seher ist alles An- und Abwesende in ein Anwesen versammelt und darin gewahrt. [...] Gesehenhaben ist das Wesen des Wissens.«

[54] Heidegger, GA 5, S. 293 f.: »Indem der Mensch die Welt technisch als Gegenstand aufbaut, verbaut er sich willentlich und vollständig den ohnehin schon gesperrten Weg in das Offene. Der sichdurchsetzende Mensch ist, ob er es als einzelner weiß und will oder nicht, der Funktionär der Technik. Er steht nicht nur außerhalb des Offenen vor diesem, sondern durch die Vergegenständlichung der Welt kehrt er sich eigens vom ›reinen Bezug‹ weg. Der Mensch scheidet sich ab vom reinen Bezug. Der Mensch des Weltalters der Technik steht in solchem Ab-schied gegen das Offene. Dieser Abschied ist kein Abschied von ... sondern ein Abschied gegen ...«

[55] Platon, Politeia, 514a ff.

[56] Platon, Politeia, 517b–c.

[57] Hegel, Vorlesungen über die Geschichte der Philosophie I, 13 f.

[58] Platon, Theaitetos, 174a–b.

Literatur

Arendt, Hannah: Elemente und Ursprünge totaler Herrschaft. Antisemitismus, Imperialismus, Totalitarismus. München: Pieper 1998.

Arendt, Hannah / Jaspers, Karl: Briefwechsel 1926–1969. Hrsg. von Lotte Köhler und Hans Saner. München: Pieper 1993.

Aristoteles: Die Nikomachische Ethik. Griechisch / Deutsch. Hrsg. von Rainer Nickler. Düsseldorf: Artemis & Winkler 2001.

Augustinus: Bekenntnisse. Lateinisch / Deutsch. Düsseldorf: Artemis & Winkler 2005.

Burkert, Walter: Stoicheion. Eine semasiologische Studie. In: Philologus 103 (1959). 167–197.

Carnap, Rudolf: Empiricism, Semantics, and Ontology. In: Revue Internationale de Philosophie 4 (1950). 20–40.

Cicero, Marcus Tullius: Topik. Lateinisch/Deutsch. Hamburg: Meiner 1983.

Darwin, Charles: The Origin of Species. London: Gibson Square 2003.

Darwin, Charles: The Descent of Man and Selection in Relation to Sex. London: Gibson Square 2003.

Dawkins, Richard: The Selfish Gene. Oxford: Oxford University Press 1989.

Deacon, Terrence W.: The Symbolic Species. The Co-Evolution of Language and the Brain. New York, London: W. W. Norton & Company 1997.

Dennett, Daniel C.: Darwins's Dangerous Idea. London: Penguin 1995.

Descartes, René: Discours de la Méthode. Texte et commentaire par Étienne Gilson. Paris: Vrin 1925.

Descartes, René: Œuvres de Descartes (AT). Hrsg. von Charles Adam und Paul Tannery. 11 Bände. Paris: Vrin 1964–1974.

Detienne, Marcel / Vernant, Jean-Pierre: Les Ruses de l'intelligence. La mètis des Grecs. Paris: Flammarion 1974.

Donald, Merlin: Origins of the modern mind. Three stages in the evolution of culture and cognition. Cambridge MA: Harvard University Press 1991.

Gadamer, Hans-Georg: Wahrheit und Methode. Grundzüge einer philosophischen Hermeneutik. 3. Auflage. Tübingen: J. C. B. Mohr 1972.

Hegel, Georg Wilhelm Friedrich: Jenaer Schriften 1801–1807. In: Werke in zwanzig Bänden. Band 2. Frankfurt am Main: Suhrkamp 1979.

Hegel, Georg Wilhelm Friedrich: Vorlesungen über die Geschichte der Philosophie I. In: Werke in zwanzig Bänden. Band 18. Frankfurt am Main: Suhrkamp 1979.

Heidegger, Martin: Gesamtausgabe (GA). Frankfurt am Main: Klostermann 1975 ff.

Heidegger, Martin: Die Herkunft der Kunst und die Bestimmung des Denkens. In: Denkerfahrungen. Hrsg. von Hermann Heidegger. Frankfurt am Main: Klostermann 1983. 135–149.
Heidegger, Martin: Zollikoner Seminare. Hrsg. von Medard Boss. Frankfurt am Main: Klostermann 1987.
Hobbes, Thomas: Leviathan. Hrsg. von C. B. Macpherson. Harmondsworth: Penguin 1968.
Hölderlin: Sämtliche Werke und Briefe. Hrsg. von Michael Knaupp. 3 Bände. München, Wien: Hanser 1992–1993.
Jünger, Ernst: An der Zeitmauer. Stuttgart: Klett 1959.
Jünger, Ernst: Maxima Minima. Adnoten zum »Arbeiter«. Stuttgart: Klett-Cotta 1983.
Kant, Immanuel: Kritik der reinen Vernunft. Hrsg. von Jens Timmermann. Hamburg: Meiner 2003.
Lévi-Strauss, Claude: Anthropologie Structurale. Paris: Plon 1974.
Newton, Isaac: The Principia. Mathematical Principles of Natural Philosophy. Berkeley, Los Angeles, London: University of California Press 1999.
Nietzsche, Friedrich: Sämtliche Werke. Hrsg. von Giorgio Colli und Mazzino Montinari. Kritische Studienausgabe (KSA). München, Berlin und New York: dtv 1980.
Peirce, Charles Sanders: Elements of Logic. In: Collected Papers of Charles Sanders Peirce, Band II. Cambridge MA: Harvard University Press 1932.
Platon: Werke in acht Bänden. Griechisch und Deutsch. Hrsg. von Gunther Eigler. Darmstadt: WBG 1990.
Popper, Karl: Logik der Forschung. Zehnte Auflage. Tübingen: Mohr Siebeck 1994.
Prud'homme van Reine, Ronald: Rechterhand van Nederland. Biografie van Michiel Adriaenszoon de Ruyter. Amsterdam: De Arbeiderspers 1996.
Ridley, Matt: The Origins of Virtue. London: Viking 1996.
Ridley, Matt: Genome. The Autobiography of a Species in 23 Chapters. London: Fourth Estate, 1999.
Rijk, Lambert Marie de: Plato's Sophist. A Philosophical Commentary. Amsterdam, Oxford, New York: North-Holland Publishing Company 1986.
Rousseau, Jean-Jacques: Discours sur l'inégalité. In: Œuvres complètes. Band 3. Paris: Gallimard 1964.
Smith, Adam: Lectures on Jurisprudence. Hrsg. von R. L. Meek, D. D. Raphael und P. G. Stein. Oxford: Oxford University Press 1978.
Smith, Adam: An Inquiry into the Nature and Causes of The Wealth of Nations. Chicago: The University of Chicago Press, 1976.
Sophokles: Tragödien. Hrsg. von Wilhelm Willige. Düsseldorf, Zürich: Artemis & Winkler 2003.
Stendhal: Le Rouge et le Noir. Collection Folio. Paris: Gallimard 1972.
Trawny, Peter: Denkbarer Holocaust. Die politische Ethik Hannah Arendts. Würzburg: Königshausen & Neumann 2005.
Wagner, Friedrich: Die Wissenschaft und die gefährdete Welt. Eine Wissenschaftssoziologie der Atomphysik. München: C. H. Beck'sche 1964.

Weber, Max: Wirtschaft und Gesellschaft. Fünfte, revidierte Auflage. Tübingen: Mohr Siebeck 1980.
Wittgenstein, Ludwig: Philosophische Untersuchungen. In: Werkausgabe. Band 1. Frankfurt am Main: Suhrkamp 1984.
Wittgenstein, Ludwig: Über Gewissheit. In: Werkausgabe. Band 8. Frankfurt am Main: Suhrkamp 1984.